처음 시작하는
실전 재무제표

재무제표 서적으로 아마존 초유의 베스트셀러가 된 책

처음 시작하는
실전
재무제표

토마스 R. 아이텔슨 지음 | 박수현·최송아 옮김

Financial Statements

이레미디어

이 책에 대한 추천사 & 아마존닷컴 독자 리뷰

"IT 및 첨단기술 벤처기업 창업자들을 위한 재치 있으면서도, 쉽고, 즐겁기까지 한 논리적인 가이드로, 우리가 알 필요가 있는 모든 내용을 담고 있다. 창업이라는 새로운 인생을 택한 동료는 물론, 학생, 교수들에게까지 강력히 추천한 책이다."

— 리타 넬슨(Lita Nelsen) MIT 테크놀러지 라이센싱 오피스, 디렉터

"첫 번째 회사를 창업했을 때 이 책이 있었더라면 얼마나 좋았을까 하고 아쉬워하도록 만든 책. 내가 2년 동안 몸으로 부딪히며 배웠던 것들을 하룻밤의 독서로 터득할 수 있도록 쓰인 책이 아닐까 싶다. 우리 회사가 투자한 벤처기업의 CEO들 모두에게 한 권씩 선물을 할 계획을 세웠다."

— 고든 B. 바티(Gordon B. Barty) 제로 스테이지 캐피털, 파트너

재무제표에 대한 이 시대 최고의 책! 한마디로 감탄사가 나오도록 만드는 책! 기술 분야에서 일하고 있는데, 더 이상 숫자를 놓고 혼동하는 일이 없어졌다.

— 로버트 I. 헷지

무슨 말이 더 필요할까? 그냥 최고다! 초보자라면 누구나가 읽어봐야 하고, 경영자라면 누구나 책꽂이에 무조건 한 권을 보관해야 하는 책이다. 간결하면서도 명확한 개념들을 제공해주고, 이들 개념을 재무제표에서 일어나는 변화로 시각적으로 연결해 표현해주는 데 이 책의 가치가 있다. 가격보다 얻을 게 많은 책으로, 사서 읽기만 하면 모든 것이 해결된다.

— 클라임하이

이 책의 저자는 대부분의 전문가에게는 없는 그런 재능을 가지고 있다. 저자는 초보자인 내가 묻고 싶은 모든 어리석은 질문들을 예측하고 있다. "왜 이런 식으로 처리해야 하는 걸까?"라는 질문이 내 머릿속에 떠오르기 무섭게 그 답을 제시하는 식이다. 나한테는 이루 말로 표현할 수 없을 만큼의 가치를 가져다준 책이었다. 기업에서 재무가 어떤 의미가 있고 어떤 역할을 하는지 알아야 할 필요가 있는 사람들이라면 누구나가 갖고 있어야 할 참고서다.

— M. 크라머

한마디로 걸작이다. 모든 재무 관련 용어들을 전문가가 아닌 사람들도 알아들을 수 있는 단어와 문장으로 명쾌하게 설명해주고 있다. 여기에 더해, 용어 하나마다 이해하기 쉬운 예제들을 제시하고 있다. 예를 들어 재무 관련 거래 내용을 설명해주는 표가 페이지마다 나와 있다. 재무의 관련이 없는 경영자나 관리자들이라면 한 권씩은 가지고 있을만한 가치가 있는 훌륭한 책이라고 생각한다.

— 독자

좋은 책! MBA 준비를 위해 이 책을 구매했는데, 결과적으로 필요로 하는 것 이상으로 활용했다. 저자는 복잡한 내용을 어린아이들도 이해할 수 있을 정도로 쉽게 풀어 설명하고 있다.

— 빌 홀콤(오하이오주 클리블랜드)

기초학습을 위한 완벽한 책. 재무제표를 놀라울 만큼 간결하고 정확하게 소개하고 있다. CPA나 MBA가 아니더라도 대차대조표와 손익계산서, 현금 흐름표를 다루어야만 하는 사람이라면 읽어봐야 할 책이다. 무엇보다 초보자라면 가장 먼저 구매해 볼만한 책이다.

— 잭 포센

최고다! 재무제표에 대해 이해하고 싶다? 그러면 이 책을 구매하라. 더 나은 선택은 없다. 참고로, 나는 MBA 과정의 마지막 해를 보내고 있는 대학원생이다. 저자는 재무제표가 뜻하는 바와 어떤 식으로 구성되어 있는지를 아주 기본적인 용어들로 설명해준다. 책을 읽는 사람들이 필요로 하는 모든 것들을 담은 책이다.

— 조셉 P. 갤러허

활용도 만점의 책! 회계 개념에 대해서는 깊이 있게 다루지 않는다. 하지만 현금흐름표와 대차대조표, 손익계산서가 변화하는 과정을 해체해 알기 쉽게 보여주고 있다. 이 책과 같이 명쾌하게 이들 개념을 보여주는 책들은 극히 일부에 불과하다.

— R. 콘촐

재무제표를 알기 원한다면? 회계수업을 들었지만, 재무제표를 해석하는데 어려움을 겪곤 했다. 반쯤은 모험을 하는 심정으로 이 책을 샀다. 재무제표의 미스터리를 풀기 원하면서 말이다. 그런데 제대로 먹혀들었다. 이 책에 투자한 돈과 시간의 몇 배를 훌쩍 뛰어넘는 지식을 얻게 됐다.

— 투앙 민 트란

질러라! 후회는 없다. 회계사는 아니지만, 금융 관련 일을 하고 있다면 이 책이 당신을 위한 바로 그 책이다.

— 리차드 고메즈

"와!" 소리가 절로 튀어나오는 책. 대학에서 재무 관련 강의를 듣고 있다. 그런데 솔직히 말해, 내 교수가 이 책을 교재로 썼으면 하고 바란다. 이해하기도 쉽고, 예제도 풍부하기 때문이다. 회계를 가장 빨리 가장 쉬운 방법으로 배우기 원하는 사람들을 위한 책이다.

— 카브카지

회계사보다는 변호사에 더 맞는 재능을 가지고 있었던
알레스다이어(Alesdair)에게 이 책을 바친다.

차 례

 **반드시 알아야 할 재무제표의 기본**
― 구조와 용어 이해하기

 **거래를 통한 재무제표의 응용**
― 애플시드(AppleSeed)주식회사 창업과 운영 사례

 **성과 창출을 위한 재무제표의 기법**
── 재무제표의 세부 구성과 분석

차 례

제2판 발간에 따른 서문

이 책을 처음 발간한 것을 사업에 비유하면 창업이라고 할 수 있을 것이다. 그렇다면 대성공이었다. 제1판은 10만 부가 넘게 팔렸고, 사업에 있어서 '수치'와 관련된 문제들을 극복하느라 애를 쓰고 있는 재무에는 비전문가들인 경영자와 회계 및 재무 관련 공부를 하고 있는 학생들에게 도움을 주고 있다.

이번에 두 번째 판을 발간하면서, 우리는 최초 3개 장으로 구성되어 있던 책의 분량을 5개 장으로 늘렸다. 새로 포함한 2개 장은 자본투자와 관련한 의사결정을 이해하는 데 초점을 맞추고 있다. 앞서 첫번째 판의 독자들이 원했던 부분이기도 하다.

자본은 때때로 한 기업에서 가장 희소한 자원이다. 따라서 기업이 결실을 맺으려면 자본을 현명하게 활용해야 한다. 자본투자에 대해 오늘 내린 결정이 기업의 미래를 결정하는 법이다. 그래서 이번 개정판에서는 NPV(순현재 가치)와 IRR(내부수익률)이라는 재무 분석 기법을 자본투자 의사결정 도구로 사용하기로 했다.

초판 서문

필자 자신이 창업자이며 CEO인, 벤처 자본이 투자된 첨단 기술 산업의 회계장부 유지를 위해 회계 담당 직원 한 명을 고용할 필요가 있었다. 나는 이제 갓 학교를 졸업한 젊은 여성 한 명을 인터뷰하는 자리에서 회계 담당 직종에 지원하게 된 이유를 물었다. 그런데 그녀의 대답이 우리 모두를 놀라게 했다.

"회계는 너무나도 균형이 잡혀 있고, 너무나도 논리적이며, 너무나도 아름답기 때문입니다. 또 언제나 제자리에서 튀어나오곤 합니다." 우리는 그녀를 채용했다. 한 편의 시와 같은 회계장부를 갖는 것도 흥미로운 일이라고 생각했기 때문이다. 그리고 그녀는 자신의 일을 훌륭히 해냈다.

필자는 독자들이 이 책에서 내 젊은 회계 담당 직원이 보았던 그런 부분을 얻어가기를 바란다. 회계와 재무보고에 대해 조금이라도 아는 것은 무척이나 만족스러운 체험이다. 그리고 결국에는 모든 것들을 바로잡아주고, 손해를 보지 않도록 해줄 것이다. 게다가 회계구조에는 '시'와 '아름다움'이 있다.

이제, 여러분이 이 책을 사서 읽고 있는 진짜 목적에 대해서 이야기해보자. 나는 '권력'과 관련이 있다고 자신 있게 추측한다. 경영에 있어서 '수'의 흐름을 아는 것을 '권력'으로 여길 것이며, 바로 이를 원하는 것일 게다.

'시'든 '권력'이든, 회계 및 재무 관련 보고와 관련된 일은 그다지 특별한 지식을 필요로 하지 않는 아주 쉬운 일이다. 여러분은 이미 초등학교 4학년 무렵 회계를 마스터하는 데 필요한 수학을 모두 배웠다. 대부분은 덧셈과 뺄셈과 관련이 있고, 곱셈과 나눗셈이 조금 필요하다. 하지만 다른 측면에서, 전문 용어들은 다소 혼동을 가져다줄 수 있다. 따라서 여러분은 수익과 이익, 원가와 비용 같은 회계 관련 용어들을 배울 필요가 있다. 또한 한 기업의 재무 상태를 설명하는 대차대조표, 손익계산서, 현금흐름표의 목적과 구조를 제대로 이해할 필요가 있다.

힌트가 하나 있다. 돈의 흐름을 관찰하라. 또 상품과 서비스의 흐름을 지켜보라. 사실 현금과 상품의 흐름을 기록하는 것이 재무제표의 전부다. 더 복잡한 일은 없다. 그 밖의 모든 것은 세부사항에 해당한다.

그렇다면 이것들이 지루한 이유는 뭘까? 스스로에게 물어보라. 이것들을 이해하지 못하기 때문에 지루한 것뿐이다. 하지만 기업 활동에서 현금을 추출하고 재무제표와 관련한 활동을 기록하는 것은 결코 지겨운 일이 아니다. 경영과 부 창출의 핵심사항이다. 따라서 절대 지겨울 수 없다.

제3판 발간에 따른 서문

두 번째 개정판까지 발간된 이 책은 총 20만 부가 넘게 팔렸다. 베스트셀러가 되는 소설이나 유명한 (혹은 유명하지 않은) 정치인들의 회고록만큼은 아니지만 회계 관련 도서치고는 아주 많은 수다.

이번에 세 번째 개정판을 내면서 최근 정보를 업데이트하고 필요한 내용을 확장했다. 필자 역시 20년 전에 첫 번째 책을 낸 이후로 나이를 먹었고 그만큼 아는 것도 더 많아졌기에 이번 개정판에 그동안 얻은 지식을 더했다. 이번 개정판에서는 뒤편에 부록을 2개 더 추가했다.

부록 C. 비영리 회계와 재무제표

비영리 회계는 영리단체와 다른 곳에 초점을 둔다. 이익은 덜 중요하지만 (거둘 세금이 없음) 자선 기부금이 공공 사명을 촉진하는 데 어떻게 쓰이는지를 보여주는 것이 매우 중요하다. 수익 창출과 원가 및 비용 보고 역시 흥미롭다. 보고는 문서화하여 모두, 즉 대중과 정부가 볼 수 있다.

부록 E. 차변과 대변

체계적인 회계 방식과 재무제표가 처음 개발된 옛날로 돌아가보자. 수도사들은 발생한 모든 거래를 기록했다. 차변과 대변의 개념은 (a) 모든 사람이 이해할 수 있게 만든 분개장과 원장을 보여주기 위해 (b) 수도사들이 거래를 적절히 분류하고 기록하도록 돕기 위해 (c) 수기로 기입을 할 때 발생하는 오류를 발견하기 위해 발명되었다. 오늘날 우리는 컴퓨터를 사용하기 때문에 필자는 이 책에서 차변과 대변의 개념을 사용하지 않았다. (비재무 관리자가 볼 때 혼란스럽다.) 그러나 회계사는 회사의 장부와 재무제표를 두고 논의할 때 여전히 이 복식부기법에 의존하기 때문에 이것이 무엇인지 기본적인 개념을 이해하는 게 좋을 것이다.

이 책의 특징

재무가 아닌 다른 분야의 업무를 담당하고 있는 경영자들의 상당수는 '회계 공포증'을 앓고 있다. 스스로의 역량을 제한하는 일종의 '재무 현기증'이다. '재고회전율(inventory turn)'이 진열대에 쌓여 있는 재고품을 회전시키는 것이라고 생각하고 있는 사람들이라면, 이 책을 읽어야 할 필요가 있다.

이 책은 (1)회계나 재무제표에 대해서 잘 알지 못하지만, 알아야 할 필요가 있다고 느끼는 사람, (2)회계나 재무제표에 더해 더 많이 알 필요가 있지만 일반적인 회계나 재무제표 책은 도통 무슨 이야기인지 알아들을 수 없는 사람들을 위해 만들어졌다. 사실 기업세계의 대다수 사람들이 여기에 해당한다. 그러니 여러분은 혼자가 아니다.

이 책은 기업의 거래를 바탕으로 훈련을 쌓을 수 있도록 되어 있다. 또 어떤 방법으로 재무제표를 만들고, 이들 재무제표가 실제 기업의 재무 상태를 나타내기 위해 어떤 식으로 상호작용을 하는지 분명하고 쉬우면서도 현실 세계를 반영한 사례들을 제시하고 있다.

우리는 개념 이해에 방해가 되는 세부사항에는 집착하지 않을 작정이다. '기업의 회계 모형'에 대한 실제 지식을 쌓기 위해 공인회계사 CPA가 될 필요는 없다. 컴퓨터에 들어 있는 마이크로 칩이 어떤 방식으로 수학공식을 계산해내느냐를 알 필요가 없는 것과 마찬가지 논리다.

> "회계는 기업 공동체의 모든 부문에서 통용되는 의사소통 수단이며 언어다. 회계는 기업이 하나의 회계 모형을 가지고 있다고 가정한다. 기업에는 다른 모형이 있을 수 있다. 하지만 이와 같은 회계 모형은 누구나가 수용하는 양식이다. 회계라는 언어를 말하지 못하거나 회계 모형을 이해하는 데 불편함을 느낀다면, 당신은 기업세계에서 상당한 곤경에 처할 것이다. 회계는 거래를 위한 가장 기본적인 도구이기 때문이다."
>
> 고든 B. 배티(Gordon B. Baty)
> 『기업가 정신(Entrepreneurship)』
> Prentice Hall, Englewood Cliffs, NJ, 1990

거래 이 책은 가상으로 만든 기업인 '애플시드엔터프라이즈주식회사(AppleSeed Enterprises, Inc.)'가 애플소스를 제조하고 판매하는 과정에서 발생하는 거래 절차를 순서대로 묘사해 설명하고 있다. 필요한 자본금을 충당하기 위해 주식을 발행하고, 제품을 만들 기계를 구매하고 건강에 좋은 애플소스를 출하해 고객을 만족시키게 될 것이다.

이와 같은 단계를 밟아갈 때마다 애플시드의 회계장부에는 회계 항목이 발생하게 된다. 우리는 기업의 재무제표가 어떤 방식으로 만

들어지는지 직접 느껴볼 수 있도록 개별 거래 내용에 대해 이야기할
예정이다. 또 대차대조표, 손익계산서, 현금흐름표의 세 가지 기업 재
무제표에 대해 보고하는 방법을 배워본다. 다음은 이들 재무제표에
반영하는 통상의 기업 거래활동이다:

1. 주식매각
2. 차입
3. 주문 수주
4. 제품 출하
5. 고객에게 송장 발행
6. 대금 결제(회수)
7. 판매수수료 지급
8. 대손상각
9. 비용 선지급
10. 장비 주문
11. 계약금 지급
12. 원자재 수령
13. 손상된 제품 폐기
14. 공급업체에 대금 결제(지급)
15. 제조상의 변동량 기록
16. 고정자산의 감가상각
17. 재고가치평가
18. 인력 채용 및 급여 지급, 급여세 납부
19. 이익 산출
20. 소득세 납부

21. 배당

22. 기업(사업) 인수

23. 기타

여러분이 이 책을 다 읽게 되면, 설명을 위해 제시한 애플소스 제조업체인 애플시드엔터프라이즈주식회사의 재무에 대해 알게 될 것이다.

목표 필자가 이 책을 쓴 목적은 사람들이 회계 및 재무 관련 보고와 관련된 기본 내용들을 완전히 익히도록 돕는 데 있다. 특히 대차대조표와 손익계산서, 그리고 현금흐름표가 어떤 역할을 하는지 알아야 하지만, 그렇지 못한 경영자들, 과학자들, 세일즈맨 등을 대상으로 했다.

여러분의 목표는 업무를 지원해줄 회계 및 재무 관련 지식을 터득하는 것이다. 여러분은 재무적인 요소들을 이용하는 방법을 터득함으로써 창출되는 '힘'을 갖기를 원한다. 그러자면 경영에 있어서 어떤 방법으로 숫자들을 관리하고 유지해나가는지를 알아야만 한다. 또 사업을 성공적으로 이끌려면 고든 배티가 말했듯 회계 모형을 편안하게 받아들여야 한다.

이 책은 5부로 나뉘어져 있다. 각 부가 갖고 있는 목표는 다음과 같다:

1부 '반드시 알아야 할 재무제표의 기본'은 기업의 세 가지 주요 재무제표를 소개하고, 회계장부를 이해하고 회계 담당자들이 이에 친숙해지기 위해 필요한 전문용어를 정의한다.

2부 '거래를 통한 재무제표의 응용'은 31종류의 경영활동에서 비롯되는 각각의 거래 처리가 애플시드주식회사의 대차대조표, 손익계산서, 현금흐름표에 어떤 방식으로 영향을 미치고, 반영이 되는지를 설명한다.

3부 '성과 창출을 위한 재무제표의 기법'은 통상의 비율분석 기법을 이용해 애플시드주식회사의 재무 상태를 철저하게 분석해보게 될 것이다. 그리고 '회계장부를 요리하는 방법'과, 왜 재무제표를 조작하고 기만하는지, 이와 같이 사기에 해당하는 조작과 기만을 어떤 방식으로 알아낼 수 있는지를 간략히 다뤄볼 예정이다.

4부 '사업 확장을 위한 경영 전략'은 성장세에 있는 한 기업이 기업 확장을 할 때 반드시 필요한 전략적 의사결정에 대해 설명한다. 우리는 "자본을 확충하는 방법은?", "비용을 산출하는 방법은?"과 같은 질문에 답을 제시할 것이다. 그리고 **5부 '성공적인 자본투자를 위한 의사결정'**에서는 사업 확장 전략의 대안들을 분석하고, 첨단의 NPV 기법을 활용해 최선의 선택을 도출해보게 될 것이다.

사업에서 돈의 흐름과 구조를 이해하게 되면, 여러분은 다음과 같은 중요한 도전에서 비롯되는 질문들을 인식하게 될 것이다.

- 기업이 고속성장과 고수익을 달성하고도 동시에 돈에 쪼들리게 되는 이유와 이런 상태가 꽤 일반적인 이유
- 운전자본(working capital)이 아주 중요한 이유와 운전자본을 증가 하거나 감소하도록 만드는 경영상의 조치들
- 보유현금과 최종 수익의 차이와 이들 사이의 연관성
- 기업 활동 중 현금흐름상의 적자가 긍정적인 징후인 때, 그리고 이와는 반대로 재앙의 전조인 때

- 보편적인 원가 계산 시스템의 한계와 회계 담당자의 원가에 대한 정의를 적용할 때(그리고 더 중요한, 이를 무시해야 할 때)
- 현재 시점에서 이뤄진 개발투자가 미래 기업 재원에 상당 수준의 수익을 가져다줘야 하는 이유
- 할인이 이익 손실을 초래하는 이유와 기업의 재무 건전성에 위험한 이유
- 리스크와 불확실성은 어떻게 다른지, 그리고 더 나쁜 쪽은?
- 현재 보유 중인 현금이 미래에 들어올 현금보다 더 값어치가 있는 이유
- 자본투자 의사결정을 내릴 때 향후 현금흐름 예측이 필요한 이유와 한계
- NPV 분석을 이용해야 할 때와 IRR 분석을 이용해야 할 때, 그리고 자본투자 의사결정에서 이것들이 중요한 이유

여러분은 효과적인 경영활동을 위해서 회계 및 재무 관련 보고를 반드시 이해해야만 한다. 회계사가 되라는 이야기는 아니다. 하지만 '필요한 용어'로 소통할 수 있어야 하고, 기업의 회계 모형에 익숙해져야만 한다.

> "재미없고, 따분하고, 이내 잊어버린다고 하더라도, 복식부기(double-entry bookkeeping)를 꾸준히 배워나가야 한다. 사람들은 내가 농담을 한다고 생각할지도 모르겠다. 하지만 그렇지 않다. 여러분은 경영이라는 산수를 사랑해야만 한다."
>
> 케네스 H. 올센(Kenneth H. Olsen)
> 디지털 이큅먼트(Digital Equipment Corporation)의 창업자

PART 1

반드시 알아야 할 재무제표의 기본

- 구조와 용어 이해하기

1부 미리보기

이 책은 업무를 위해 재무제표를 이용해야 하지만, 회계나 재무와 관련해 정식 교육을 받지 못한 사람들을 위해 썼다. 이런 사람들에 포함된다고 해서 서운해할 필요는 없다. 필자가 생각하기에 비재무 업무를 담당하고 있는 관리직 중 95%가 기업의 재무제표를 이해하지 못하는 '문맹'이다. 이제 이것들을 위한 여정을 떠나보자.

이번 장은 재무제표의 구조와 재무보고에서 쓰이는 특수용어에 대해 다루고 있다. 우리는 이 두 가지 모두를 배우게 될 것이다. 이렇게 하는 편이 더 쉬운 학습 방법이기도 하다. 회계 및 재무보고가 복잡해 보이는 이유 중 상당 부분은 특수하면서도 때때로 반직관적인 전문용어 때문이다. 또, 그 구조는 기본적으로 간단하지만 세부목록들 때문에 혼동이 초래된다.

용어 회계에서 몇몇 중요한 단어(용어)들은 여러분이 생각하는 것과는 다른 의미를 갖는다. 아래 상자는 이와 같이 혼동을 초래하는 단어들 중 일부를 보여주고 있다.

매출(sales)과 **수익**(revenue)은 같은 말이다.
이익(profit)과 **수입**(income, earning) 또한 같은 말이다.
하지만 **수익**(revenue)과 **이익**(profit)의 뜻은 다르다.

원가(costs)와 **비용**(expense)은 다르다.
비용(expense)과 **지출**(expenditure)도 다르다.

매출(sales)은 **주문**(orders)과 다르지만, **출하**(shipment)와는 같다.

이익(profit)은 **현금**(cash)과 다르다.
지급능력(solvency)과 **수익성**(profitability)은 다르다.

재무제표를 이야기할 때, 이들 단어를 정확하게 사용해야만 한다. 이는 필수사항이다. 단지 이들 용어를 배우기만 하면 된다. 그다지 어려운 일이 아니지만 아주 중요하다. 다음 보기를 살펴보자:

1. 매출과 수익은 손익계산서의 '상단선(top line)'을 뜻하며, 고객으로부터 들어오는 돈을 의미한다.

2. 이익과 수입은 손익계산서의 '하단선(bottom line)'을 뜻하며, 그 매출을 이루기까지 쓴 원가와 비용을 제하고 남은 금액을 의미한다.

수익과 이익은 다르다는 점을 명심해야 한다. 손익계산서에서 수익은 '상단선'이고, 이익은 '하단선'이다.

3. 원가는 제품을 만들기 위해 소비한 금액이다. 대부분이 원자재 및 노동에 소요된다. 그리고 제품을 개발하고, 판매하고, 이러한 내역들을 보고하는 등 전체적인 제품 제조 및 판매과정에서 쓰이게 되는 금액을 비용(expenses)이라고 한다.

4. 원가와 비용은 이와 관련해 벤더 등에게 실제 지급했을 때 지출이 된다.

5. 주문은 고객이 주체가 되고, 미래에 특정 제품을 배달해줄 것을 요청하는 것을 의미한다. 이와 같은 주문은 제품을 실제 출하하기 전까지는 재무제표에 어떤 영향도 미치지 않는다. 그리고 출하가 되면 '출하'는 '매출'이 된다. 즉 출하와 매출은 의미하는 바가 비슷하다.

6. 지급능력은 지급을 하기에 충분한 금액을 은행에 보유하고 있다는 뜻이다. 또 수익성이란 매출이 비용이나 원가보다 많다는 이야기다. 지급능력과 수익성을 동시에 갖출 수 있다. 반면 돈을 벌 수는 있지만 현금이 부족해 필요한 지급을 다 하지 못할 수도 있다.

재무제표 회계 용어를 이해하고 나면, 재무제표의 구조를 알 수 있다. 예를 들어, 손익계산서의 상단부에 매출이, 하단부에 이익이 위치한다고 말할 때 혼동하지 않게 된다. 1부에서 우리는 용어와 재무제표의 구조를 동시에 배우게 될 것이다. 그리고 이후 이어지는 장을 통해서는 세 가지 재무제표를 차례대로 알아본다. 대차대조표, 손익계산서, 현금흐름표다. 1부의 마지막에서는 이들 세 가지 재무제표가 어떻게 연관성을 갖는지, 한 재무제표의 수치가 변할 때 다른 재무제표의 수치는 어떻게 바뀌는지를 이야기할 예정이다.

1장은 재무제표의 토대가 되는 원칙들을 제시한다. 회계 전문가들이 한 기업의 회계장부를 이해하기 위해 필요한 가정과 시작점들을 말한다. 2장을 통해서는 '보유한 것'과 '빚진 것', 즉 대차대조표를 다룬다. 그리고 3장에서는 기업의 제품 판매 활동과, 이들 활동을 마무리 짓고 회계 처리한 후 남아 있는 돈이 있는지를 보여주는 손익계산서를 설명할 것이다.

마지막에 다루게 될 재무제표는 종종 단기적 관점에서 가장 중요한 현금흐름표에 대한 내용으로 4장에 나와 있다. 현금흐름표는 계산대의 기능을 연상하면 된다. 현금을 저장하고, 나가야 할 돈을 지급하는 것이다.

5장은 이들 세 가지 재무제표를 한데 모아, 이것들이 기업의 재정 상태를 어떤 방식으로 함께 보여주는지를 설명할 예정이다.

Chapter 01 재무회계에서 가장 필수적인 열두 가지 기본원칙

회계 담당자들은 몇 가지 기본원칙과 가정을 바탕으로 재무제표를 준비한다. 이와 같은 회계원칙과 가정은 재무회계에 있어서 언제, 어떤 방식으로 어떤 항목들을 측정할지를 지정해준다. 이 책의 독자들은 설명의 마지막 부분에 이르러서는, 이들 원칙과 가정이 회계 및 재무보고에서 얼마나 필요한 것들인지를 알게 될 것이다.

다음은 아주 중요한 열두 가지 회계원칙들이다.

1. 회계실체(accounting entity)

2. 계속기업(going concern)

3. 측정(measurement)

4. 측정단위(units of measure)

5. 역사적 원가(historical cost)

6. 중요성(materiality)

7. 추정과 판단(estimates and judgements)

8. 일관성(consistency)

9. 보수주의(conservatism)

10. 기간성(회계기간 독립, periodicity)

11. 실질의 우선(substance over form)

12. 발생기준(accrual basis of presentation)

이들 원칙과 가정들은 회계 담당자들의 모든 거래와 모든 재무 관련 보고를 규정짓고, 관리한다. 우리는 이들 원칙과 가정들을 각각 순서대로 다뤄나갈 것이다.

1. 회계실체 회계실체란 재무제표를 준비하는 기업단위다. 참고로 기업의 법적 형태에는 구애받지 않는다. 회계실체의 원칙에 따르면, 기업의 소유주와는 구별이 되는 '기업실체(business entity)'가 존재한다. 이는 가상의 '주체'로, 작성된 회계장부의 대상이 되는 기업을 가리킨다.

2. 계속기업 회계 담당자는 반대되는 증거가 없는 한, 기업실체의 수명이 영원하다고 가정한다. 두말할 나위 없이, 이러한 가정은 검증이 불가능할 뿐더러 사실인 경우도 드물다. 하지만 이와 같은 가정을 통해 기업의 재무 상태를 아주 간단히 보여줄 수 있다. 또한 재무제표를 준비하는 데 있어서도 크게 도움을 받는다.

회계사는 기업의 회계장부를 평가하는 동안 해당 기업이 파산으로 몰릴지도 모른다는 심증을 갖게 되면, 기업종말의 징후가 있음을 언급하는 '한정의견(qualified opinion)'을 발행해야 한다. 이와 관련해서는 추후 살펴보게 될 것이다.

3. 측정 회계는 수량화할 수 있는 것들을 취급한다. 예를 들면 합의된 가치가 있는 자원과 채무와 같은 것들이다. 또한 회계는 오직 측정

가능한 것들만을 다룬다.

이와 같은 가정 때문에 기업이 보유한 많은 귀중한 '자산'들이 회계에서는 제외된다. 예를 들어, 기업의 성과에 필수불가결한 요소이지만 충성고객들에 대해서는 가치를 수량화하는 것도, 이를 할당하는 것도 불가능하다. 따라서 회계장부에는 표시가 되지 않는다.

재무제표에는 기업이 보유한 자산과 부채를 추산한 수치만을 포함한다. 그리고 이 둘의 차이가 자본이다.

4. 측정단위 미국 기업들이 재무제표에서 가치를 보고하는 데 쓰는 단위는 미국 달러다. 해외 자회사들의 손익 또한 연결 손익보고에서 미국 달러로 바꿔 표시해야 한다. 그리고 환율 변동에 따라 모든 외환 표시 자산 및 부채의 가치 또한 바꾸어야 한다.

5. 역사적 원가 기업의 자산과 부채는 인플레이션에 따른 조정 없이 취득원가(역사적 원가)로 기록한다.

예를 들어 기업이 현재 소유하고 있는 건물의 시가가 5,000만 달러라 할지라도, 회계장부에는 취득원가인 500만 달러로 기록한다. 여기에 감가상각 누계액을 제한다. 즉 가치를 저평가하는 것이다.

이와 같은 가정 때문에 과거에 구매한 일부 자산의 가치가 상당 수준 저평가되어, 회계장부에는 아주 낮은 금액으로 기록될 수 있다. 회계 담당자들은 왜 자산가치를 떨어뜨리라고 요구할까? 기본적으로 일을 쉽게 하기 위해서다. 이런 가정 아래에서는, 매번 되풀이해 자산을 감정할 필요가 없기 때문이다.

6. 중요성 이는 서로 다른 재무 관련 정보들의 상대적 중요성을 일컫는 용어다. 회계 담당자들은 사소한 것들에는 신경을 쓰지 않는다. 하지만 기업의 재무조건에 중요한 영향을 미친다고 판단하는 거래는

모두 기록해 보고해야만 한다.

동네 약국에 중요하다고 해서 IBM에도 중요한 것은 아니라는 점을 명심할 필요가 있다. 사실 이 중요성을 결정하는 것은 직관적인 판단이다.

7. 추정과 판단 측정에 정확성을 기하기란 어려운 일이다. 복잡하고 불확실한 변수들이 많기 때문이다. 따라서 재무보고에서 추정과 판단은 종종 불가피한 일이 된다. (1)그것이 최선의 방법이고, (2)추정으로 초래될지도 모르는 오류가 큰 영향을 미치지 않는다면 추정을 해도 괜찮다. 하지만 회계 담당자는 각각의 보고 기간마다 동일한 추정방법을 사용해야 한다. 다시 말해 추정에는 일관성이 있어야 하며, 그러한 추정은 선택할 수 있는 최선의 추정이어야 한다.

8. 일관성 동일한 거래인데도 다른 방식으로 회계 처리를 할 수도 있다. 선호도에 따라 이렇게도 저렇게도 할 수 있다. 즉 일관성의 법칙에 따르면 개별 기업은 하나의 회계보고 방법을 선택한 후, 이를 오랜 시간에 걸쳐 일관되게 사용하는 것이다. 단, 임의대로 방법을 번갈아 사용할 수 없다. 또 측정기법 또한 특정 회계연도에서 다음 회계연도까지 일관성이 있어야 한다.

9. 보수주의 회계 담당자들은 현상을 측정할 때, 이를 축소하는 경향이 있다. 과평가를 절제하는 것이다. 예를 들어 현재 시점에서 실제 손실이 발생하지 않았다 하더라도, 그럴 확률이 아주 높을 때는 이와 같은 손실을 기록한다. 이와는 반대로, 이익의 경우 기대 시점이 아닌 실제 발생 시점까지 이의 기록을 지연한다.

10. 기간성 회계 담당자들은 기업의 수명을 특정 주기로 나누게 되는데, 이익과 손실을 보고하게 되는 주기다. 통상의 경우 월, 분기 또

는 년으로 나눈다.

왜 월이나 분기 또는 년 단위일까? 편리하기 때문이다. 관리자들이 무슨 일이 발생했는지 기억할 수 있을 만큼 짧고, 동시에 닥치는 대로 상황이 변동하지 않고 의미를 갖기에 충분한 기간이기 때문이다. 이와 같은 기간을 '회계' 기간이라고 부른다. 예를 들어 회계연도는 올해 10월 1일에서 다음해 9월 30일까지 확대될 수 있다. 또는 달력과 마찬 가지로 1월 1일에 시작해서 같은 해 12월 31일에 마감할 수 있다.

'선(lines)'은 원칙만큼 중요하지 않을 수도 있다. 하지만 회계 담당자들이 재무제표에서 이를 사용하는 방법을 모른다면 혼동을 초래할 수 있다. 재무제표는 종종 두 종류의 선을 쓴다. 수치 계산의 종류를 나타내기 위해서다. 재무제표에서 한 줄짜리 선은 바로 앞선 행의 수치들에 대해 계산(덧셈 또는 뺄셈)을 했다는 뜻이다. 두 줄짜리 선은 마지막에만 쓰인다. 즉, 두 줄짜리 선을 썼다는 것은 해당 재무제표에서 가장 마지막에 해당하는 금액이라는 설명이다. 재무제표에서 쓰이는 모든 수치는 통화다. 하지만 가장 윗줄과 마지막 줄에만 통화표시를 한나는 점에 유의해야 한다.

a	매출($)
b	매출원가
a - b = c	매출총이익
d	영업 및 마케팅
e	연구개발
f	일반 및 관리
d + e + f = g	총비용
h	이자수익
i	소득세
c - g + h - i = j	순이익($)

---

11. 실질의 우선 회계 담당자들은 거래의 형태가 아닌 경제적 '실체'를 보고한다. 예를 들어 장비를 빌렸는데 실제로는 구매한 제품과 용도가 똑같은 장비일 때는 재무제표에 기록할 때 임차가 아닌 구매로 기록한다. 실질 우선의 원칙에 따르면 닭은 오리가 아닌 닭으로 보고해야 한다.

12. 발생기준 반드시 이해해야 하는 중요한 개념이다. 회계 담당자는 특정 회계기간 동안 발생한 금전 창출(또는 손실) 활동에서 비롯된 이익이나 손실을 통화로 환산한다. 발생기준 회계에서 특정 기간 동안의 경제활동이 이익을 창출했다면, 동일 기간에 제품원가나 영업상의 비용을 보고해야만 한다. 그렇지 않다면 어느 시점에 회계 항목을 기입하느냐에 따라 이익과 손실이 제멋대로가 될 것이다.

발생기준 회계에서는 (1)제품 판매를 통한 매출과 (2)판매된 특정 제품을 만드는 데 소요된 비용을 대응하는 방식으로 회계 처리를 한다. 그리고 판매, 법적 처리, 행정과 관련하여 소요한 특정 회계기간의 비용을 뺀다.

발생기준 회계에서 핵심이 되는 사항은 결정을 내리는 것이다. (1)특정 재무제표에 매출을 보고할 때, (2)판매된 제품의 적절한 원가를 대응하여 보고하고, (3)해당 기간에 영업활동을 위해 지출한 모든 기타 비용을 체계적이고 합리적인 방법을 사용해 배분한다.

다음은 각각에 대한 설명이다.

매출의 인식 발생기준 회계에서 매출을 기록하는 때는 제품이나 서비스를 제공하기 위한 모든 필요 활동이 마무리 지어지는 시점이다. 여기서 실제 현금을 수령했는지는 고려대상이 아니다. 고객이 제품을 주문한 시점에서 매출은 발생하지 않는다. 주문받은 제품을 출하했을 때 매출을 기록하게 된다.

대응성의 원칙 발생기준 회계에서, 제품 제조와 연관된 원가(매출원가)는 이에 대응하는 매출을 기록할 때 함께 적는다.

배분 비용의 상당부분은 제품과 구체적으로 연관지어지지 않는다. 따라서 이와 같은 비용을 특정 회계기간에 합리적인 방식으로 배분해야만 한다. 예를 들어 매년 초에 책임보험을 한꺼번에 납부했다 하더라도, 이와 같은 보험료를 매달 분납할 수 있다. 또 발생 시점에서 기록하는 비용도 있다(기간별 비용).

재고를 유지하는 모든 사업체는 발생기준 회계를 사용해야 한다는 점에 유의해야 한다. 그 밖의 사업체들은 희망한다면 현금주의 회계를 채택할 수도 있다. 현금주의 회계를 이용한 재무제표는 현금흐름표나 수표책을 작성하는 것과 같은 방식으로 작성한다. 다음 장에서는 발생기준 회계의 특징들에 대해 설명하겠다.

그렇다면 이와 같은 규칙은 누가 만들까? 간단하게 대답하자면 미국 재무회계기준위원회(FASB: The Financial Accounting Standards Board)가 이와 같은 규칙을 만들고, 이를 회계 기본원칙(GAAP: Generally Accepted Accounting Principles)이라고 부른다. FASB가 공인회계사들로 구성되어 있는 단체라는 점을 알면 금방 이해가 될 것이다.

미국의 재무제표는 회계 전문가들이 정한 규칙과 원칙인 GAAP를 따라 제시해야만 한다. 물론 국가마다 서로 다른 규칙을 사용한다. GAAP는 재무제표를 준비하고 보고하는 데 있어서 관행과 규칙, 절차로 이루어져 있다.

그리고 이와 같은 관행과 규칙, 절차를 이해하기 쉽도록 제시하는 곳이 미국 재무회계기준위원회다. FASB는 재무회계 발행기관, 감사기관과 재무정보의 사용자와 같은 공공에게 가이드와 정보를 제공하기 위해 재무회계 및 보고기준을 구축하고 개선하는 데 목적을 두고 설립된 단체다. 미국 증권거래위원회(SEC: Securities and Exchange Commission)는 FASB를 미국의 모든 공개기업의 회계 기준을 정할 책임이 있는 단체로 지정해놓고 있다.

CPAs CPA는 공인회계사다. 이들은 대학에서 관련 분야에 대한 훈련을 받았으며, 수년에 걸쳐 회계 및 감사 관련 기업에서 실습을 받았다. 또 회계원칙과 감사절차를 분명히 이해하고 있는지를 평가하는 몇 차례의 시험에 합격한 전문직 종사자들이다. FASB는 주로 공인회계사들로 구성된 단체이고, 이들 공인회계사는 특정 기업을 감사하면서 GAAP를 개발하고 해석하고 적용하게 된다. 즉 이들 모두는 밀접한 관계에 있다.

FASB는 규칙을 만들고, 이를 GAAP라고 부른다.

FASB: 미국 재무회계기준위원회
GAAP: 일반적으로 인정되는 회계 기본원칙

현 시점에서의 거래 관련 수치를 등식으로 표현하는 대차대조표

회계의 기본 등식

■ 회계의 기본 등식은 "현재 가진 것에서 현재 빚진 것을 빼면 현재 보유한 가치가 된다."라는 것이다.

자산(가진 것) **- 부채**(빚진 것) **= 자본**(보유자가 소유한 가치)

■ 가치, 자본, 순자산, 자기자본, 주주자본은 모두 '주주들이 소유한 기업의 가치'를 의미한다.

대차대조표

■ 대차대조표는 옆의 회계 기본 등식의 배열을 바꿔 표시한다:

자산(가진 것) = **부채**(빚진 것) + **자본**(보유자가 소유한 가치)

■ 정의를 내리자면, 자산은 언제나 부채와 자본을 합한 값과 등식을 이뤄야 한다.

■ 즉, 등식의 왼쪽 항에 자산을 더한다면, 오른쪽 항의 부채 또는 자본 또한 더해 증가시켜야 한다. 이 두 항은 균형을 이루어야 한다.

대차대조표 서식

특정일

자산	부채 및 자본
현금	외상매입금
외상매출금	미지급비용
재고	유동성부채
선급비용	미지급법인세
유동자산	유동부채
기타자산	장기부채
고정자산	자본금
감가상각누계액	이익잉여금
순고정자산	주주자본
총자산	총부채 및 자본

대차대조표 | 특정 시점에 대한 정보

■ 대차대조표는 특정일, 특정 순간, 또는 작성이 이루어진 날짜의 기업의 재무상황을 나타낸다.

■ 대차대조표는 다음을 보여준다:

현재 기업이 보유한 것: **자산**

현재 기업이 빚진 것: **부채**

현재 기업의 가치: **자본**

■ 대차대조표는 다음을 보고한다:

현재 보유한 것(자산) **= 현재 빚진 것**(부채) **+ 현재 가치**(주주자본)

대차대조표 서식

특정일

자산	
현금	A
외상매출금	B
재고	C
선급비용	D
유동자산	A+B+C+D=E
기타자산	F
고정자산	G
감가상각누계액	H
순고정자산	G−H=I
총자산	E+F+I=J

자산이란?

- 자산은 은행에 예금되어 있는 현금, 재고, 기계 및 장비, 건물 등 현재 보유하고 있는 모든 것을 가리킨다.
- 자산은 통화 가치를 갖는, 현재 보유하고 있는 특정 '권리'를 의미하기도 한다. 대금을 빚진 고객에게 이를 회수할 권리와 같은 것들이다.
- 자산에는 가치가 있어야 하며, 대차대조표에 이와 같은 가치를 항목으로 기재하기 위해서는 반드시 수치로 표시해야만 한다. 따라서 기업의 재무제표의 모든 항목은 '원'이나 '달러' 같은 통화로 바꾸어야 한다.

대차대조표 서식		
특정일		유동성이 높음
자산		
현금	A	
외상매출금	B	
재고	C	
선급비용	D	
유동자산	A+B+C+D=E	
기타자산	F	
고정자산	G	
감가상각누계액	H	
순고정자산	G-H=I	
총자산	E+F+I=J	유동성이 낮음

자산을 그룹으로 나누기

■ 대차대조표에 자산을 표시할 때는 그 특징에 따라 그룹으로 나눈
다:

　　유동성이 아주 높은 자산......현금과 유가증권

　　생산적인 자산......공장과 기계

　　매출을 위한 자산......재고

■ **외상매출금**은 특수한 종류의 자산 그룹이다. 이는 외상으로 출하된
제품을 받은 고객이 기업에 대금을 지급해야 하는 의무가 있음을 나
타낸다.

■ **자산**은 대차대조표의 차변 자산항목에 표시한다. 그리고 유동성이
낮을수록 아래에 배치한다. 유동성이란 현금화가 얼마큼 쉬운가를 얘
기한다. 가장 유동성이 높은 자산은 현금이고, 가장 낮은 자산은 고
정자산이다.

대차대조표 서식	
특정일	
자산	
현금	A
외상매출금	B
재고	C
선급비용	D
유동자산	A + B + C + D = E
기타자산	F
고정자산	G
감가상각누계액	H
순고정자산	G − H = I
총자산	E + F + I = J

유동자산

유동자산은 12개월 이내에 현금화할 수 있을 것으로 기대되는 자산이다.

■ 유동성의 순서에 따라 **유동자산**들을 배열한다. 현금화가 가장 쉬운 자산을 가장 위에 위치시킨다.

   1. 현금

   2. 외상매출금

   3. 재고

■ 가까운 장래(해당연도)에 기업이 지급해야 할 대금은 유동자산이 현금화된 이후 발생한다. 즉 재고에 대한 판매가 이뤄지고, 고객이 외상매출금을 지급한 이후에 발생한다.

```
┌─────────────────────────────────────────┐
│  ┌──────────────────┐                    │
│  │ 대차대조표 서식   │                    │
│  └──────────────────┘                    │
│   특정일                                 │
│  ─────────────────────────────────────   │
│   자산                                   │
│   현금                        A          │
│   외상매출금                  B          │
│   재고                        C          │
│   선급비용                    D          │
│  ─────────────────────────────────────   │
│   유동자산                A+B+C+D=E      │
│   기타자산                    F          │
│   고정자산                    G          │
│   감가상각누계액              H          │
│  ─────────────────────────────────────   │
│   순고정자산                G-H=I        │
│   총자산                  E+F+I=J        │
│  ─────────────────────────────────────   │
└─────────────────────────────────────────┘
```

유동자산: 현금

■ **현금**은 유동성이 가장 큰 자산이다. 금고에 보관하고 있는 돈, 즉시 찾을 수 있는 은행 저축 등이 여기에 포함된다.

■ 대금을 지급하기 위해 수표를 썼다면 **현금**자산에서 돈을 빼낸 것이다.

■ 대차대조표의 모든 항목들처럼, 미국 기업들의 경우 미국 달러로 **현금**을 표시한다. 외국에 지사를 둔 미국 기업들은 재무보고를 할 때 자신들이 보유하고 있는 외환을 달러로 바꿔 표시해야 한다.

```
┌─────────────────────────────────────────────┐
│  ┌───────────────────────┐                   │
│  │  대차대조표 서식        │                   │
│  └───────────────────────┘                   │
│                                              │
│     특정일                                    │
│  ─────────────────────────────────────────   │
│     자산                                      │
│       현금                        A           │
│  ▶    외상매출금                  B           │
│       재고                        C           │
│       선급비용                    D           │
│  ─────────────────────────────────────────   │
│       유동자산                    A+B+C+D=E   │
│       기타자산                    F           │
│       고정자산                    G           │
│       감가상각누계액              H           │
│  ─────────────────────────────────────────   │
│       순고정자산                  G-H=I       │
│       총자산                      E+F+I=J     │
│  ─────────────────────────────────────────   │
└─────────────────────────────────────────────┘
```

유동자산: 외상매출금

■ 기업이 고객에게 외상으로 제품을 출하할 때, 해당 고객으로부터 향후 특정 시점에 대금을 회수할 권리를 얻게 된다.

■ 이와 같은 대금 회수의 권리는 대차대조표에서 **외상매출금**으로 합해져 보고된다.

■ **외상매출금**은 제품을 외상으로 출하받았지만 아직 대금을 지급하지 않은 고객이 기업에 빚진 금액이다. 대부분의 기업에게 신용(외상) 거래는 일반적이다. 그리고 이들 고객에게는 30일 또는 60일의 지급 조건을 준다.

대차대조표 서식	
특정일	
자산	
현금	A
외상매출금	B
재고	C
선급비용	D
유동자산	A+B+C+D=E
기타자산	F
고정자산	G
감가상각누계액	H
순고정자산	G-H=I
총자산	E+F+I=J

유동자산: 재고

■ 재고는 고객에게 판매할 수 있도록 모든 준비가 끝난 완제품과 제
품으로 만들어질 원재료 모두를 일컫는 용어다. 제조업체의 재고는
다음의 세 가지로 나눈다:

1. **원자재 재고**는 제품을 제조하는 데 사용할 아직 가공을 마치지
않은 재료다.

2. **재공품**(在工品) **재고**는 부분적으로 가공이 마무리된, 제조 과정상
에 있는 제품이다.

3. **완제품 재고**는 주문이 있을 때 고객에게 즉시 출하할 수 있는 제
품이다.

■완제품이 판매되면 외상매출금이 되고, 이후 고객이 대금 지급을 마치면 현금이 된다.

유동자산: 선급비용

■**선급비용**은 아직 제공받지 못한 서비스에 대해 기업이 이미 지급을 마친 대금이다.

■**선급비용**은 이미 지급한 보험료, 임차료, 전화회사에 지급한 보증금, 미리 지급한 급여 등을 가리킨다.

■**선급비용**은 유동자산이다. 현금화할 수 있어서가 아니라 가까운 시일 내에 현금으로 지급할 필요가 없기 때문이다. 이미 지급을 마친 비용을 가리킨다.

대차대조표 서식	
특정일	
자산	
현금	A
외상매출금	B
재고	C
선급비용	D
유동자산	A+B+C+D=E
기타자산	F
고정자산	G
감가상각누계액	H
순고정자산	G-H=I
총자산	E+F+I=J

유동자산의 순환

■ 유동자산은 끊임없이 현금으로 전환되는 순환구조에 놓이기 때문에 '운전자산(working assets)'이라고도 불린다. 유동자산의 순환구조는 다음과 같이 표시할 수 있다:

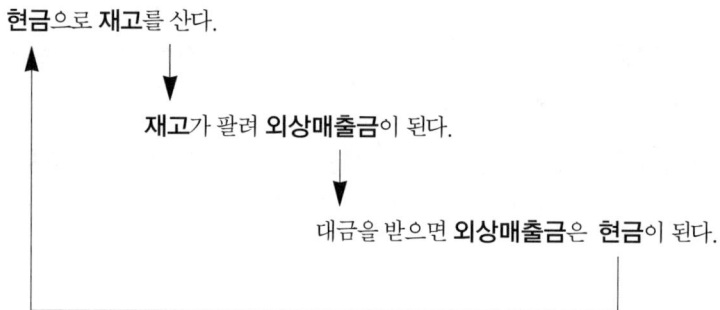

기타자산의 종류

■ 대차대조표에는 유동자산 외에도 두 가지 종류의 중요 자산이 있다. **기타자산**과 **고정자산**으로, 비유동성 자산(non-current assets)이라고 부른다. 이는 통상적인 기업 활동 과정 중에는 현금으로 바뀌지 않는 자산이다.

■ **기타자산**은 특허권, 상표권의 가치 등 무형자산을 포함하는 여타의 자산이다.

■ 기업의 **고정자산**(소위 PP&E라고 불리는 유형자산)은 일반적으로 가장 규모가 크고 중요한 비유동성 자산이다.

특정일

자산
현금	A
외상매출금	B
재고	C
선급비용	D
유동자산	A + B + C + D = E
기타자산	F
고정자산	**G**
감가상각누계액	H
순고정자산	G − H = I
총자산	E + F + I = J

고정자산

■ 고정자산은 판매를 목적으로 하지 않는 생산적인 자산으로, 제품을 생산하고, 전시하고, 적재하고, 운송하는 등의 과정에 반복적으로 활용하는 자산이다.

■ 토지와 건물, 기계 및 장비, 가구, 자동차, 트럭 등이 이와 같은 고정자산에 포함된다.

■ 고정자산은 최초 구매한 가격으로 대차대조표에 보고한다. 또한 최초원가에서 감가상각을 위한 비용을 뺀 '순고정자산'으로 표시하기도 한다. 감가상각은 다음에 나오는 설명을 참고하기 바란다.

대차대조표 서식

특정일

자산

현금	A
외상매출금	B
재고	C
선급비용	D
유동자산	A+B+C+D=E
기타자산	F
고정자산	G
감가상각누계액	H
순고정자산	G−H=I
총자산	E+F+I=J

감가상각

■ 감가상각은 손익계산서에서 회계 관습에 따라 보고한다. 이는 시간 경과에 따른 손상 및 마모 등에서 초래되는 고정자산의 유용가치 하락을 일컫는다.

■ 자산을 감가상각한다는 것은 해당 자산의 취득원가를 전체 내용 연수에 분산한다는 뜻이다. 대차대조표의 감가상각누계액은 자산을 처음 구매한 시점부터 이후의 감가상각비용을 모두 더한 것이다.

■ 특정기간에 감가상각을 하게 되면, 해당 기간의 이익이 줄어든다. 하지만 현금이 줄어드는 것은 아니다. 현금은 최초 고정자산을 구매하는 데 지출되었기 때문이다.

대차대조표 서식

특정일

자산

현금	A
외상매출금	B
재고	C
선급비용	D
유동자산	A＋B＋C＋D＝E
기타자산	F
고정자산	G
감가상각누계액	H
순고정자산	G－H＝I
총자산	E＋F＋I＝J

순고정자산

■ 기업의 순고정자산이란 고정자산의 구매가격에서 감가상각누계액을 뺀 값이다.

■ 자산의 장부가치는 기업의 회계장부에 보고한 가치로, 구매가격에서 감가상각누계액을 뺀 금액이다.

■ 감가상각이 가치의 실제 하락분을 반영할 필요는 없다. 실제, 일부 자산은 시간의 경과와 함께 가치가 상승하기도 한다. 하지만 대차대조표에는 관습적으로 이와 같은 자산의 가치상승을 반영하지 않고, 낮은 장부가치를 그대로 보고한다.

```
┌─────────────────────────────────────┐
│  대차대조표 서식                       │
│                                      │
│  특정일                               │
│ ─────────────────────────────────── │
│  자산                                 │
│   현금                    A           │
│   외상매출금              B           │
│   재고                    C           │
│   선급비용                D           │
│ ─────────────────────────────────── │
│   유동자산                A+B+C+D=E   │
│   기타자산                F           │
│   고정자산                G           │
│   감가상각누계액          H           │
│ ─────────────────────────────────── │
│   순고정자산              G-H=I       │
│   총자산                  E+F+I=J     │
│ ═══════════════════════════════════ │
└─────────────────────────────────────┘
```

기타자산

■ 유동자산이나 고정자산으로 분류할 수 없는 기업의 자산을 대차대조표에서 기타자산으로 표시한다.

■ 기타자산에서 가장 주가 되는 자산인 무형자산은 본질적으로 유형이 아니면서도(즉, 실체가 없는 자산이다) 가치를 보유한 기업의 자산이다.

■ 예를 들어 특허, 상표권, 브랜드 가치 등은 상당수준의 가치를 보유하고 있다. 하지만, 기계나 재고와 같이 실체가 있지는 않다.

■ 무형자산은 다양한 회계 관습에 따라 가치가 매겨진다. 하지만 여기에서 다루기에는 너무 복잡하고 임의적이며, 혼동을 불러올 수 있는 개념이다.

특정일

	부채 및 자본
K	외상매입금
L	미지급비용
M	유동성부채
N	미지급법인세
K+L+M+N=O	유동부채
P	장기부채
Q	자본금
R	이익잉여금
Q+R=S	주주자본(자본총계)
O+P+S=T	부채와 자본총계

부채란?

■ 부채는 기업의 경제적 책임으로, 채권자, 공급업체, 직원 등에게 빚 진 금액과 같은 것들이다.

■ 부채는 대차대조표상에서 (1)부채를 지고 있는 대상, (2)해당연도 에 부채를 지급할 수 있는지(유동부채), 또는 장기부채인지에 따라 분 류되어 표시된다.

특정일

	부채 및 자본
K	외상매입금
L	미지급비용
M	유동성부채
N	미지급법인세
K+L+M+N=O	유동부채
P	장기부채
Q	자본금
R	이익잉여금
Q+R=S	주주자본(자본총계)
O+P+S=T	부채와 자본총계

유동부채

■ 유동부채는 대차대조표의 특정일로부터 1년 이내에 지급해야 하는 대금이다. 따라서 유동부채는 유동자산의 반대개념이다.

　　유동자산...1년 이내에 현금으로 바꿀 수 있는 자원

　　유동부채...1년 이내에 현금으로 지급해야 할 대금

■ 유동자산으로부터 창출된 현금은 만기일의 **유동부채**를 변제하는 데 사용된다.

■ **유동부채**는 부채의 대상에 따라 분류한다: (1)외상매입금=공급업체 (2)미지급비용=직원 및 기타 서비스 제공자 (3)단기채무=대출인 또는 대출기관 (4)세금=정부

대차대조표 서식

특정일

	부채 및 자본
K	외상매입금
L	미지급비용
M	유동성부채
N	미지급법인세
K+L+M+N=O	유동부채
P	장기부채
Q	자본금
R	이익잉여금
Q+R=S	주주자본(자본총계)
O+P+S=T	부채와 자본총계

유동부채: 외상매입금

■ **외상매입금**은 다른 기업으로부터 외상으로 구매한 재료나 장비로, 곧 지급해야만 하는 대금이다.

■ 기업은 재료를 받게 되면, 그 즉시 현금으로 대금을 지급하거나 또는 대금 지급을 미루어 **외상매입금**이 되도록 할 수 있다.

■ 기업 간 거래(B2B)는 외상으로 이뤄지는 게 일반적이다. 거래에 따른 지급은 30일 또는 60일이 보통이며, 조기에 대금결제가 이뤄지면 할인을 받게 되기도 한다. 예를 들어 30일 이내에는 전액을 지급하되, 10일 이내 지급 시 2%를 할인해주는 식이다.

특정일

	부채 및 자본
K	외상매입금
L	**미지급비용**
M	유동성부채
N	미지급법인세
K+L+M+N=O	유동부채
P	장기부채
Q	자본금
R	이익잉여금
Q+R=S	주주자본(자본총계)
O+P+S=T	부채와 자본총계

유동부채: 미지급비용

■ **미지급비용**은 외상매입금과 유사한 형태의 금전적 책임이다. 기업
은 부채 대상이 누구냐에 따라 미지급비용과 외상매입금 중 하나를
선택해 사용한다.

■ 미지급비용은 상품이나 서비스를 정기적으로 외상으로 공급하는
공급업자에게 진 채무를 나타내는 데 사용한다.

■ 직원들에게 아직 지급하지 않은 임금, 아직 결제가 이뤄지지 않은
변호사 비용, 아직 납부하지 않은 은행 채무에 대한 이자비용 등이 **미
지급비용**이다.

대차대조표 서식

특정일

	부채 및 자본
K	외상매입금
L	미지급비용
M	**유동성부채**
N	미지급법인세
K + L + M + N = O	유동부채
P	**장기부채**
Q	자본금
R	이익잉여금
Q + R = S	주주자본(자본총계)
O + P + S = T	부채와 자본총계

유동성부채와 장기부채

■ 단기차입금과 유동성장기부채는 모두 유동부채이다. 그리고 대차대조표에는 **유동성부채**로 표시해 기록한다.

■ 만약 기업이 은행에 빚을 지고 있고 채무의 변제기간이 1년 이내라면, 이와 같은 채무는 단기차입금이며 유동부채이다.

■ 대차대조표의 특정일로부터 변제기간이 1년 이상인 채무는 **장기부채**다. 부동산 모기지 등이 대표적인 사례이다.

■ 장기부채 중 1년 내에 만기일이 도래하는 부분은 유동부채로 재분류해야 하며, 이와 같이 장기부채로 재분류된 것을 유동성장기부채라고 한다. (※current portion of long-term debt : 유동성장기부채 / current portion of debt : 유동성부채 / current liabilities : 유동부채 / long-term debt : 장기부채)

대차대조표 서식

특정일

	부채 및 자본
K	외상매입금
L	미지급비용
M	유동성부채
N	**미지급법인세**
K+L+M+N=O	유동부채
P	장기부채
Q	자본금
R	이익잉여금
Q+R=S	주주자본(자본총계)
O+P+S=T	부채와 자본총계

유동부채: 미지급법인세

■ 기업이 무언가를 판매하고 이러한 판매로부터 이익을 남길 때, 이익의 일정 비율은 정부에 납부해야 할 소득세가 된다.

■ **미지급법인세**는 아직 정부에 납부하지 않은 소득세이다.

■ (미국의 경우)기업은 3개월마다 또는 정해진 기간마다 정부에 소득세를 납부한다. 기업은 이익을 창출한 시점에서 세금을 실제 납부한 시점까지, 해당금액을 미지급법인세로 대차대조표에 기록한다.

운전자본

■ 기업의 운전자본은 유동자산에서 유동부채를 빼고 남은 금액이다.

'좋은 것'　　'덜 좋은 것'　　'가장 좋은 것'

유동자산　 **-**　 **유동부채**　 **=**　 **운전자본**

현금　　　　외상매입금

외상매출금　미지급비용

재고　　　　유동성채무

선급비용　　미지급법인세

■ 운전자본은 기업이 단기간에 활용하는 돈이다. 기업은 운전자본으로 기업운영에 필요한 대금을 지급한다. 이와 같은 운전자본은 '순유동자산'이라고 부르기도 한다.

운전자본의 원천과 사용

■ 일반적인 기업 활동에 있어서 운전자본을 늘리도록 해주는 수단이 운전자본의 **원천**이다. 운전자본은 다음의 경우에 늘어난다:

1. 유동부채의 감소 그리고/또는

2. 유동자산의 증가

■ 그리고 운전자본을 줄이려면 이를 **사용**하면 된다:

1. 유동자산의 감소 그리고/또는

2. 유동부채의 증가

■ 운전자본이 많을수록 현 시점에서의 재무적 책임, 즉 향후 1년 이내에 만기가 돌아오는 대금을 지급하기가 쉬워진다.

대차대조표 서식

특정일

	부채 및 자본
K	외상매입금
L	미지급비용
M	유동성부채
N	미지급법인세
K+L+M+N=O	유동부채
P	장기부채
Q	자본금
R	이익잉여금
Q+R=S	주주자본(자본총계)
O+P+S=T	부채와 자본총계

부채총계

★**노트:** 대부분의 대차대조표에는 부채총계를 별도로 기록하는 란이 없다.

■ 기업의 **부채총계**는 유동부채와 장기부채를 더한 금액이다.

■ 장기부채는 대차대조표의 특정일을 기준으로 변제 만기일이 1년 이상 남은 부채이다.

■ 토지나 건물 담보 융자, 기계나 장비에 대한 동산 양도저당(chattel mortgage)이 장기부채의 일반적인 예이다.

대차대조표 서식	
특정일	
	부채 및 자본
K	외상매입금
L	미지급비용
M	유동성부채
N	미지급법인세
K+L+M+N=O	유동부채
P	장기부채
Q	자본금
R	이익잉여금
Q+R=S	주주자본(자본총계)
O+P+S=T	부채와 자본총계

주주자본(자본총계)

■ 기업이 보유한 것(자산총계)에서 빚진 것(부채총계)을 빼면, 기업 소유주에 귀속되는 기업가치가 남게 되는데 이것이 **주주자본**이다.

■ **주주자본**은 다음 두 가지로 이루어져 있다:

1. 자본금: 기업 소유주가 해당 기업의 주식에 투자한 최초 금액이다.

2. 이익잉여금: 주주에게 배당금으로 지급되지 않은, 기업이 현재까지 보유한 모든 이익이다.

★**노트**: 순자산과 장부가치는 **주주자본**과 같은 뜻이다.

대차대조표 서식

특정일

	부채 및 자본
K	외상매입금
L	미지급비용
M	유동성부채
N	미지급법인세
K+L+M+N=O	유동부채
P	장기부채
Q	**자본금**
R	이익잉여금
Q+R=S	주주자본(자본총계)
O+P+S=T	부채와 자본총계

자본금

■ 창업 및 기업 활동을 위해 추가적으로 투자된 금액은 기업 소유주들이 보유한 **자본금**의 지분으로 나타낸다.

■ 보통주는 액면가로 표현한 기업소유권이다. 모든 기업은 이와 같은 보통주를 발행하지만, 동시에 다른 종류의 주식을 발행할 수도 있다.

■ 기업들은 종종 우선주를 발행한다. 이는 특정 계약상의 권리, 또는 보통주에 우선하는 특정 권리를 갖는다. 특정 배당금과 회사를 매각했을 때 보통주에 우선해 회사의 자산을 받을 수 있는 권리 등이다.

특정일

	부채 및 자본
K	외상매입금
L	미지급비용
M	유동성부채
N	미지급법인세
K+L+M+N=O	유동부채
P	장기부채
Q	자본금
R	이익잉여금
Q+R=S	주주자본(자본총계)
O+P+S=T	부채와 자본총계

이익잉여금

■ 기업의 주주들에게 배당금의 형태로 지급하지 않은 여타의 이익을 **이익잉여금**이라고 부른다.

　이익잉여금 = 이익 총계 ― 배당금총계

■ **이익잉여금**은 향후 배당금을 지급할 수 있는 자본의 출처로 간주된다. 사실 대차대조표상의 이익잉여금이 배당금으로 나가야 될 금액을 충당하기에 충분하지 못하다면, 주주에게 배당금을 지급할 수 없다.

■ 기업이 이익을 창출해내지 못하고 지속적으로 손실이 발생하면 음(-)의 이익잉여금이 되는데, 이를 누적적자라고 부른다.

대차대조표 서식

특정일

	부채 및 자본
K	외상매입금
L	미지급비용
M	유동성부채
N	미지급법인세
K+L+M+N=O	유동부채
P	장기부채
Q	자본금
R	이익잉여금
Q+R=S	**주주자본(자본총계)**
O+P+S=T	부채와 자본총계

주주자본의 변화

■ **주주자본**은 기업의 주식으로 투자된 금액의 총계에 손실을 제외한 이익을 더하고, 이 값에서 주주에게 지급한 배당금을 제한 금액이다.

■ **주주자본**의 가치는 (1)이익을 창출해 이익잉여금이 늘어났을 때, (2) 투자자에게 새로운 주식을 매각함으로써 자본이 늘어났을 때 증가하게 된다.

■ **주주자본**의 가치는 (1)손실이 발생해 이익잉여금이 줄어들었을 때, (2)주주에게 배당금을 지급해 이익잉여금이 줄어들었을 때 감소하게 된다.

대차대조표 서식

특정일

자산	부채 및 자본
현금	외상매입금
외상매출금	미지급비용
재고	유동성부채
선급비용	미지급법인세
유동자산	유동부채
기타자산	장기부채
고정자산	자본금
감가상각누계액	이익잉여금
순고정자산	주주자본(자본총계)
총자산	부채와 자본총계

대차대조표 요약

■ 대차대조표는 특정일, 특정 순간의 기업의 재무 상태를 나타내준다.

'현재 보유한 것'　　'현재 빚진 것'　　'현재의 가치'

자산　=　부채　+　주주자본

■ 자산은 부채와 자본의 합과 같음으로써 항상 균형을 이루어야 한다.

■ 대차대조표는 손익계산서와 함께 기업의 재무제표에서 가장 중요한 서식이다.

Chapter 03

기업의 수익성과 건전성을
한눈에 보여주는 손익계산서

손익계산서 서식

x~y일

순매출	1
매출원가	2
매출총이익	1-2=3
영업 및 마케팅	4
연구 및 개발	5
일반 및 관리	6
영업비용	4+5+6=7
영업이익	3-7=8
이자수익	9
소득세	10
순이익	8+9-10=11

손익계산서

■ **손익계산서**는 기업의 재무 건전성에서 한 가지 중요한 단면을 제공하는데 즉, 수익성이다.

★**노트**: 손익계산서가 기업의 재무 건전성에 대한 모든 것을 말해주는 것은 아니다. **대차대조표**는 자산과 부채 그리고 자본을, **현금흐름표**는 현금의 움직임을 보고해준다.

★**노트**: 손익계산서는 기업이 현금을 수령한 때, 또는 얼마큼의 현금을 보유하고 있는지에 대해서는 말해주지 않는다.

■ 손익계산서는 특정 기간 동안 기업의 제조 및 매출활동을 보여준다.

특정 기간 동안의 **매출** – 특정 기간 동안의 원가

– 특정 기간 동안의 매출활동 관련 및 기타 **비용**

= 특정 기간 동안의 **손익**

■ 손익계산서는 특정기간(월, 분기, 또는 년) 동안의 기업 활동을 기록한다. 회계에 있어 두 번째 기본 등식은 다음과 같다:

매출 – 원가 및 비용 = 손익

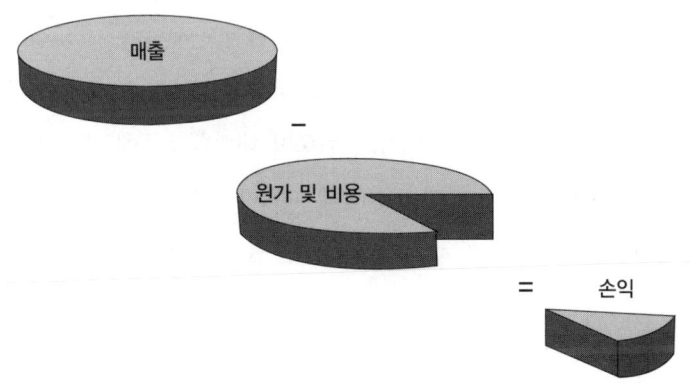

손익계산서 서식

*x~y*일

순매출	1
매출원가	2
매출총이익	1-2=3
영업 및 마케팅	4
연구 및 개발	5
일반 및 관리	6
영업비용	4+5+6=7
영업이익	3-7=8
이자수익	9
소득세	10
순이익	8+9-10=11

순매출

■ 손익계산서에 **매출**을 기록하는 때는 기업이 고객에게 제품을 실제 출하한 시점이다. 이때 고객은 해당 제품에 대해 대금을 지급할 의무를 지게 되며, 기업에게는 이를 회수할 권리가 발생한다.

■ 기업은 제품을 출하하면서 송장을 함께 발송한다. 기업이 대금을 회수할 권리를 외상매출금이라고 부르며, 대차대조표에 기재한다.

★**노트: 순매출**은 기업이 매출을 통해 마지막에 회수하게 되는 금액의 총계이다. 즉, 정가에서 고객에게 제공한 할인가를 뺀 금액이다.

매출 vs. 주문

■ 매출은 기업이 제품을 고객에게 출하했을 때 발생한다. 하지만 주문은 매출과는 다르다.

■ 주문은 주문을 받은 제품이 기업의 창고를 떠나 고객에게 출하될 경우에만 매출이 된다.

■ 매출이 발생하면 손익계산서에 수익을 기록한다. 하지만 주문은 손익계산서에 어떤 식으로든 영향을 미치지 않는다. 단지 주문을 받은 것만으로는 수익이 발생하지 않는다.

원가

■ 원가는 원재료, 노동비, 제조간접비 등에 쓴 지출이다. 원가는 판매할 제품 재고를 제조하거나 구매하기 위해 쓴 금액이다.

■ 이와 같은 제품 재고를 판매, 즉 고객에게 출하할 때, 재고에서 비롯된 원가총계를 손익계산서에 기입하게 된다. 그리고 이를 매출원가라고 부른다.

■ 원가는 대차대조표에서 현금을 줄이고, 재고가치를 높인다. 그리고 재고를 판매했을 경우에만 대차대조표에서 손익계산서로 옮겨 매출원가로 기록한다.

```
┌─────────────────────────────────────┐
│  ██ 손익계산서 서식 ██                │
│                                      │
│  x~y일                               │
│ ─────────────────────────────────── │
│  순매출              1               │
│  매출원가            2               │
│ ─────────────────────────────────── │
│  매출총이익          1-2=3           │
│  영업 및 마케팅      4               │
│  연구 및 개발        5               │
│  일반 및 관리        6               │
│ ─────────────────────────────────── │
│  영업비용            4+5+6=7         │
│  영업이익            3-7=8           │
│  이자수익            9               │
│  소득세              10              │
│  순이익              8+9-10=11       │
└─────────────────────────────────────┘
```

매출원가

■ 제품을 출하하고 이에 따라 매출을 회계장부에 기입하게 되면, 기업은 손익계산서에 해당 제품을 제조하는 데 든 원가총계를 **매출원가**로 기록한다.

■ 기억해야 할 점은 기업은 제품을 만들 때 제품원가를 모두 산출해 재고가치에 더하게 된다는 것이다.

■ 제품 제조에 드는 원가는 해당 제품을 판매할 때까지 재고로 누적해 기록한다. 이후, 손익계산서에서 **매출원가**로 비용처리한다.

손익계산서 서식

x~y일

순매출	1
매출원가	2
매출총이익	1 − 2 = 3
영업 및 마케팅	4
연구 및 개발	5
일반 및 관리	6
영업비용	4 + 5 + 6 = 7
영업이익	3 − 7 = 8
이자수익	9
소득세	10
순이익	8 + 9 − 10 = 11

매출총이익

■ 매출총이익은 매출에서 제품 제조원가(매출원가)를 뺀 금액이다. 매출총이익은 제조이익으로 불리기도 한다.

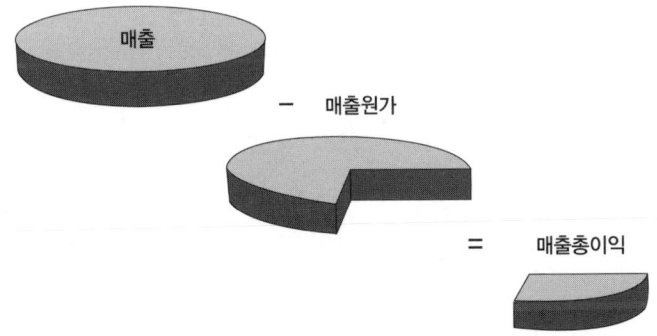

원가 vs. 비용

■ **원가**와 **비용**이라는 두 가지 다른 용어는 기업이 돈을 쓰는 방법을 설명하는 데 사용한다:

제품 재고를 구축하기 위해 제조에 지출하는 돈을 **원가**라고 부른다. 기타 경영활동과 관련된 모든 지출을 **비용**이라고 부른다.

★**노트: 원가**와 **비용**이라는 용어를 정확하게 사용함으로써 손익계산서와 대차대조표가 어떻게 연관되는지를 더 쉽게 이해할 수 있다.

★**노트:** 원가와 비용은 모두 지출이 될 수 있다. 지출이란 특정 물품을 구매하기 위해 지급한 현금을 의미한다.

비용

■ **비용**은 제품을 개발하고 판매하기 위해 지급하는 금액이다. 또 기업 활동에 있어서 '일반적이고 행정적인' 기능을 위해 쓴 돈이다.

■ 변호사 수임료, 영업사원에게 지급하는 급여, R&D 연구소에서 쓸 화학약품 대금 등이 이와 같은 **비용**의 예이다.

■ **비용**은 손익계산서의 이익을 직접적으로 낮춘다.

★**노트:** 이익(profit)과 수입(income)은 같은 뜻이다. 즉, 매출에서 원가와 비용 일체를 제외하고 남은 금액이다.

손익계산서 서식

x~y일

순매출	1
매출원가	2
매출총이익	1-2=3
영업 및 마케팅	4
연구 및 개발	5
일반 및 관리	6
영업비용	4+5+6=7
영업이익	3-7=8
이자수익	9
소득세	10
순이익	8+9-10=11

영업비용

- **영업비용**은 기업이 수입을 창출하기 위해 지출한 돈이다.
- **영업비용**의 예는 다음과 같다:
  1. 영업 및 마케팅비용
  2. 연구 및 개발(R&D)비용
  3. 일반 및 관리(G&A)비용
- **영업비용**은 SG&A라고 부르기도 한다. '영업, 일반 및 관리비용'이라는 뜻이다.

이익 또는 손실

■ 매출이 원가에 비용을 더한 총계보다 크면, 기업에는 **이익**이 창출된 것이다. 반대로, 원가에 비용을 더한 금액이 매출보다 크면 **손실**이 발생한 것이다.

■ 수입(income)과 이익(profit), 소득(earning)은 같은 뜻으로, 매출에서 원가와 비용을 더한 금액을 제외하고 남은 금액이다.

★**노트**: 영어로 손익계산서를 뜻하는 Income Statement는 'Profit & Loss Statement' 또는 'Earnings Statement', 간단히 줄여 'P&L'이라고도 말한다.

■ **이익**은 매출에서 원가와 비용을 빼고 남은 금액이다. 매출이 낮거나 반대로 비용과 원가가 높다면 이는 **손실**이 된다.

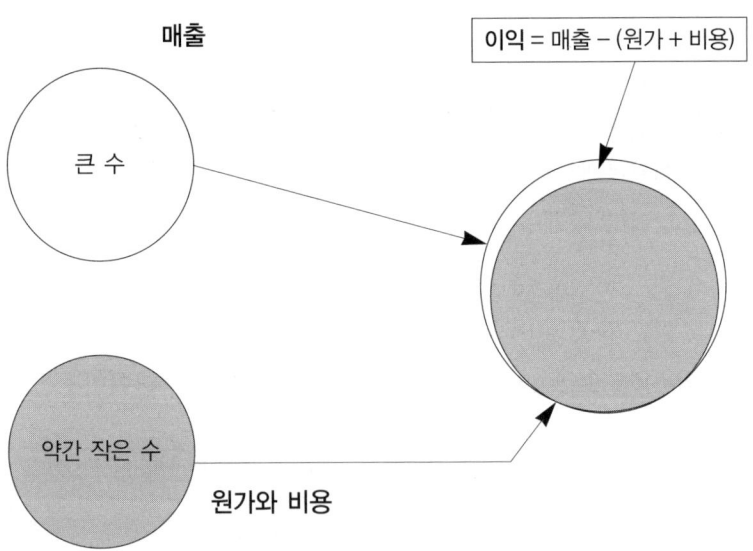

매출

이익 = 매출 − (원가 + 비용)

큰 수

약간 작은 수

원가와 비용

손익계산서 서식

*x~y*일

순매출	1
매출원가	2
매출총이익	1-2=3
영업 및 마케팅	4
연구 및 개발	5
일반 및 관리	6
영업비용	4+5+6=7
영업이익	3-7=8
이자수익	9
소득세	10
순이익	8+9-10=11

영업이익

■ 제조기업의 영업활동은 제품의 제조 및 판매와 관련이 있으며, 이러한 활동을 통해 비용과 원가가 발생한다. **영업이익**이란 매출에서 원가와 비용을 제했을 때 남게 되는 금액이다.

★**노트:** 기업은 재무(영업 외) 활동을 통해서도 이익과 비용을 창출하게 된다. 예를 들어, 제조기업은 부동산 일부를 팔아 이익을 남길 수도 있다.

손익계산서 서식

*x~y*일

순매출	1
매출원가	2
매출총이익	1−2=3
영업 및 마케팅	4
연구 및 개발	5
일반 및 관리	6
영업비용	4+5+6=7
영업이익	3−7=8
이자수익	9
소득세	**10**
순이익	8+9−10=11

영업외이익과 비용

■ 대출이자를 지급하는 것은 **영업외비용**에 해당한다. 이와 비슷하게 회사의 은행계좌에 지급되는 이자는 **영업외이익**이다.

■ 이자소득(또는 이자비용)은 영업외활동에서 창출된다. 따라서 손익계산서에서는 영업이익 바로 아래 줄에 표시한다. 세금과 마찬가지다.

★**노트**: 기업의 영업활동에서 이익이 창출됐다 하더라도, 전체적으로는 손실이 발생할 수도 있다. 이는 영업외비용(예를 들면 높은 이자비용)이 영업이익을 초과했을 경우에 그렇다.

손익계산서 서식	
*x~y*일	
순매출	1
매출원가	2
매출총이익	1-2=3
영업 및 마케팅	4
연구 및 개발	5
일반 및 관리	6
영업비용	4+5+6=7
영업이익	3-7=8
이자수익	9
소득세	10
순이익	8+9-10=11

순이익

■ **이익**은 (1)매출과 (2)원가+비용의 차이이다. 원가+비용이 매출보다 많으면 기업에는 손실이 발생한다. 반면, 원가+비용이 매출보다 적으면 이익이 창출된다.

■ **이익**은 현금이 아니다. **순이익**을 많이 남긴 수익성 높은 기업인데도 불구하고 지급능력이 없을 수도 있다. 비용을 지급할 현금이 남아 있지 않는 경우가 있기 때문이다.

■ 성장이 빠른 기업의 경우, 수익성이 아주 높더라도 현금이 부족한 경우가 종종 있다. 고속성장에 필요한 자본을 이익만으로는 충당하지 못하는 것이다.

```
┌─────────────────────────────────────────────┐
│                                               │
│         ┌──────────────────┐                  │
│         │  손익계산서 서식  │                  │
│  상단선 └──────────────────┘                  │
│    ↘    x~y일                                  │
│  ──────────────────────────────────────       │
│         순매출              1                  │
│         매출원가            2                  │
│  ──────────────────────────────────────       │
│         매출총이익          1-2=3              │
│         영업 및 마케팅      4                  │
│         연구 및 개발        5                  │
│         일반 및 관리        6                  │
│  ──────────────────────────────────────       │
│         영업비용           4+5+6=7            │
│         영업이익           3-7=8              │
│  하단선 이자수익           9                   │
│    ↘    소득세             10                 │
│    ↘    순이익            8+9-10=11           │
│  ──────────────────────────────────────       │
└─────────────────────────────────────────────┘
```

이익 vs. 매출

■ 이익과 매출은 종종 혼동을 초래한다. 완전히 다른 두 용어의 뜻은 다음과 같다:

이익과 **수입**은 같은 뜻이다.

매출과 **이익**은 다르다.

■ 이익은 손익계산서의 하단부에, 매출은 상단부에 위치한다.

■ 이익은 하단선이라고도 일컬어진다. 손익계산서의 가장 마지막에 위치하기 때문이다.

■ 매출은 상단선이라고도 일컬어진다. 손익계산서의 가장 처음에 위치하기 때문이다.

손익계산서 서식

*x~y*일

순매출	1
매출원가	2
매출총이익	1−2＝3
영업 및 마케팅	4
연구 및 개발	5
일반 및 관리	6
영업비용	4＋5＋6＝7
영업이익	3−7＝8
이자수익	9
소득세	10
순이익	8＋9−10＝11

손익계산서 요약

■ 손익계산서는 다음의 재무적 파급효과를 요약해 보여준다: 고객을 대상으로 한 재화의 이동(매출)

　－ 재화를 제조하고 판매하는 활동(원가 및 비용)

　＝ 이와 같은 과정에서 창출되는 가치(이익)

■ 수익 또는 손실을 창출하는 모든 기업 활동, 즉 주주자본의 가치를 바꾸는 모든 거래는 손익계산서를 통해 보고한다.

발생주의 vs. 현금주의

■ 기업이 회계장부를 기록하는 두 가지 주된 방법이 있다. 현금주의와 발생주의이다. 이는 비용과 이익을 기록하는 시점에 차이가 있다.

■ 현금을 수령할 때 이익을 측정하고 현금을 쓸 때 비용을 측정한다면, 해당 기업은 현금주의 방식을 채택해 회계기록을 하고 있는 것이다.

■ 반면 실제 현금의 흐름과는 상관없이, 거래 발생 시점을 기준으로 이익과 비용을 측정하면 발생주의 방식을 채택해 회계 기록을 하는 것이다. 이와 관련해서는 더 자세한 내용을 다룰 것이다.

현금주의

■ **현금주의**를 채택하면 회계장부 기록이 더할 나위 없이 간단해진다. 현금주의 기반의 회계장부는 돈의 흐름에 따라 거래가 발생하기 때문이다.

■ **현금주의** 기반의 회계장부에서 손익계산서와 현금흐름표는 동일하다.

■ 사람들은 일반적으로 **현금주의**를 기반으로 가계부를 작성하는 등 일상을 꾸려나간다. 하지만, 대부분의 기업들은 발생주의 회계를 이용하고 있다. 또 미국은 IRS의 지침에 따라 제품 재고를 유지하고 이를 판매하는 모든 기업은 반드시 발생주의 회계를 이용해 이익을 보고해야만 한다.

발생주의

■ 발생주의 회계의 손익계산서는 현금흐름을 반영하지 않는다. 이보다는 향후 현금으로 지급해야 할 의무가 발생했음을 기록한다.

■ 발생주의 회계에서는 해당 기업에 지급 책임이 생겼을 때 비용이 발생하며 현금과는 아무런 관계가 없다. 또 제품을 출하함으로써 고객이 대금을 지급할 의무가 생겼을 때, 매출과 원가가 발생한다. 마찬가지로 고객이 실제 대금을 지급했느냐와는 상관이 없다.

■ 예를 들어보자. 발생주의 회계에서는 비용을 지급할 때보다는 신용카드를 사용할 때 순자산이 더 줄어든다.

손익계산서와 대차대조표

■ 기업의 손익계산서와 대차대조표는 서로 연결되어 있을 수밖에 없다.

만약 손익계산서상에 이익이 발생하게 되면, 대차대조표의 이익잉여금은 증가한다.

또한 대차대조표의 수치들이 균형을 이루기 위해 자산이 증가하거나, 부채가 감소해야만 한다.

■ 즉, 손익계산서를 통해 나타나는 특정 시점 동안의 거래는 대차대조표의 자산을 증가시키거나 부채를 감소시킨다.

Chapter 04
기업 활동에서 비롯된 현금유입과 유출을 기록하는 현금흐름표

현금흐름표 서식

x~y일

기초현금	a
현금수취	b
현금지출	c
영업활동으로 인한 현금흐름	b-c=d
고정자산 구매	e
순차입	f
소득세 지급	g
신규 주식의 발행	h
기말현금	a+d-e+f-g+h=i

현금흐름표

■ 현금흐름표는 특정 기간 기업의 현금흐름을 추적한다.

■ 기업의 **현금흐름표**는 현금출납부와 같다. 현금(수표)을 사용하거나 또는 기업에 현금(예금)을 공급하는 모든 거래를 기록한다는 점에서 그렇다.

■ **현금흐름표**는 다음을 나타내준다:

기초 보유**현금** + 해당 기간 동안 받은 **현금**

　 − 해당 기간 동안 쓴 **현금** = 기말 보유**현금**

현금거래

■ **현금거래**는 현금흐름에 영향을 미친다:

　 급여를 지급하면 **현금**이 줄어든다.

　 장비대금을 지급하면 **현금**이 줄어든다.

　 대출을 변제하면 **현금**이 줄어든다.

　 은행에서 대출을 받으면 **현금**이 늘어난다.

　 투자자에게 주식매각을 하고 대금을 받으면 **현금**이 늘어난다.

　 고객에게 제품대금을 받으면 **현금**이 늘어난다.

■ 실제 현금의 소유자가 바뀌는 거래여야 한다.

현금외거래

■ 기업의 계좌에서 현금이 유출 또는 유입되지 않는 기업 활동을 **현금외거래**라고 한다. 현금외거래는 현금흐름표에는 어떠한 영향도 미치지 않지만, 손익계산서와 대차대조표에는 영향을 미친다.

■ 고객에게 제품 출하, 공급업체로부터 공급품 수령, 제품생산을 위해 필요한 원재료 수령 등이 **현금외거래**의 예이다. 이와 같은 거래에서는 당시 시점에서 현금이 이동하지 않기 때문이다.

★**노트**: 제품을 출하했을 때가 아닌, 고객이 제품에 대한 대금을 지급했을 때 기업으로 현금이 유입된다. 반대로 기업이 재료를 주문하거나 이를 수령했을 때가 아닌, 재료에 대한 대금을 지급했을 때 현금이 유출된다.

현금흐름

■ **양(+)의 현금흐름**이란 기업이 특정기간의 기초보다 기말에 더 많은 현금을 보유하고 있다는 것을 의미한다.

■ **음(−)의 현금흐름**이란 기업이 특정기간의 기초보다 기말에 더 적은 현금을 보유하고 있다는 것을 의미한다.

■ 만약 음의 **현금흐름**이 계속된다면 이는 지급해야 할 대금을 적시에 지급하지 못하거나, 심한 경우 현금을 탕진할 리스크가 발생한다. 다른 말로 하면 **파산** 또는 **청산, 지급불능**의 상태에 빠질 위험이 있다는 이야기다.

현금출처와 활용

■ **현금**은 크게 두 가지 방법을 통해 **유입**된다.

1. 고객에게 대금을 지급받는 것과 같은 영업활동
2. 주식을 매각하거나 대출을 받는 등의 재무활동

■ **현금**은 크게 네 가지 방법을 통해 **유출**된다.

1. 공급업체에게 대금을 지급하거나, 직원들에게 급여를 지급하는 등의 영업활동
2. 부채의 원금과 이자를 납부하거나, 주주에게 배당금을 지급하는 등의 재무활동
3. 기계류와 같이 수명기한이 긴 생산자산에 대한 자본투자
4. 정부에 소득세 지급

현금흐름표 서식

x~y일

기초현금	a
현금수취	b
현금지출	c
영업활동으로 인한 현금흐름	b − c = d
고정자산 구매	e
순차입	f
소득세 지급	g
신규 주식의 발행	h
기말현금	a + d − e + f − g + h = i

영업활동으로 인한 현금흐름

■ 일상적이고 정상적인 기업 활동(제품을 만들고 판매하는)을 영업이라고 부른다.

■ 현금흐름표는 영업활동에서 비롯된 현금을 여타의 현금흐름과 별개로 보여준다.

■ 현금수취는 기업의 영업을 통해 유입되는 돈이다.

■ 현금지출은 기업 영업활동 과정에서 유출되는 돈이다.

■ 현금수취(유입)에서 현금지출(유출)을 뺀 금액이 영업활동으로 인한 현금흐름이다.

현금흐름표 서식

x~y일

기초현금	a
현금수취	**b**
현금지출	c
영업활동으로 인한 현금흐름	b-c=d
고정자산 구매	e
순차입	f
소득세 지급	g
신규 주식의 발행	h
기말현금	a+d-e+f-g+h=i

현금수취

■ **현금수취**(또는 수금)는 고객으로부터 수금한 돈이다.

■ 현금수취는 기업이 현재 보유하고 있는 현금의 양을 증가시킨다.

★**노트**: 고객으로부터 현금을 받게 되면 대차대조표의 외상매출금이 줄어들게 된다.

■ **현금수취**는 이익이 아니다. 이익은 별개의 개념이며, 이 둘을 혼동해서는 안 된다. 예를 들어 이익은 손익계산서를 통해 보고하게 된다.

현금흐름표 서식

x~y일

기초현금	a
현금수취	b
현금지출	**c**
영업활동으로 인한 현금흐름	b−c=d
고정자산 구매	e
순차입	f
소득세 지급	g
신규 주식의 발행	h
기말현금	a+d−e+f−g+h=i

현금지출

■ **현금지출**은 임대료, 제품 재고 및 공급품을 위한 비용과, 임금 등에 지급하는 돈이다. 이와 같은 현금지출은 기업이 현재 보유하고 있는 현금의 양을 감소시킨다.

■ 공급업자를 대상으로 한 **현금지출**(지급)은 대차대조표의 외상매입금을 감소시킨다.

■ **현금지출**은 지급 또는 간단히 지출로 일컬어지기도 한다.

기타 현금흐름 요소

■ **영업활동에 따른 현금흐름**은 제품생산과 판매활동에서 비롯된 기업의 현금유입과 유출을 보고한다.

■ **영업활동에 따른 현금흐름**은 기업이 일상 영업활동, 즉 경영을 얼마나 잘 해나가고 있는지를 보여주는 좋은 측정 수단이다.

■ 하지만 **영업활동에 따른 현금흐름**이 현금흐름표의 많은 중요한 요소 중 하나일 뿐이라는 점을 명심해야 한다. 다음과 같은 여타의 중요 현금흐름이 있다:

　1. 고정자산 투자: 제품생산을 위해 기계와 제조설비를 구매하는 것

　2. 재무활동: 주식매각, 금융기관으로부터의 자금 차입, 배당금 지급, 세금 지급 등

```
현금흐름표 서식

x~y일

기초현금                          a
현금수취                          b
현금지출                          c

영업활동으로 인한 현금흐름        b - c = d
고정자산 구매                      e
순차입                            f
소득세 지급                        g
신규 주식의 발행                   h
기말현금                          a + d - e + f - g + h = i
```

고정자산 구매

■ 부동산, 공장 그리고 장비(PP&E)를 구매하기 위해 지출한 돈은 기업이 제품을 제조하고 판매하는 장기적 역량에 대한 투자이다.

■ PP&E는 영업의 일부로 간주하지 않는다. 따라서 영업활동에 따른 현금지출로 보고하지 않는다. PP&E에 대한 현금지급은 현금흐름표 상에서 별도의 줄에 기재한다. PP&E 구매는 생산적 자산에 대한 투자이다.

■ 두말할 나위 없이 PP&E에 지출을 하고 나면 기업의 보유현금이 줄어든다. 그리고 현금을 사용하는 시기는 PP&E를 최초 구매한 때이다. 어쨌건 기업이 고정자산을 감가상각하는 시점에서는 현금을 사용하지 않는다. 또한 누구에게도 현금이나 채권을 지급하지 않는다.

현금흐름표 서식

x~y일

기초현금	a
현금수취	b
현금지출	c
영업활동으로 인한 현금흐름	b−c=d
고정자산 구매	e
순차입	f
소득세 지급	g
신규 주식의 발행	h
기말현금	a+d−e+f−g+h=i

순차입

■ 돈을 차입하게 되면 기업의 보유현금이 늘어난다.

■ 반대로 차입금액을 변제하게 되면 기업의 보유현금이 줄어든다.

■ 특정 시점 동안 신규 차입과 차입에 대한 변제의 차이가 **순차입**이다. 순차입은 현금흐름표상에 별도의 줄에 기재한다.

현금흐름표 서식

*x~y*일

기초현금	a
현금수취	b
현금지출	c
영업활동으로 인한 현금흐름	b−c=d
고정자산 구매	e
순차입	f
소득세 지급	**g**
신규 주식의 발행	h
기말현금	a+d−e+f−g+h=i

소득세 지급

■ 지급해야 할 소득세가 있냐는 것과 이를 지급하는 것은 다르다. 기업의 입장에서 이익을 목적으로 무언가를 판매할 때마다 지급해야 할 소득세도 늘어나는 법이다.

■ 지급해야 할 소득세가 있다고 해서 현금이 줄어들지는 않는다. 정부에 이를 지급했을 때, 기업의 실제 보유현금이 줄어들게 된다.

■ 정부에 소득세를 지급하게 되면 기업의 현금공급이 줄어들게 된다. **소득세 지급**은 현금흐름표를 통해 보고하게 된다.

현금흐름표 서식

x~y일

기초현금	a
현금수취	b
현금지출	c
영업활동으로 인한 현금흐름	$b-c=d$
고정자산 구매	e
순차입	f
소득세 지급	g
신규 주식의 발행	h
기말현금	$a+d-e+f-g+h=i$

신규 주식의 발행: 신규 자본

■ 기업의 **주식**에 투자를 하는 투자자들은 현금과 주권을 교환하게 된다.

■ 즉, 기업은 투자자에게 **주식**을 발행하고 돈을 받게 되는데, 이는 기업의 보유현금을 늘리게 된다.

■ **주식**을 발행한다는 것은 기업의 입장에서 합법적으로 돈을 받는 것과 같다. 물론 해당 주식의 실제가치를 제시해야만 한다. 만약 그러지 않으면 당신은 감옥에 가게 될 것이다.

현금흐름표 서식

x~y일

기초현금	a
현금수취	b
현금지출	c
영업활동으로 인한 현금흐름	$b - c = d$
고정자산 구매	e
순차입	f
소득세 지급	g
신규 주식의 발행	h
기말현금	$a + d - e + f - g + h = i$

기말현금

■ 기초현금에서 특정 기간 동안 발생한 모든 현금거래를 가감하게 되면 **기말현금**이 산출된다.

■ 즉, 기초**현금** + 수취**현금** − 지급**현금** = 기말**현금**이다.

현금흐름표 서식

x~y일

기초현금	a
현금수취	b
현금지출	c
영업활동으로 인한 현금흐름	$b-c=d$
고정자산 구매	e
순차입	f
소득세 지급	g
신규 주식의 발행	h
기말현금	$a+d-e+f-g+h=i$

현금흐름표 요약

■ 기업의 **현금흐름표**는 특정 기간 동안 기업의 현금유입과 현금유출을 기록하는 수표책(가계부)과 같은 개념으로 생각하면 된다.

■ 만약 특정 거래에 있어서 실제 보유현금에 아무런 변화도 없다면, **현금흐름표**상에도 변화는 없다.

■ 하지만, 대차대조표와 손익계산서는 비현금거래를 통해서도 바뀔 수 있다.

■ 단, **현금흐름표**에 보고된 현금거래는 일반적으로 손익계산서와 대차대조표에도 영향을 미친다.

Chapter 05
서로 연결된 세 개의 재무제표로 파악하는 기업의 재무상태

이번 장을 통해서는 앞서 설명한 세 종류의 재무제표들이 어떻게 상호작용을 하는지, 어떻게 기업의 재무건전성을 보여주는지를 알아볼 것이다.

우리는 앞서 세 가지 재무제표의 용어와 구조를 각각 분리해 살펴봤다. 하지만 여기서는 이들 모두를 한데 모아 하나의 재무제표로 간주하게 된다. 우리는 손익계산서와 대차대조표가 어떤 방식으로 상호 연결되는지, 또 이들 각각의 재무제표가 현금흐름표에 어떤 식으로 영향을 미치는지에 대해 알아볼 것이다.

이를 위해서는 먼저 이들 세 가지 재무제표가 기본적으로 어떤 역할을 하는지 명심할 필요가 있다:

1. 손익계산서는 이익이나 손실을 발생시키는 기업의 제조 및 판매 활동을 보여준다.

2. 현금흐름표는 기업이 보유하고 있는 현금의 유입과 유출을 자세하게 보여준다.

3. 대차대조표는 기업이 보유하고 있는 것과 빚진 것, 그리고 보유 지분을 기록해나간다.

이들 각각의 재무제표는 서로 상이한 관점에서 기업의 재무건전성을 보여준다. 또한 하나가 다른 두 개와 연관성을 갖는다. 다음에 나올 부분은 이들 세 가지 주요 재무제표가 자연스럽게 연결이 되는 사례를 보여줄 것이다.

대차대조표 연결 대차대조표와 다른 두 가지 재무제표의 구조적 연결을 보여주는 그림이다.

매출주기 매출과 매출대금 수령을 보고하기 위해 기업이 유지해야 하는 반복적인 성격의 재무제표 항목을 보여주는 그림이다.

비용주기 SG&A 비용과 부수적인 대금지급과 관련한 항목의 기입을 보여주는 그림이다.

투자주기 자본투자와 부채매입과 관련된 연결 항목을 보여주는 그림이다.

자산구매/감가상각 자산구매와 감가상각을 위한 항목을 보여주는 그림이다.

기업 활동과 재무제표 보고서를 공부할 때 참고해야만 하는 두 가지 요점이 있다:

1. 현금의 흐름을 살펴라.

2. 상품과 서비스의 흐름을 살펴라.

기본적으로 재무제표란 기업이 유입하고 유출하는 현금과 상품,

서비스의 흐름을 기록하는 것이다. 이게 사실상 재무제표의 전부라고 할 수 있다. 더 이상 복잡하지도 않다. 여타의 부분은 세부사항일 뿐이고, 이것에 공을 들일 필요는 없다.

손익계산서

특정일

1	순매출	$3,055,560
2	매출원가	2,005,830
1-2=3	매출총이익	1,049,730
4	영업 및 마케팅	328,523
5	연구 및 개발	26,000
6	일반 및 관리	203,520
4+5+6=7	영업비용	558,043
3-7=8	영업이익	491,687
9	이자수익	(100,000)
10	소득세	139,804
8+9-10=11	순이익	$251,883

현금흐름표

특정일

> **대차대조표 연결**

a	기초현금	$155,000
b	현금수취	2,584,900
c	현금지출	2,796,438
b-c=d	영업활동으로 인한 현금흐름	(211,538)
e	고정자산 구매	1,750,000
f	순차입	900,000
g	소득세 지급	0
h	신규 주식의 발행	1,550,000
a+d-e+f-g+h=i	기말현금	$643,462 ●

> 현금흐름표의 기말현금은 대차대조표의 현금과 같다.

대차대조표

특정일

A	현금	$643,462 ●
B	외상매출금	454,760
C	재고	414,770
D	선급비용	0
A+B+C+D=E	유동자산	1,512,992
F	기타자산	0
G	고정자산	1,750,000
H	감가상각누계액	78,573
G-H=I	순고정자산	1,671,427
E+F+I=J	총자산	$3,184,419 ●
K	외상매입금	$236,297
L	미지급비용	26,435
M	유동성부채	100,000
N	미지급법인세	139,804
K+L+M+N=O	유동부채	502,536
P	장기부채	800,000
Q	자본금	1,555,000
R	이익잉여금	331,883
Q+R=S	자본총계	1,881,883
O+P+S=T	부채와 자본총계	$3,184,419 ●

> 회계 기본 등식에 따르면, 총자산은 부채총계와 자본총계의 합과 같다. 그리고 대차대조표란 이 두 값이 같다는 뜻이다.

손익계산서

특정일

	1	순매출	$3,055,560
	2	매출원가	2,005,830
1-2=3		매출총이익	1,049,730
	4	영업 및 마케팅	328,523
	5	연구 및 개발	26,000
	6	일반 및 관리	203,520
4+5+6=7		영업비용	558,043
3-7=8		영업이익	491,687
	9	이자수익	(100,000)
	10	소득세	139,804
8+9-10=11		순이익	$251,883

현금흐름표

특정일

	a	기초현금	$155,000
	b	현금수취	2,584,900
	c	현금지출	2,796,438
b-c=d		영업활동으로 인한 현금흐름	(211,538)
	e	고정자산 구매	1,750,000
	f	순차입	900,000
	g	소득세 지급	0
	h	신규 주식의 발행	1,550,000
a+d-e+f-g+h=i		기말현금	$643,462

대차대조표
연결

대차대조표의 대변과 차변이 균형을 이루기 위해서는, 특정 자산항목(대변)의 금액을 뺄 때 반드시…

다른 자산항목에서 동일한 금액을 더하거나, 부채항목(차변)에서 동일한 금액을 빼야 한다.

대차대조표

특정일

	A	현금	$643,462 ↓
	B	외상매출금	454,760
	C	재고	414,770 ↑ +
	D	선급비용	0
A+B+C+D=E		유동자산	1,512,992
	F	기타자산	0
	G	고정자산	1,750,000
	H	감가상각누계액	78,573
G-H=I		순고정자산	1,671,427
E+F+I=J		총자산	$3,184,419
	K	외상매입금	$236,297 ↓ −
	L	미지급비용	26,435
	M	유동성부채	100,000
	N	미지급법인세	139,804
K+L+M+N=O		유동부채	502,536
	P	장기부채	800,000
	Q	자본금	1,555,000
	R	이익잉여금	331,883
Q+R=S		자본총계	1,881,883
O+P+S=T		부채와 자본총계	$3,184,419

특정일

1	순매출	$3,055,560
2	매출원가	2,005,830
1−2=3	매출총이익	1,049,730
4	영업 및 마케팅	328,523
5	연구 및 개발	26,000
6	일반 및 관리	203,520
4+5+6=7	영업비용	558,043
3−7=8	영업이익	491,687
9	이자수익	(100,000)
10	소득세	139,804
8+9−10=11	순이익	$251,883 ↑

대차대조표 연결

현금흐름표

특정일

a	기초현금	$155,000
b	현금수취	2,584,900
c	현금지출	2,796,438
b−c=d	영업활동으로 인한 현금흐름	(211,538)
e	고정자산 구매	1,750,000
f	순차입	900,000
g	소득세 지급	0
h	신규 주식의 발행	1,550,000
a+d−e+f−g+h=i	기말현금	$643,462

손익계산서의 순이익은 대차대조표의 이익잉여금과 자본총계에 더해지게 된다.

대차대조표

특정일

A	현금	$643,462
B	외상매출금	454,760
C	재고	414,770
D	선급비용	0
A+B+C+D=E	유동자산	1,512,992
F	기타자산	0
G	고정자산	1,750,000
H	감가상각누계액	78,573
G−H=I	순고정자산	1,671,427
E+F+I=J	총자산	$3,184,419
K	외상매입금	$236,297
L	미지급비용	26,435
M	유동성부채	100,000
N	미지급법인세	139,804
K+L+M+N=O	유동부채	502,536
P	장기부채	800,000
Q	자본금	1,550,000
R	이익잉여금	331,883 ↑
Q+R=S	자본총계	1,881,883 ↑
O+P+S=T	부채와 자본총계	$3,184,419

손익계산서

특정일

1	순매출	$3,055,560	⬆
2	매출원가	2,005,830	
1-2=3	매출총이익	1,049,730	
4	영업 및 마케팅	328,523	
5	연구 및 개발	26,000	
6	일반 및 관리	203,520	
4+5+6=7	영업비용	558,043	
3-7=8	영업이익	491,687	
9	이자수익	(100,000)	
10	소득세	139,804	
8+9-10=11	순이익	$251,883	

①

매출주기
신용매출이 발생하면, 손익계산서의 순매출과 대차대조표의 외상매출금이 동일한 액수만큼 증가한다.

현금흐름표

특정일

a	기초현금	$155,000
b	현금수취	2,584,900
c	현금지출	2,796,438
b-c=d	영업활동으로 인한 현금흐름	(211,538)
e	고정자산 구매	1,750,000
f	순차입	900,000
g	소득세 지급	0
h	신규 주식의 발행	1,550,000
a+d-e+f-g+h=i	기말현금	$643,462

대차대조표

특정일

A	현금	$643,462	
B	외상매출금	454,760	⬆
C	재고	414,770	
D	선급비용	0	
A+B+C+D=E	유동자산	1,512,992	
F	기타자산	0	
G	고정자산	1,750,000	
H	감가상각누계액	78,573	
G-H=I	순고정자산	1,671,427	
E+F+I=J	총자산	$3,184,419	
K	외상매입금	$236,297	
L	미지급비용	26,435	
M	유동성부채	100,000	
N	미지급법인세	139,804	
K+L+M+N=O	유동부채	502,536	
P	장기부채	800,000	
Q	자본금	1,550,000	
R	이익잉여금	331,883	
Q+R=S	자본총계	1,881,883	
O+P+S=T	부채와 자본총계	$3,184,419	

손익계산서

특정일

1	순매출	$3,055,560
2	매출원가	2,005,830 ↑
1−2=3	매출총이익	1,049,730
4	영업 및 마케팅	328,523
5	연구 및 개발	26,000
6	일반 및 관리	203,520
4+5+6=7	영업비용	558,043
3−7=8	영업이익	491,687
9	이자수익	(100,000)
10	소득세	139,804
8+9−10=11	순이익	$251,883

현금흐름표

특정일

a	기초현금	$155,000
b	현금수취	2,584,900
c	현금지출	2,796,438
b−c=d	영업활동으로 인한 현금흐름	(211,538)
e	고정자산 구매	1,750,000
f	순차입	900,000
g	소득세 지급	0
h	신규 주식의 발행	1,550,000
a+d−e+f−g+h=i	기말현금	$643,462

2 매출주기
매출이 발생하면, 제품의 가치에 해당하는 금액이 대차대조표의 재고 항목에서 손익계산서의 매출원가로 이동한다.

대차대조표

특정일

A	현금	$643,462
B	외상매출금	454,760
C	재고	414,770 ↓
D	선급비용	0
A+B+C+D=E	유동자산	1,512,992
F	기타자산	0
G	고정자산	1,750,000
H	감가상각누계액	78,573
G−H=I	순고정자산	1,671,427
E+F+I=J	총자산	$3,184,419
K	외상매입금	$236,297
L	미지급비용	26,435
M	유동성부채	100,000
N	미지급법인세	139,804
K+L+M+N=O	유동부채	502,536
P	장기부채	800,000
Q	자본금	1,550,000
R	이익잉여금	331,883
Q+R=S	자본총계	1,881,883
O+P+S=T	부채와 자본총계	$3,184,419

손익계산서

특정일

1	순매출		$3,055,560
2	매출원가		2,005,830
1-2=3	매출총이익		1,049,730
4	영업 및 마케팅		328,523
5	연구 및 개발		26,000
6	일반 및 관리		203,520
4+5+6=7	영업비용		558,043
3-7=8	영업이익		491,687
9	이자수익		(100,000)
10	소득세		139,804
8+9-10=11	순이익		$251,883

현금흐름표

특정일

a	기초현금	$155,000
b	현금수취	2,584,900 ↑
c	현금지출	2,796,438
b-c=d	영업활동으로 인한 현금흐름	(211,538)
e	고정자산 구매	1,750,000
f	순차입	900,000
g	소득세 지급	0
h	신규 주식의 발행	1,550,000
a+d-e+f-g+h=i	기말현금	$643,462

❸ 매출주기
고객이 출하된 제품에 대해 대금을 지급하면, 대차대조표의 외상매출금은 현금흐름표의 현금수취가 된다.

대차대조표

특정일

A	현금	$643,462
B	외상매출금	454,760 ↓
C	재고	414,770
D	선급비용	0
A+B+C+D=E	유동자산	1,512,992
F	기타자산	0
G	고정자산	1,750,000
H	감가상각누계액	78,573
G-H=I	순고정자산	1,671,427
E+F+I=J	총자산	$3,184,419
K	외상매입금	$236,297
L	미지급비용	26,435
M	유동성부채	100,000
N	미지급법인세	139,804
K+L+M+N=O	유동부채	502,536
P	장기부채	800,000
Q	자본금	1,550,000
R	이익잉여금	331,883
Q+R=S	자본총계	1,881,883
O+P+S=T	부채와 자본총계	$3,184,419

특정일

1	순매출	$3,055,560
2	매출원가	2,005,830
1-2=3	매출총이익	1,049,730
4	영업 및 마케팅	328,523
5	연구 및 개발	26,000
6	일반 및 관리	203,520
4+5+6=7	영업비용	558,043
3-7=8	영업이익	491,687
9	이자수익	(100,000)
10	소득세	139,804
8+9-10=11	순이익	$251,883 ⬆

현금흐름표

특정일

a	기초현금	$155,000
b	현금수취	2,584,900
c	현금지출	2,796,438
b-c=d	영업활동으로 인한 현금흐름	(211,538)
e	고정자산 구매	1,750,000
f	순차입	900,000
g	소득세 지급	0
h	신규 주식의 발행	1,550,000
a+d-e+f-g+h=i	기말현금	$643,462

④ 매출주기
손익계산서에 매출을 기입하게 되면, 순이익(손실)이 창출돼 대차대조표의 이익잉여금에 더해진다.

대차대조표

특정일

A	현금	$643,462
B	외상매출금	454,760
C	재고	414,770
D	선급비용	0
A+B+C+D=E	유동자산	1,512,992
F	기타자산	0
G	고정자산	1,750,000
H	감가상각누계액	78,573
G-H=I	순고정자산	1,671,427
E+F+I=J	총자산	$3,184,419
K	외상매입금	$236,297
L	미지급비용	26,435
M	유동성부채	100,000
N	미지급법인세	139,804
K+L+M+N=O	유동부채	502,536
P	장기부채	800,000
Q	자본금	1,550,000
R	이익잉여금	331,883 ⬆
Q+R=S	자본총계	1,881,883
O+P+S=T	부채와 자본총계	$3,184,419

손익계산서

특정일

	1	순매출	$3,055,560
	2	매출원가	2,005,830
1-2=3	3	매출총이익	1,049,730
	4	영업 및 마케팅	328,523 ⬆
	5	연구 및 개발	26,000 ⬆
	6	일반 및 관리	203,520 ⬆
4+5+6=7	7	영업비용	558,043
3-7=8	8	영업이익	491,687
	9	이자수익	(100,000)
	10	소득세	139,804
8+9-10=11	11	순이익	$251,883 ⬇

현금흐름표

특정일

	a	기초현금	$155,000
	b	현금수취	2,584,900
	c	현금지출	2,796,438
b-c=d	d	영업활동으로 인한 현금흐름	(211,538)
	e	고정자산 구매	1,750,000
	f	순차입	900,000
	g	소득세 지급	0
	h	신규 주식의 발행	1,550,000
a+d-e+f-g+h=i	i	기말현금	$643,462

대차대조표

특정일

	A	현금	$643,462
	B	외상매출금	454,760
	C	재고	414,770
	D	선급비용	0
A+B+C+D=E	E	유동자산	1,512,992
	F	기타자산	0
	G	고정자산	1,750,000
	H	감가상각누계액	78,573
G-H=I	I	순고정자산	1,671,427
E+F+I=J	J	총자산	$3,184,419
	K	외상매입금	$236,297 ⬆
	L	미지급비용	26,435
	M	유동성부채	100,000
	N	미지급법인세	139,804
K+L+M+N=O	O	유동부채	502,536
	P	장기부채	800,000
	Q	자본금	1,550,000
	R	이익잉여금	331,883 ⬇
Q+R=S	S	자본총계	1,881,883
O+P+S=T	T	부채와 자본총계	$3,184,419

①

비용주기
비용은 발생 시점과 손익계산서의 기입 시점에서 대차대조표의 외상매입금이 된다.

비용은 손익계산서의 순이익과 대차대조표의 이익잉여금을 감소시킨다.

손익계산서

특정일

1	순매출	$3,055,560
2	매출원가	2,005,830
1-2=3	매출총이익	1,049,730
4	영업 및 마케팅	328,523
5	연구 및 개발	26,000
6	일반 및 관리	203,520
4+5+6=7	영업비용	558,043
3-7=8	영업이익	491,687
9	이자수익	(100,000)
10	소득세	139,804
8+9-10=11	순이익	$251,883

현금흐름표

특정일

a	기초현금	$155,000
b	현금수취	2,584,900
c	현금지출	2,796,438 ↑
b-c=d	영업활동으로 인한 현금흐름	(211,538)
e	고정자산 구매	1,750,000
f	순차입	900,000
g	소득세 지급	0
h	신규 주식의 발행	1,550,000
a+d-e+f-g+h=i	기말현금	$643,462 ↓

대차대조표

특정일

A	현금	$643,462 ↓
B	외상매출금	454,760
C	재고	414,770
D	선급비용	0
A+B+C+D=E	유동자산	1,512,992
F	기타자산	0
G	고정자산	1,750,000
H	감가상각누계액	78,573
G-H=I	순고정자산	1,671,427
E+F+I=J	총자산	$3,184,419
K	외상매입금	$236,297 ↓
L	미지급비용	26,435
M	유동성부채	100,000
N	미지급법인세	139,804
K+L+M+N=O	유동부채	502,536
P	장기부채	800,000
Q	자본금	1,550,000
R	이익잉여금	331,883
Q+R=S	자본총계	1,881,883
O+P+S=T	부채와 자본총계	$3,184,419

②

비용주기
대차대조표의 외상매입금은 지급 시점에서 현금지출이 되고, 더불어 현금을 감소시킨다.

손익계산서

특정일

1	순매출	$3,055,560
2	매출원가	2,005,830
1−2=3	매출총이익	1,049,730
4	영업 및 마케팅	328,523
5	연구 및 개발	26,000
6	일반 및 관리	203,520
4+5+6=7	영업비용	558,043
3−7=8	영업이익	491,687
9	이자수익	(100,000)
10	소득세	139,804
8+9−10=11	순이익	$251,883

현금흐름표

특정일

a	기초현금	$155,000
b	현금수취	2,584,900
c	현금지출	2,796,438
b−c=d	영업활동으로 인한 현금흐름	(211,538)
e	고정자산 구매	1,750,000
f	순차입	900,000 ↑
g	소득세 지급	0
h	신규 주식의 발행	1,550,000
a+d−e+f−g+h=i	기말현금	$643,462 ↑

① 투자주기
순차입은 현금흐름표의 기입 시점에서 대차대조표의 유동성(장기)부채 및 장기부채를 증가시킨다.

대차대조표

특정일

A	현금	$643,462 ↑
B	외상매출금	454,760
C	재고	414,770
D	선급비용	0
A+B+C+D=E	유동자산	1,512,992
F	기타자산	0
G	고정자산	1,750,000
H	감가상각누계액	78,573
G−H=I	순고정자산	1,671,427
E+F+I=J	총자산	$3,184,419
K	외상매입금	$236,297
L	미지급비용	26,435
M	유동성부채	100,000 ↑
N	미지급법인세	139,804
K+L+M+N=O	유동부채	502,536
P	장기부채	800,000 ↑
Q	자본금	1,550,000
R	이익잉여금	331,883
Q+R=S	자본총계	1,881,883
O+P+S=T	부채와 자본총계	$3,184,419

1년 이내 상환

또는

1년 이후 상환

특정일

1	순매출	$3,055,560
2	매출원가	2,005,830
1-2=3	매출총이익	1,049,730
4	영업 및 마케팅	328,523
5	연구 및 개발	26,000
6	일반 및 관리	203,520
4+5+6=7	영업비용	558,043
3-7=8	영업이익	491,687
9	이자수익	(100,000)
10	소득세	139,804
8+9-10=11	순이익	$251,883

현금흐름표

특정일

a	기초현금	$155,000
b	현금수취	2,584,900
c	현금지출	2,796,438
b-c=d	영업활동으로 인한 현금흐름	(211,538)
e	고정자산 구매	1,750,000
f	순차입	900,000
g	소득세 지급	0
h	신규 주식의 발행	1,550,000 ↑
a+d-e+f-g+h=i	기말현금	$643,462 ↑

2

투자주기
주식발행은 대차대조표의 현금과 자본금 모두를 증가시킨다.

대차대조표

특정일

A	현금	$643,462 ↑
B	외상매출금	454,760
C	재고	414,770
D	선급비용	0
A+B+C+D=E	유동자산	1,512,992
F	기타자산	0
G	고정자산	1,750,000
H	감가상각누계액	78,573
G-H=I	순고정자산	1,671,427
E+F+I=J	총자산	$3,184,419
K	외상매입금	$236,297
L	미지급비용	26,435
M	유동성부채	100,000
N	미지급법인세	139,804
K+L+M+N=O	유동부채	502,536
P	장기부채	800,000
Q	자본금	1,550,000 ↑
R	이익잉여금	331,883
Q+R=S	자본총계	1,881,883
O+P+S=T	부채와 자본총계	$3,184,419

손익계산서

특정일

1	순매출	$3,055,560	
2	매출원가	2,005,830	
1-2=3	매출총이익	1,049,730	
4	영업 및 마케팅	328,523	
5	연구 및 개발	26,000	
6	일반 및 관리	203,520	⬆
4+5+6=7	영업비용	558,043	
3-7=8	영업이익	491,687	
9	이자수익	(100,000)	
10	소득세	139,804	
8+9-10=11	순이익	$251,883	

> 손익계산서의 감가상각비용을 감가상각누계액을 증가시키면서, 순자산가치를 감소시킨다.

현금흐름표

특정일

a	기초현금	$155,000	
b	현금수취	2,584,900	
c	현금지출	2,796,438	
b-c=d	영업활동으로 인한 현금흐름	(211,538)	
e	고정자산 구매	1,750,000	⬆
f	순차입	900,000	
g	소득세 지급	0	
h	신규 주식의 발행	1,550,000	
a+d-e+f-g+h=i	기말현금	$643,462	⬇

> 장비(PP&E)를 구매하면, 고정자산은 증가하고, 현금은 감소한다.

대차대조표

특정일

A	현금	$643,462	⬇
B	외상매출금	454,760	
C	재고	414,770	
D	선급비용	0	
A+B+C+D=E	유동자산	1,512,992	
F	기타자산	0	
G	고정자산	1,750,000	⬆
H	감가상각누계액	78,573	⬆
G-H=I	순고정자산	1,671,427	⬇
E+F+I=J	총자산	$3,184,419	
K	외상매입금	$236,297	
L	미지급비용	26,435	
M	유동성부채	100,000	
N	미지급법인세	139,804	
K+L+M+N=O	유동부채	502,536	
P	장기부채	800,000	
Q	자본금	1,550,000	
R	이익잉여금	331,883	
Q+R=S	자본총계	1,881,883	
O+P+S=T	부채와 자본총계	$3,184,419	

고정자산주기

거래를 통한 재무제표의 응용

- 애플시드(AppleSeed)주식회사 창업과 운영 사례

2부 미리보기

재무제표의 핵심을 소개하는 부분이다. 앞서 1부에서는 재무제표의 구조와 용어를 소개하고, 세 가지 주요 재무제표가 어떻게 상호작용을 하는지를 살펴봤다.

> 회계 및 재무보고의 실제 활용을 연습해보기 위해, 우리는 가상의 기업인 애플시드주식회사를 설립한다.

다음에 나올 부분은 가상의 기업인 애플시드의 서른세 가지 재무활동을 구체적으로 나열하고 있다. 우리는 애플시드가 기업의 재무상태를 정확하게 보고하기 위해 어떤 방식으로 기업 회계장부를 작성하고 유지하는지를 제시해 보일 것이다. 또한 재무 관련 용어를 추가적으로 소개하고, 기업의 회계장부를 유지하기 위해 필요한 재무 관런 개념의 적용 사례를 소개할 예정이다.

새로이 발생하는 기업의 거래활동은 애플시드라는 한 기업이 애플소스 제품을 생산, 판매하는 기업 활동을 벌이면서 재무제표에 기재하게 되는 항목을 의미한다. 우리는 각각의 거래활동을 제시할 예정인데, 이 책의 독자들은 이를 통해 기업의 회계장부가 어떤 방식으로 만들어지는지 이해하게 될 것이다. 또한 표와 표에 대한 설명을 통해 이와 같은 개별 거래활동을 소개할 예정이다.

116페이지 표 설명: 애플시드의 기업 거래활동과 이와 같은 활동이 사업적으로 타당한지, 그리고 재무측면에서 어떤 파급효과를 갖는지를 설명한다. 세 가지 주요 재무제표와 해당 표에 대한 설명에는 숫자가 적힌 상자가 있다. 표에 대한 설명에 나와 있는 숫자 상자는 표 부분의 특정 거래에 대한 재무제표 기재 항목을 나타내는 숫자 상자에 대한 설명이다. 새로운 거래활동을 살펴볼 때 먼저 표에 대한 설명부분을 읽고 이해한 후, 애플시드의 세 가지 재무제표에 이와 같은 활동을 어떤 방식으로 기재했는지를 살펴보기 바란다.

115페이지 표 설명: 거래활동이 일어나기 전과 후로 나누어, 애플시드의 손익계산서, 대차대조표, 현금흐름표를 보여주고 있다. 거래 종류에 따라 세 가지 재무제표가 모두 변할 수도, 셋 중 하나 혹은 둘이 변할 수도 있다. 또 경우에 따라 세 가지 재무제표 모두 변하지 않을 수도 있다.

각 계정 항목에 일어나는 변화는 다음과 같은 방식으로 보여진다:

1. 각 재무제표에는 수치가 기입된 세 개의 열이 있다. 이중 첫 번째 열은 최종거래를 기점으로 앞선 모든 계정 항목의 가치를 보여

준다.

2. 두 번째 열(숫자 상자가 있는 열)은 '표에 대한 설명'에서 제시된 거래활동에 대한 계정 항목 가치를 기입한 것이다.

3. 세 번째 열은 첫 번째 열에 두 번째 열을 더한, 거래활동 이후 계정 항목의 가치다.

세 번째 열의 가치, 즉 금액은 다음 거래활동에서 '사전' 가치로 보이게 될 금액이다.

지금까지가 회계 및 재무보고의 전부다. 고도의 수학적 능력을 필요로 하지 않는다. 덧셈과 뺄셈만 할 줄 알면 된다. 이 책의 도움을 받아 조금만 노력하면 절로 기분이 나는 성취감을 맛볼 수 있다.

하지만 우리는 이 책을 통해 개괄적인 설명을 제시하고 있을 뿐이다. 더 세부적인 내용이 필요하다면 이 책을 통해 얻은 지식을 토대로 회계사에게 물어봐야 한다. 회계사들 또한 재무회계 분야의 비전문가들인 여러분들로부터 깜짝 놀랄 만한 지식을 담은 질문을 받는 것을 기꺼이 반기게 될 것이다. 그리고 이런 이유로 최선의 답변을 들려줄 것이다.

애플시드주식회사에 오게 된 걸 환영한다!

세 가지 주요 재무제표

각 해당 거래의
기입 금액

거래 기입 후
계정 항목 금액

해당 거래를 기입하기 전
계정 항목 금액

손익계산서

특정일: 거래 1~(1)		기초	+	거래	=	합
1	순매출	$0		–		0
2	매출원가	0		–		0
1-2=3	매출총이익	0				0
4	영업 및 마케팅	0				0
5	연구 및 개발	0				0
6	일반 및 관리	0				0
4+5+6=7	영업비용	0				0
3-7=8	영업이익	0				0
9	이자수익	0		–		0
10	소득세	0		–		0
8+9-10=11	순이익	$0		0		$0

손익계산서 거래총계

현금흐름표

특정일: 거래 1~(1)		기초	+	거래	=	합
a	기초현금	$0				$0
b	현금수취	0		–		0
c	현금지출	0		–		0
b-c=d	영업활동으로 인한 현금흐름	0				0
e	고정자산 구매	0				0
f	순차입	0				0
g	소득세 지급	0				0
h	재고자산의 판매(잉여 자본금)	50,000		▮1,500,000		1,550,000
a+d-e¹f g¹h=i	기말현금	$50,000		1,500,000		$1,550,000

현금흐름표 거래총계

대차대조표

거래(1) 기준		기초	+	거래	=	합
A	현금	$50,000		❷1,500,000		$1,550,000
B	외상매출금	0		–		0
C	재고	0		–		0
D	선급비용	0		–		0
A+B+C+D=E	유동자산	50,000				1,550,000
F	기타자산	0		–		0
G	고정자산	0		–		0
H	감가상각누계액	0		–		0
G-H=I	순고정자산	0				0
E+F+I=J	총자산	$50,000		1,500,000		$1,550,000
						자산총계
K	외상매입금	$0		–		0
L	미지급비용	0		–		0
M	유동성(장기)부채	0		–		0
N	미지급법인세	0		–		0
K+L+M+N=O	유동부채	0				0
P	고정부채	0		–		0
Q	자본금	50,000		❸1,500,000		1,550,000
R	이익잉여금	0		–		0
Q+R=S	자본총계	50,000				1,550,000
O+P+S=T	부채와 자본총계	$50,000		1,500,000		$1,550,000

부채와 자본총계

'표에 대한 설명'에서 해당 숫자
상자의 거래활동에 해당하는 금액

거래활동에 대한
세부 설명

거래 1 애플□□드 주식회사의 보통주 15만 주(액면가 1달러)
를 □당 10달러에 매각한다.

주식지분은 기업의 소유권을 의미한다. 기업은 각각 권리와 특전이
다른 한 종류의 주식, 또는 여러 종류의 주식을 발행할 수 있다. **보통주**
는 기업이 청산절차를 밟을 때, 남아 있는 자산에 대한 권리를 행사할
자격이 가장 낮은 주식이다. 하지만 이사회에 투표권을 갖는 주식이다.
우선주는 기업이 배당금을 지급하거나, 청산절차의 일환으로 자산을 분
배할 때 보통주에 우선해 권리를 갖는다. 투표권을 행사하지 못한다. **액
면가**는 기업의 정관에 따라 지정한 주식의 가치다. 하지만 주식분할과
관련된 경우를 제외하고는 그다지 중요하지 않은 개념이다. 공표된 액
면가와 해당 기업 또는 주식의 실제가치에는 어떠한 상관관계도 없다.

거래: 투자가 그룹이 15만 주의 애플시드 보통주에 해당하는 주권을 현
금 150만 달러에 매입하기를 희망하고 있다.

노트: 투자가 그룹이 애플시드 주식의 75%를, 당신이 나머지 지분을 보
유하게 되는 것이다.

1 투자가 그룹에 돈을 받고 보통주 주권을 발행한다. 기업은 현금을
받았으므로 현금흐름표의 항목에 150만 달러를 기록한다.

2 현금 150만 달러는 기업의 신규자산이다. 따라서 대차대조표의 현
금 항목에 그만큼의 금액이 늘어난다.

3 신규자산은 그만큼의 부채를 발생시켜야만 한다. 그렇지 않으면 대
차대조표의 균□□ 무너지기 때문이다. 주식 발행은 기업에 있어 부채

계정 항목 기입과 관련한 설명을 먼저
읽고 난 후, 세 가지 주요 재무제표 부분의
금액이 어떻게 변했는지를 살펴본다.

창업 1단계: 회사 창업자금을 투자 유치하고 함께 일할 직원을 고용한다

비록 작은 규모지만, 애플시드주식회사에 참여하게 된 것을 환영한다. 이 책의 독자들은 스스로를 애플시드주식회사의 CEO라고 생각해야 한다. 또한 이 회사의 회계 담당자로, 그리고 CFO로도 역할을 해야 한다.

당신은 이제 막 5만 달러의 자본을 투자해 회사를 설립했다. 엄격하게 말하자면 당신의 돈이 아닌 고모님의 돈이다. 사실 제품생산을 위해서는 더 많은 자본이 필요하다. 하지만 이 정도 초기 투자로 일단 사업을 시작하는 걸로 간주해보자.

거래 1. 애플시드주식회사의 보통주 15만 주(액면가 1달러)를 주당 10달러에 매각한다.

거래 2. 스스로에게 첫 달 급여를 지급한다. 그리고 급여와 관련된 부가 혜택 및 세금을 회계 처리한다.

거래 3. 건물을 구매하기 위해 100만 달러를 빌린다. 10년 상환에 연이자율 10% 조건이다.

거래 4. 사무실 및 제조시설, 창고로 쓸 건물 구매에 150만 달러를 지출한다. 그리고 감가상각 일정을 세운다.

거래 5. 관리 및 영업 직원들을 고용한다. 첫 달 급여를 지급하고, 관련 부가 혜택과 세금을 회계장부에 기입한다.

거래 6. 고용보험료, 생명 및 상해보험료, 사회보장세(FICA), 원천 징수세를 납부한다.

손익계산서

특정일: 거래 1~(1)

		기초	+	거래	=	합
1	순매출	$0	–			$0
2	매출원가	0	–			0
1-2=3	매출총이익	0				0
4	영업 및 마케팅	0	–			0
5	연구 및 개발	0				0
6	일반 및 관리	0	–			0
4+5+6=7	영업비용	0				0
3-7=8	영업이익	0				0
9	이자수익	0	–			0
10	소득세	0	–			0
8+9-10=11	순이익	$0				$0

손익계산서 거래총계

현금흐름표

특정일: 거래 1~(1)

		기초	+	거래	=	합
a	기초현금	$0				$0
b	현금수취	0	–			0
c	현금지출	0	–			0
b-c=d	영업활동으로 인한 현금흐름	0				0
e	고정자산 구매	0				0
f	순차입	0				0
g	소득세 지급	0	–			0
h	신규 주식의 발행	50,000	**❶**1,500,000			1,550,000
a+d-e+f-g+h=i	기말현금	$50,000	1,500,000			$1,550,000

현금흐름표 거래총계

대차대조표

거래(1) 기준

		기초	+	거래	=	합
A	현금	$50,000	**❷**1,500,000			$1,550,000
B	외상매출금	0	–			0
C	재고	0	–			0
D	선급비용	0	–			0
A+B+C+D=E	유동자산	50,000				1,550,000
F	기타자산	0	–			0
G	고정자산	0	–			0
H	감가상각누계액	0				0
G-H=I	순고정자산	0				0
E+F+I=J	총자산	$50,000	1,500,000			$1,550,000
				자산총계		
K	외상매입금	$0				0
L	미지급비용	0	–			0
M	유동성부채	0	–			0
N	미지급법인세	0	–			0
K+L+M+N=O	유동부채	0				0
P	장기부채	0	–			0
Q	자본금	50,000	**❸**1,500,000			1,550,000
R	이익잉여금	0	–			0
Q+R=S	자본총계	50,000				1,550,000
O+P+S=T	부채와 자본총계	$50,000	1,500,000			$1,550,000

부채와 자본총계

 **거래1** 애플시드 주식회사의 보통주 15만 주(액면가 1달러)를 주당 10달러에 매각한다.

주식지분은 기업의 소유권을 의미한다. 기업은 각각 권리와 특전이 다른 한 종류의 주식, 또는 여러 종류의 주식을 발행할 수 있다.

보통주는 기업이 청산절차를 밟을 때 남아 있는 자산에 대한 권리를 행사할 자격이 가장 낮은 주식이지만, 이사회에 투표권을 갖는 주식이다.

우선주는 기업이 배당금을 지급하거나, 청산절차의 일환으로 자산을 분배할 때 보통주에 우선해 권리를 갖는다. 하지만 일반적으로 우선주를 보유한 주주들은 이사선출을 위한 투표권을 행사하지 못한다.

참고로, 해당 기업의 공채 증서 소유자들이나 여타 채권자들의 권리가 보통주나 우선주 보유주주들의 권리에 우선한다는 점을 알아둘 필요가 있다.

액면가는 기업의 정관에 따라 지정한 주식의 가치다. 하지만 주식분할과 관련된 경우를 제외하고는 그다지 중요하지 않은 개념이다.

또한, 공표된 액면가와 해당 기업 또는 주식의 실제가치에는 어떠한 상관관계도 없다.

거래: 투자가 그룹이 15만 주의 애플시드 보통주에 해당하는 주권을 현금 150만 달러에 매입하기를 희망하고 있다.

★노트: 당신은 기업을 창업할 때, 5만 달러를 투자해 주당 1달러에 5만 주의 주식을 창업 지분으로 매입했다. 따라서 이들 투자가 그룹에

주식을 매각하면, 발행주식은 20만 주로 늘어나게 된다. 즉, 투자가 그룹이 애플시드 주식의 75%를, 당신이 나머지 지분을 보유하게 되는 것이다.

1 투자가 그룹에 돈을 받고 보통주 주권을 발행한다. 그런 후 은행으로 달려가 애플시드의 기업계좌에 이 돈을 입금한다. 기업은 현금을 받았으므로 현금흐름표의 **신규 주식의 발행** 항목에 150만 달러를 기록한다.

2 현금 150만 달러는 기업의 신규자산이다. 따라서 대차대조표의 **현금** 항목에 그만큼의 금액이 늘어난다.

3 신규자산은 그만큼의 부채 또는 자본을 발생시켜야만 한다. 그렇지 않으면 대차대조표의 균형이 무너지기 때문이다. 주식 발행은 기업에 있어 자본금을 발생시키는 거래이다. 따라서 대차대조표의 **자본금** 항목에 150만 달러를 더한다.

손익계산서

특정일: 거래 1~(2)

		기초	+ 거래	= 합
1	순매출	$0	–	$0
2	매출원가	0	–	0
1-2=3	매출총이익	0		0
4	영업 및 마케팅	0	–	0
5	연구 및 개발	0	–	0
6	일반 및 관리	0	**1A** 6,230	6,230
4+5+6=7	영업비용	0		6,230
3-7=8	영업이익	0		(6,230)
9	이자수익	0	–	0
10	소득세	0	–	0
8+9-10=11	순이익	$0	(6,230)	($6,230)

손익계산서 거래총계

현금흐름표

특정일: 거래 1~(2)

		기초	+ 거래	= 합
a	기초현금	$0		$0
b	현금수취	0	–	0
c	현금지출	0	**2A** 3,370	3,370
b-c=d	영업활동으로 인한 현금흐름	0		(3,370)
e	고정자산 구매	0	–	0
f	순차입	0	–	0
g	소득세 지급	0	–	0
h	신규 주식의 발행	1,550,000	–	1,550,000
a+d-e+f-g+h=i	기말현금	$1,550,000	(3,370)	$1,546,630

현금흐름표 거래총계

대차대조표

거래(2) 기준

		기초	+ 거래	= 합
A	현금	$1,550,000	**2B** (3,370)	$1,546,630
B	외상매출금	0	–	0
C	재고	0	–	0
D	선급비용	0	–	0
A+B+C+D=E	유동자산	1,550,000		1,546,630
F	기타자산	0	–	0
G	고정자산	0	–	0
H	감가상각누계액	0		0
G-H=I	순고정자산	0		0
E+F+I=J	총자산	$1,550,000	(3,370)	$1,546,630

자산총계

		기초	+ 거래	= 합
K	외상매입금	$0		0
L	미지급비용	0	**3** 2,860	2,860
M	유동성부채	0	–	0
N	미지급법인세	0		0
K+L+M+N=O	유동부채	0		2,860
P	장기부채	0		0
Q	자본금	1,550,000	–	1,550,000
R	이익잉여금	0	**1B** (6,230)	(6,230)
Q+R=S	자본총계	1,550,000		1,543,770
O+P+S=T	부채와 자본총계	$1,550,000	(3,370)	$1,546,630

부채와 자본총계

 **거래 2** 스스로에게 첫 달 급여를 지급한다. 그리고 급여와
관련된 부가 혜택 및 세금을 회계 처리한다.

축하한다! 애플시드 이사회는 당신에게 기업 경영책임을 맡겼다.
월 급여는 5,000달러다.

이렇게 해서 벌어들인 돈을 다 쓰기 전에 먼저 다음을 계산해 보
자: (1)실제 집에 가져갈 수 있는 금액, (2)세금 납부를 위해 남겨둬야
할 금액, (3)고용혜택 및 지불급여세의 자기 부담 금액.

다음 표를 참조하기 바란다. 비록 당신의 월 급여 실수령액이
5,000달러 중 3,370달러라도, 애플시드가 결과적으로 지출한 비용은
6,230달러다.

급여 및 고용 관련 비용

(단위: 달러)

	종업원에게 지급한 금액	여타 지급한 금액
급여	5,000	
종업원 부담 FICA	(380)	380
연방/주 정부 원천과세	(1,250)	1,250
고용자 부담 FICA		380
재해보험		100
실업보험		250
건강보험		500
대상별 총계	3,370	2,860
		총계 6,230

거래: 급여, FICA 분담금, 여타 보험 관련 비용을 포함 총 6,230달러의

급여 관련 비용을 회계장부에 기록한다. 그리고 본인에게 3,370달러의 급여를 지급한다(월 급여 5,000달러 – 연방 및 주정부 원천과세 – FICA 종업원 분담금).

1 (1A)급여와 여타 고용 관련 비용은 기업의 이익을 줄인다. 6,230달러의 월 급여 관련 비용을 손익계산서의 **일반 및 관리**비용에 더한다. (1B) 또한 대차대조표의 **이익잉여금** 항목에서 이 금액을 제한다.

2 (2A)지금까지 기업에서 유출된 유일한 현금은 당신에게 지급된 월 급여다. 현금흐름표의 **현금지출** 항목에 이를 표시한다. (2B)또한 대차대조표의 **현금** 항목에서 이 금액만큼 줄인다.

3 남아 있는 비용 2,860달러(정부 및 보험회사에게 지급해야 할)는 기업이 지급책임을 갖고 있지만, 아직 지급하지 않은 금액이다. 따라서 대차대조표의 부채 항목, **미지급비용** 계정에 이를 기입한다.

손익계산서

특정일: 거래 1~(3)		기초	+	거래	=	합
1	순매출	$0	–			$0
2	매출원가	0	–			0
1-2=3	매출총이익	0				0
4	영업 및 마케팅	0	–			0
5	연구 및 개발	0	–			0
6	일반 및 관리	6,230	–			6,230
4+5+6=7	영업비용	6,230				6,230
3-7=8	영업이익	(6,230)				(6,230)
9	이자수익	0	–			0
10	소득세	0	–			0
8+9-10=11	순이익	($6,230)		0		($6,230)

손익계산서 거래총계

현금흐름표

특정일: 거래 1~(3)		기초	+	거래	=	합
a	기초현금	$0				$0
b	현금수취	0	–			0
c	현금지출	3,370				3,370
b-c=d	영업활동으로 인한 현금흐름	(3,370)				(3,370)
e	고정자산 구매	0	–			0
f	순차입	0	1A 1,000,000			1,000,000
g	소득세 지급	0	–			0
h	신규 주식의 발행	1,550,000	–			1,550,000
a+d-e+f-g+h=i	기말현금	$1,546,630	1,000,000			$2,546,630

현금흐름표 거래총계

대차대조표

거래(3) 기준		기초	+	거래	=	합
A	현금	$1,546,630	1B 1,000,000			$2,546,630
B	외상매출금	0	–			0
C	재고	0	–			0
D	선급비용	0	–			0
A+B+C+D=E	유동자산	1,546,630				2,546,630
F	기타자산	0	–			0
G	고정자산	0	–			0
H	감가상각누계액	0	–			0
G-H=I	순고정자산	0				0
E+F+I=J	총자산	$1,546,630	1,000,000			$2,546,630
			자산총계			
K	외상매입금	$0				0
L	미지급비용	2,860	–			2,860
M	유동성부채	0	2 100,000			100,000
N	미지급법인세	0	–			0
K+L+M+N=O	유동부채	2,860				102,860
P	장기부채	0	3 900,000			900,000
Q	자본금	1,550,000	–			1,550,000
R	이익잉여금	(6,230)	–			(6,230)
Q+R=S	자본총계	1,543,770				1,543,770
O+P+S=T	부채와 자본총계	$1,546,630	1,000,000			$2,546,630

부채와 자본총계

 **거래 3** 건물을 구매하기 위해 100만 달러를 빌린다. 10년 상환에 연 이자율 10% 조건이다.

(1)애플소스를 제조 및 저장하고, (2)기업의 관리 및 영업활동을 위한 건물을 매입하기 위해 은행에 가서 대출 신청을 한다.

대출 담당자는 애플시드의 자본 기반이 튼튼하고, 사업 전망이 밝다고 판단해 대출을 승인했다. 하지만 100만 달러를 빌려주는 대신 기업의 소유자산을 담보로 제공할 것을 요청했다.

또 기업이 대출을 변제하지 않을 경우에 대비해 당신 개인이 지급 보증을 설 것을 요구했다. 어떤 대답을 할 것인가? 당연히 "아니오."다. 사업이 실패했을 때, 개인 소유의 집을 잃어서는 안 되기 때문이다.

이제 은행과 당신은 다음과 같은 10년 상환의 대출 계약을 맺었다.

대출상환 일정

(단위: 달러)

년차	이자	원금	잔여 원금
1	100,000	100,000	900,000
2	90,000	100,000	800,000
3	80,000	100,000	700,000
4	70,000	100,000	600,000
5	60,000	100,000	500,000
6	50,000	100,000	400,000
7	40,000	100,000	300,000
8	30,000	100,000	200,000
9	20,000	100,000	100,000
10	10,000	100,000	0
총계	550,000	1,000,000	

거래: 여러 목적으로 사용할 건물을 구입하기 위해 100만 달러를 빌린다. 대출기간은 10년이고, 매년 지급해야 하는 원금과 이자는 각각 10

만 달러와 연 10%이다.

1 (1A)대출 계약서에 서명을 하자 은행 계좌에 100만 달러가 입금됐다. 따라서 현금흐름표의 **순차입** 항목의 금액이 늘어났다. (1B)또 대차 대조표 자산 계정의 **현금** 항목에도 100만 달러가 더해진다.

2 **유동성부채**(올해 갚아야 할 금액)는 10만 달러이다. 대차대조표의 유동성 부채 항목에 이 금액을 기록한다.

3 남아 있는 부채는 90만 달러로, 향후 1년이 넘는 기간 동안 변제하게 된다. 따라서 이 금액을 대차대조표의 장기부채 항목에 기재한다.

손익계산서

특정일: 거래 1~(4)

		기초	+	거래	=	합
1	순매출	$0	–			$0
2	매출원가	0	–			0
1-2=3	매출총이익	0				0
4	영업 및 마케팅	0	–			0
5	연구 및 개발	0	–			0
6	일반 및 관리	6,230	–			6,230
4+5+6=7	영업비용	6,230				6,230
3-7=8	영업이익	(6,230)				(6,230)
9	이자수익	0	–			0
10	소득세	0	–			0
8+9-10=11	순이익	($6,230)		0		($6,230)

손익계산서 거래총계

현금흐름표

특정일: 거래 1~(4)

		기초	+	거래	=	합
a	기초현금	$0				$0
b	현금수취	0	–			0
c	현금지출	3,370	–			3,370
b-c=d	영업활동으로 인한 현금흐름	(3,370)				(3,370)
e	고정자산 구매	0	**1**1,500,000			1,500,000
f	순차입	1,000,000	–			1,000,000
g	소득세 지급	0				0
h	신규 주식의 발행	1,550,000	–			1,550,000
a+d-e+f-g+h=i	기말현금	$2,546,630		(1,500,000)		$1,046,630

현금흐름표 거래총계

대차대조표

거래(4) 기준

		기초	+	거래	=	합
A	현금	$2,546,630	**2**(1,500,000)			$1,046,630
B	외상매출금	0	–			0
C	재고	0	–			0
D	선급비용	0	–			0
A+B+C+D=E	유동자산	2,546,630				1,046,630
F	기타자산	0	–			0
G	고정자산	0	**3**1,500,000			1,500,000
H	감가상각누계액	0	–			0
G-H=I	순고정자산	0				1,500,000
E+F+I=J	총자산	$2,546,630		0		$2,546,630

자산총계

		기초	+	거래	=	합
K	외상매입금	$0				0
L	미지급비용	2,860	–			2,860
M	유동성부채	100,000	–			100,000
N	미지급법인세	0	–			0
K+L+M+N=O	유동부채	102,860				102,860
P	장기부채	900,000	–			900,000
Q	자본금	1,550,000	–			1,550,000
R	이익잉여금	(6,230)	–			(6,230)
Q+R=S	자본총계	1,543,770				1,543,770
O+P+S=T	부채와 자본총계	$2,546,630		0		$2,546,630

부채와 자본총계

 **거래 4** 사무실 및 제조시설, 창고로 쓸 건물 구매에 150만 달러를 지출한다. 그리고 감가상각 일정을 세운다.

애플시드주식회사를 위한 건물을 발견했다. 10만 평방피트인 이 건물의 감정가는 110만 달러, 토지의 감정가는 55만 달러다. 9만 평방 피트의 제조 및 창고를 위한 공간과, 1만 평방피트의 사무공간을 갖춘 건물이다.

협상이 잘돼 가격을 낮출 수 있었다. 150만 달러에 건물과 토지를 모두 구매하는 걸로 계약을 맺었다.

이번 거래에서 우리는 건물을 구매했다. 애플시드주식회사의 첫 번째 고정자산이다. 고정자산은 건물과 기계, 여타의 부속시설로, 제품을 제조하고, 저장하고, 출하하고, 판매하는 데 사용하는 생산자산이다. 이와 같은 고정자산은 경우에 따라 자본재로도 불린다. 그리고 고정자산을 구매하면 해당 자산의 가치를 대차대조표의 자산항목으로 더해야 한다.

회계관습 및 IRS 규정에 따르면, 고정자산 구매를 위해 지출한 비용은 즉시 회계 처리가 불가능하다. 고정자산은 오랜 시간 사용하는 생산 자산이기 때문이다. 따라서 매년 사용한 비율만큼 비용처리를 해야 한다. **이와 같은 매년의 비용처리를 감가상각이라고 부른다.**

참고로 감가상각과 관련해서는 다음 거래에서 더 자세하게 다룰 예정이다.

거래: 10만 평방피트의 건물과 토지를 현금 150만 달러에 매입한다.

애플시드의 본사와 제조시설, 창고로 쓸 건물과 토지이다.

1 건물 매입대금 150만 달러를 지급한다. 그리고 현금흐름표의 **고정자산 구매** 항목에 이를 기록한다.

2 다음은 건물 매입대금으로 지급한 150만 달러를 대차대조표의 **현금** 항목에서 제한다.

3 이제 대차대조표의 균형을 맞출 차례다. 대차대조표의 **고정자산**에 150만 달러를 더한다. 주의해야 할 점은, 감정가나 평가액이 아닌 실제 비용을 기록해야 한다는 것이다.

손익계산서

특정일: 거래 1~(5)

		기초	+ 거래	= 합
1	순매출	$0	−	$0
2	매출원가	0	−	0
1−2=3	매출총이익	0		0
4	영업 및 마케팅	0	**1A** 7,680	7,680
5	연구 및 개발	0		0
6	일반 및 관리	6,230	**1B** 7,110	13,340
4+5+6=7	영업비용	6,230		21,020
3−7=8	영업이익	(6,230)		(21,020)
9	이자수익	0	−	0
10	소득세	0	−	0
8+9−10=11	순이익	($6,230)	(14,790)	($21,020)

손익계산서 거래총계

현금흐름표

특정일: 거래 1~(5)

		기초	+ 거래	= 합
a	기초현금	$0		$0
b	현금수취	0	−	0
c	현금지출	3,370	**3A** 7,960	11,330
b−c=d	영업활동으로 인한 현금흐름	(3,370)		(11,330)
e	고정자산 구매	1,500,000	−	1,500,000
f	순차입	1,000,000	−	1,000,000
g	소득세 지급	0	−	0
h	신규 주식의 발행	1,550,000	−	1,550,000
a+d−e+f−g+h=i	기말현금	$1,046,630	(7,960)	$1,038,670

현금흐름표 거래총계

대차대조표

거래(5) 기준

		기초	+ 거래	= 합
A	현금	$1,046,630	**3B** (7,960)	$1,038,670
B	외상매출금	0	−	0
C	재고	0	−	0
D	선급비용	0	−	0
A+B+C+D=E	유동자산	1,046,630		1,038,670
F	기타자산	0	−	0
G	고정자산	1,500,000	−	1,500,000
H	감가상각누계액	0	−	0
G−H=I	순고정자산	1,500,000		1,500,000
E+F+I=J	총자산	$2,546,630	(7,960)	$2,538,670
			자산총계	
K	외상매입금	$0		0
L	미지급비용	2,860	**4** 6,830	9,690
M	유동성부채	100,000	−	100,000
N	미지급법인세	0		0
K+L+M+N=O	유동부채	102,860		109,690
P	장기부채	900,000	−	900,000
Q	자본금	1,550,000	−	1,550,000
R	이익잉여금	(6,230)	**2** (14,790)	(21,020)
Q+R=S	자본총계	1,543,770		1,528,980
O+P+S=T	부채와 자본총계	$2,546,630	(7,960)	$2,538,670

부채와 자본총계

 관리 및 영업 직원들을 고용한다. 첫 달 급여를 지급하고, 관련 부가 혜택과 세금을 회계장부에 기입한다.

애플시드는 곧 생산에 들어가게 된다. 이제부터는 어떤 방식으로 애플소스를 팔지 결정해야 한다. 또한 기업 관리를 위해서도 도움을 필요로 하게 될 것이다.

SG&A 담당 직원을 고용한다. SG&A란 영업 및 일반, 관리업무를 의미한다. 간단히 말해 제조과정에 포함되지 않는 비용과 관련한 업무로, 재고 항목에 포함되지도 않는다. 이와 관련해서는 나중에 추가적인 설명을 하겠다.

이제 애플시드의 SG&A 관련 급여를 산출해보자. 비서에게는 시간당 13달러(월 2,250달러), 경리 직원에게는 월 3,000달러, 영업 직원에게는 월 4,000달러, 판매원에게는 시간당 10달러(월 1,750달러)를 지급한다. 다음은 SG&A 직원의 실수령 급여와 부가 혜택과 관련한 비용을 보여주는 표다.

SG&A 급여 관련 비용

(단위: 달러)

	종업원에게 지급한 금액	여타 지급한 금액
급여	11,000	
종업원 부담 FICA	(840)	840
연방/주 정부 원천과세	(2,200)	2,200
고용자 부담 FICA		840
재해보험		400
실업보험		550
건강보험		2,000
대상별 총계	7,960	6,830
		총계 14,790

거래: 해당 월의 급여 관련 비용 1만 4,790달러(영업 및 마케팅: 7,680달러, 일반 및 관리: 7,110달러)를 회계장부에 기록한다. 이 비용에는 임금, 보험, 여타 고용혜택이 모두 포함되어 있다. SG&A 담당 종업원에게 7,960달러를 지급한다.

1 (1A)손익계산서의 **영업 및 마케팅** 항목에 해당 월에 지급한 급여비용 7,680달러를 더한다. (1B)또한 **일반 및 관리** 항목에는 비서와 경리 담당 직원에게 지급한 급여비용 7,110달러를 더한다.

2 대차대조표의 **이익잉여금** 항목에서 SG&A 급여비용에 해당하는 1만 4,790달러를 차감한다.

3 (3A)7,960달러의 급여를 지급하고, 현금흐름표의 **현금지출** 항목에 기입한다. (3B)또, 대차대조표의 현금 항목에서 동일 금액을 제한다.

4 6,830달러는 지급해야 할 금액이지만, 아직 실제 지급이 이뤄지지는 않았다. 대차대조표의 부채 항목 **미지급비용**에 이 금액을 기입한다.

손익계산서

특정일: 거래 1~(6)

		기초	+	거래	=	합
1	순매출	$0		–		$0
2	매출원가	0		–		0
1-2=3	매출총이익	0				0
4	영업 및 마케팅	7,680				7,680
5	연구 및 개발	0		–		0
6	일반 및 관리	13,340				13,340
4+5+6=7	영업비용	21,020				21,020
3-7=8	영업이익	(21,020)				(21,020)
9	이자수익	0		–		0
10	소득세	0		–		0
8+9-10=11	순이익	($21,020)		0		($21,020)

손익계산서 거래총계

현금흐름표

특정일: 거래 1~(6)

		기초	+	거래	=	합
a	기초현금	$0				$0
b	현금수취	0		–		0
c	현금지출	11,330		**1** 9,690		21,020
b-c=d	영업활동으로 인한 현금흐름	(11,330)				(21,020)
e	고정자산 구매	1,500,000		–		1,500,000
f	순차입	1,000,000		–		1,000,000
g	소득세 지급	0		–		0
h	신규 주식의 발행	1,550,000		–		1,550,000
a+d-e+f-g+h=i	기말현금	$1,038,670		(9,690)		$1,028,980

현금흐름표 거래총계

대차대조표

거래(6) 기준

		기초	+	거래	=	합
A	현금	$1,038,670		**2** (9,690)		$1,028,980
B	외상매출금	0		–		0
C	재고	0		–		0
D	선급비용	0		–		0
A+B+C+D=E	유동자산	1,038,670				1,028,980
F	기타자산	0		–		0
G	고정자산	1,500,000		–		1,500,000
H	감가상각누계액	0		–		0
G-H=I	순고정자산	1,500,000				1,500,000
E+F+I=J	총자산	$2,538,670		(9,690)		$2,528,980

자산총계

		기초	+	거래	=	합
K	외상매입금	$0				0
L	미지급비용	9,690		**3** (9,690)		0
M	유동성부채	100,000		–		100,000
N	미지급법인세	0		–		0
K+L+M+N=O	유동부채	109,690				100,000
P	장기부채	900,000		–		900,000
Q	자본금	1,550,000		–		1,550,000
R	이익잉여금	(21,020)		–		(21,020)
Q+R=S	자본총계	1,528,980				1,528,980
O+P+S=T	부채와 자본총계	$2,538,670		(9,690)		$2,528,980

부채와 자본총계

 **거래 6** 고용보험료, 생명 및 상해보험료, 사회보장세(FICA),
원천징수세를 납부한다.

거래 2와 거래 5를 통해 당신을 포함한 모든 애플시드 종업원을 대
상으로 급여를 지급했다.

하지만, 건강보험과 같은 고용 혜택과 관련한 비용이나 원천징수
세, 종업원 급여에서 제한 FICA에 대한 실제 지급을 마친 것은 아니다.

이와 같은 비용은 발생 시점에서 손익계산서에 기입했다. 하지만
당시 시점에서 지급을 마친 비용이 아니기 때문에 미지급비용이 된다.

**만약 손익계산서에서 비용으로 회계 처리를 했다고 하더라도 실제 이를
즉시 지급함으로써 지급 책임을 충족하지 못했다면, 이와 같은 비용은 대차
대조표의 '미지급비용'으로 기록해야만 한다.**

거래: FICA, 원천징수세, 실업보험 등 거래 2와 거래 5를 통해 발생했
지만 미지급한 비용을 지급한다. 또 재해보험이나 건강보험비를 민간
보험회사에 지급한다.

1 미지급비용 9,690달러를 지급한다(거래 2: 2,860달러, 거래 5: 6,830달러).
그리고 현금흐름표의 **현금지출** 항목에 이 금액을 기록한다.

2 대차대조표의 자산 계정 **현금** 항목에서 해당 금액을 차감한다.

3 대차대조표의 부채 계정 **미지급비용** 항목에서 위에서 지급한 9,690
달러를 차감한다. 이들 비용은 미지급 상태였다.

★노트: 미지급 비용을 실제 지급한 것이 손익계산서에 영향을 미치지
는 않는다. 손익계산서의 경우, 비용이 발생했을 때 회계 처리가 끝난
상태이기 때문이다.

창업 2단계: 생산 개시를 위한 시설 확보 및 인력을 충원한다

이제부터가 흥미진진한 내용이다. 앞으로 몇 주면, 평생 맛보지 못한 최고의 애플소스 수천 상자를 생산하게 될 것이다.

우리는 애플소스 생산을 준비하기 위해 생산 기술을 설계하고, 필요한 원재료를 결정할 것이다. 또 생산 인력을 고용하고, 원가를 파악하고, 재고를 추적 관리할 계획과 방법을 수립할 것이다.

마지막으로, 우리는 첫 번째 원재료를 주문하게 될 것이다. 그러면 새로이 마련한 제조 공장에서 시제품을 생산할 모든 준비를 마치게 된다.

거래 7. 25만 달러 상당의 제조 설비를 주문하고, 대금의 절반을 선금으로 지급한다.

거래 8. 제조 설비를 받아 설치한다. 남은 대금 12만 5,000달러를 지급한다.

거래 9. 생산직 직원을 고용하고 첫 달 임금을 지급한다.

- 재료 목록을 준비하고 노동 관련 요건을 수립한다.

- 공장과 기계 관련 감가상각 일정을 세운다.

- 매월 생산 일정을 세우고, 표준원가를 산출한다.

거래 10. 공급업체에 원재료에 대한 주문을 낸다. 포장용 라벨 100만 장을 받는다.

손익계산서

특정일: 거래 1~(7)

		기초	+	거래	=	합
1	순매출	$0	–			$0
2	매출원가	0	–			0
1-2=3	매출총이익	0				0
4	영업 및 마케팅	7,680	–			7,680
5	연구 및 개발	0	–			0
6	일반 및 관리	13,340	–			13,340
4+5+6=7	영업비용	21,020				21,020
3-7=8	영업이익	(21,020)				(21,020)
9	이자수익	0	–			0
10	소득세	0	–			0
8+9-10=11	순이익	($21,020)		0		($21,020)

손익계산서 거래총계

현금흐름표

특정일: 거래 1~(7)

		기초	+	거래	=	합
a	기초현금	$0				$0
b	현금수취	0	–			0
c	현금지출	21,020	–			21,020
b-c=d	영업활동으로 인한 현금흐름	(21,020)				(21,020)
e	고정자산 구매	1,500,000	**1** 125,000			1,625,000
f	순차입	1,000,000	–			1,000,000
g	소득세 지급	0	–			0
h	신규 주식의 발행	1,550,000	–			1,550,000
a+d-e+f-g+h=i	기말현금	$1,028,980	(125,000)			$903,980

현금흐름표 거래총계

대차대조표

거래(7) 기준

		기초	+	거래	=	합
A	현금	$1,028,980	**2** (125,000)			$903,980
B	외상매출금	0	–			0
C	재고	0	–			0
D	선급비용	0	–			0
A+B+C+D=E	유동자산	1,028,980				903,980
F	기타자산	0	**3** 125,000			125,000
G	고정자산	1,500,000	–			1,500,000
H	감가상각누계액	0	–			0
G-H=I	순고정자산	1,500,000				1,500,000
E+F+I=J	총자산	$2,528,980		0		$2,528,980
				자산총계		
K	외상매입금	$0	–			0
L	미지급비용	0	–			0
M	유동성부채	100,000	–			100,000
N	미지급법인세	0	–			0
K+L+M+N=O	유동부채	100,000				100,000
P	장기부채	900,000	–			900,000
Q	자본금	1,550,000	–			1,550,000
R	이익잉여금	(21,020)	–			(21,020)
Q+R=S	자본총계	1,528,980				1,528,980
O+P+S=T	부채와 자본총계	$2,528,980		0		$2,528,980

부채와 자본총계

 **거래 7** **25만 달러 상당의 제조 설비를 주문하고, 대금의 절반을 선금으로 지급한다.**

우리는 우리만의 특별한 애플소스를 만들기 위해 프레스, 대형 스테인리스 스틸 탱크, 바틀링 기계, 라벨링 기계 등 많은 기계가 필요하다. 우리는 운송비용을 포함해 총 25만 달러에 이들 설비를 설치해 주는 것으로 ABCACM이라는 회사와 계약을 맺었다.

ABCACM은 현금 12만 5,000달러를 선금으로 지급해줄 것을 요청했다. 나머지 12만 5,000달러는 설비의 설치와 검사가 완료되는 대로 지급하기로 했다.

거래: 25만 달러 상당의 애플소스 생산설비를 주문한다. 12만 5,000달러는 선금으로, 나머지 대금은 설비 설치가 성공적으로 마무리된 후 지급하기로 한다.

1 기계 공급업체에게 선금 12만 5,000달러와 함께 주문을 낸다. 현금흐름표의 **고정자산 구매** 항목에 이 금액을 기록한다.

2 대차대조표 자산 계정의 **현금** 항목에서 선금 지급분 12만 5,000달러를 차감한다.

3 이 선금은 애플시드가 소유한 자산이다. 이는 향후 25만 달러 상당의 공장설비를 받을 권리로 간주할 수 있다. 물론 설비 제공업체에 나머지 대금 12만 5,000달러를 지급해야 한다. 이러한 자산은 다른 자산 항목과 맞지 않는다. 따라서 대차대조표상에서는 **기타자산**을 12만 5,000달러만큼 더해야 한다.

손익계산서

특정일: 거래 1~(8)

		기초	+	거래	=	합
1	순매출	$0		–		$0
2	매출원가	0		–		0
1-2=3	매출총이익	0				0
4	영업 및 마케팅	7,680		–		7,680
5	연구 및 개발	0		–		0
6	일반 및 관리	13,340		–		13,340
4+5+6=7	영업비용	21,020				21,020
3-7=8	영업이익	(21,020)				(21,020)
9	이자수익	0		–		0
10	소득세	0		–		0
8+9-10=11	순이익	($21,020)		0		($21,020)

손익계산서 거래총계

현금흐름표

특정일: 거래 1~(8)

		기초	+	거래	=	합
a	기초현금	$0				$0
b	현금수취	0		–		0
c	현금지출	21,020		–		21,020
b-c=d	영업활동으로 인한 현금흐름	(21,020)				(21,020)
e	고정자산 구매	1,625,000		**1** 125,000		1,750,000
f	순차입	1,000,000		–		1,000,000
g	소득세 지급	0				0
h	신규 주식의 발행	1,550,000		–		1,550,000
a+d-e+f-g+h=i	기말현금	$903,980		(125,000)		$778,980

현금흐름표 거래총계

대차대조표

거래(8) 기준

		기초	+	거래	=	합
A	현금	$903,980		**2** (125,000)		$778,980
B	외상매출금	0		–		0
C	재고	0		–		0
D	선급비용	0		–		0
A+B+C+D=E	유동자산	903,980				778,980
F	기타자산	125,000		**3** (125,000)		0
G	고정자산	1,500,000		**4** 250,000		1,750,000
H	감가상각누계액	0		–		0
G-H=I	순고정자산	1,500,000				1,750,000
E+F+I=J	총자산	$2,528,980				$2,528,980

자산총계

		기초	+	거래	=	합
K	외상매입금	$0		–		0
L	미지급비용	0		–		0
M	유동성부채	100,000		–		100,000
N	미지급법인세	0		–		0
K+L+M+N=O	유동부채	100,000				100,000
P	장기부채	900,000		–		900,000
Q	자본금	1,550,000		–		1,550,000
R	이익잉여금	(21,020)		–		(21,020)
Q+R=S	자본총계	1,528,980				1,528,980
O+P+S=T	부채와 자본총계	$2,528,980		0		$2,528,980

부채와 자본총계

 **거래 8** 제조 설비를 받아 설치한다. 남은 대금 12만 5,000달러를 지급한다.

ABCACM은 성공적으로 시간과 예산을 맞춘 후 송장을 보냈다. 애플소스 기계 설치와 운용을 위한 준비가 완료된 것이다.

이 새로운 기계들은 생산자산이다. 제품을 생산하는 데, 그리고 애플시드에 이익을 창출하는 데 활용하는 자산이기 때문이다.

기억해둘 부분이 있다. 이들 기계류에 대금을 지급할 때, 당신은 대차대조표의 특정 자산항목에서 다른 자산항목으로 금액을 옮기는 것일 뿐이다. 즉 현금 관련 항목에서 고정자산 항목으로다. 손익계산서는 영향을 받지 않는다. 단, 이런 종류의 자산을 사용하고 감가상각할 때는 영향을 받는다. 여기에 대해서는 나중에 설명할 예정이다.

거래: 새로 구매한 애플소스 생산 설비의 잔금 12만 5,000달러를 지급한다.

1 기계는 정상적으로 작동하고 있다. 기계를 수령하고 잔금 12만 5,000달러를 지급한다. 그리고 현금흐름표의 **고정자산 구매** 항목에 이 금액을 기록한다.

2 대차대조표의 자산 계정 **현금** 항목에서 12만 5,000달러를 뺀다.

3 **기타자산**에서 선금 12만 5,000달러를 뺀다. 이 금액은 아래의 고정자산 항목으로 전환될 예정이다.

4 기계구매를 위해 지급한 25만 달러를 **고정자산**에 추가한다. 이 금액의 절반은 잔금을 지급한 거래에서, 나머지 절반은 기계를 수령하면서 기타자산을 환입한 결과다.

손익계산서

특정일: 거래 1~(9)

		기초	+ 거래	= 합
1	순매출	$0	–	$0
2	매출원가	0	–	0
1-2=3	매출총이익	0		0
4	영업 및 마케팅	7,680	–	7,680
5	연구 및 개발	0	–	0
6	일반 및 관리	13,340	**1A** 4,880	18,220
4+5+6=7	영업비용	21,020		25,900
3-7=8	영업이익	(21,020)		(25,900)
9	이자수익	0	–	0
10	소득세	0	–	0
8+9-10=11	순이익	($21,020)	(4,880)	($25,900)

손익계산서 거래총계

현금흐름표

특정일: 거래 1~(9)

		기초	+ 거래	= 합
a	기초현금	$0		$0
b	현금수취	0	–	0
c	현금지출	21,020	**2A** 2,720	23,740
b-c=d	영업활동으로 인한 현금흐름	(21,020)		(23,740)
e	고정자산 구매	1,750,000	–	1,750,000
f	순차입	1,000,000	–	1,000,000
g	소득세 지급	0	–	0
h	신규 주식의 발행	1,550,000	–	1,550,000
a+d-e+f-g+h=i	기말현금	$778,980	(2,720)	$776,260

현금흐름표 거래총계

대차대조표

거래(9) 기준

		기초	+ 거래	= 합
A	현금	$903,980	**2B** (2,720)	$776,260
B	외상매출금	0	–	0
C	재고	0	–	0
D	선급비용	0	–	0
A+B+C+D=E	유동자산	903,980		776,260
F	기타자산	125,000	–	0
G	고정자산	1,500,000	–	1,750,000
H	감가상각누계액	0	–	0
G-H=I	순고정자산	1,500,000		1,750,000
E+F+I=J	총자산	$2,528,980	(2,720)	$2,526,260

자산총계

		기초	+ 거래	= 합
K	외상매입금	$0		0
L	미지급비용	0	**3** 2,160	2,160
M	유동성부채	100,000	–	100,000
N	미지급법인세	0		0
K+L+M+N=O	유동부채	100,000		102,160
P	장기부채	900,000	–	900,000
Q	자본금	1,550,000	–	1,550,000
R	이익잉여금	(21,020)	**1B** (4,880)	(25,900)
Q+R=S	자본총계	1,528,980		1,524,100
O+P+S=T	부채와 자본총계	$2,528,980	(2,720)	$2,526,260

부채와 자본총계

 **거래 9** 생산직 종업원을 고용하고 첫 달 임금을 지급한다.

공장이 제자리를 찾아가고 있다. 이제 생산직 종업원과 이들을 관리할 관리자가 필요하다.

월 급여 3,750달러에 관리직 직원을 고용하고, 즉시 업무를 시작하도록 한다. 거래 5에서 제시한 표를 참조하라. 관리자는 이 표와 유사한 급여산출 방식을 통해 매달 2,720달러를 실급여로 수령하게 된다. 기업은 또한 여타 고용혜택과 세금으로 2,160달러를 쓰게 된다. 이들 모두를 합했을 때, 관리자에게 매달 나가는 비용은 4,880달러다.

우리는 관리자에게 즉시 급여를 지급할 예정이다. 하지만 아직 제품생산을 시작하지 않았기 때문에 관리자의 월 급여는 창업비용의 일환인 일반 및 관리비용으로 처리될 것이다. 일반적으로 제조 관련 종업원에게 지급하는 급여 및 관련 비용은 재고로 기록한다. 추후 설명이 있을 예정이다.

관리직 직원은 시간제 임금을 받는 생산직 종업원에 대한 인터뷰를 시작한다. 임금은 시간당 12.50달러에 고용혜택을 주고, 매주 40시간을 일하게 된다. 다섯 명의 생산직 종업원을 고용하고 제품생산을 시작할 다음 달부터 출근하라고 말한다.

애플시드의 제조 관련 급여는 매달 1만 7,180달러다. 관리자에게 4,880달러를, 하루 5시간씩 일하는 생산직 종업원 모두에게 1만 2,300달러를 지급할 예정이기 때문이다.

생산 노동비

(단위: 달러)

	실수령 급여	여타 혜택 및 세금	총계
관리자 일용근로자	2,720 6,300	2,160 6,000	4,880 12,300
제조 관련 급여	9,020	8,160	17,180

거래: 관리자의 급여 및 여타 급여 관련 비용을 일반 및 관리비용으로 회계장부에 기록한다. 아직 제품생산을 시작하지 않은 까닭이다. 그리고 첫 달 급여를 제공한다. 일용직 생산직 종업원과 관련해서는 아직 일을 시작하지 않았기 때문에 여타의 회계 처리를 하지 않는다.

1 (1A)손익계산서의 **일반 및 관리비용** 항목에 4,880달러(관리자에게 지급한 급여 및 관련 비용)를 더한다. (1B)대차대조표의 **이익잉여금** 항목에서 이 금액을 제한다.

2 (2A)실수령 급여 2,720달러를 지급하고, 현금흐름표의 **현금지출** 항목에 이를 기입한다. (2B)대차대조표의 **현금** 항목에서 이 금액을 차감한다.

3 남아 있는 여타 혜택 및 세금인 2,160달러는 기업이 지급책임을 갖는 금액이지만, 아직 지급하지는 않았다. 따라서 대차대조표의 **미지급비용**에 기재한다.

제조원가 산출

애플소스를 만드는 데 얼마가 들까? 제조원가는 어떤 방식으로 산출해야 할까? 재고에 대한 가치를 정확하게 매기려면 어떻게 해야 할까? 이들 질문은 기업의 장부를 유지관리해 나가는 데 있어 아주 중요하다.

애플시드와 같은 제조업체는 세 가지의 원가 요소를 결정하고 더함으로써 생산과 관련한 비용을 산출한다. 세 가지 원가 요소는 (1)원재료 비용, (2)직접 노무원가, (3)간접비다.

이 중 간접비는 특정 제품의 생산 활동에 쓰인 비용이라고 간주할 수 없지만, 공장의 지속적인 가동을 위해 꾸준히 필요한 비용이다. 예를 들자면, 공장부지, 난방, 전기, 조명, 감독 관련 노무비, 감가상각 등에 지출한 비용이다.

우리는 직접비를 먼저 다룬 후 이와 같은 간접비에 대해 설명할 계획이다. 직접비(재료 및 노동 관련 비용)는 간단할뿐더러 이해하기도 쉽다. 또 제조원가의 각 요소를 설명한 후, (1)대차대조표의 재고가치, (2)손익계산서의 매출원가 산출을 위해 범주화해 요약해볼 예정이다.

원재료(원자재) **비용** 다음 표는 애플시드가 생산하게 될 제품인 애플소스의 '재료 목록'으로, 제품에 들어갈 모든 재료와 이들 재료의 단가를 통용되는 단위를 기준으로 제시하고 있다. 또한 포장단위별로 들어가는 재료의 양과 원가를 포함하고 있다. 이 경우 하나의 상자에 애플소스 12병이 들어간다.

재료 목록을 보면, 우리는 톤당 120달러에 사과를 구매한다. 또

12병이 든 상자에 해당하는 애플소스를 생산하는 데 필요한 사과는 33파운드다. 사과 2,000파운드의 가격이 120달러이기 때문에, 우리는 한 상자의 애플소스를 만드는 데 필요한 33파운드 분량의 사과에 1.98달러를 지급하게 되는 것이다.

유사한 방식으로 다른 원재료의 가격을 산출해 모두 더했을 때, 원가총계는 애플소스 12병들이 한 상자당 8.55달러가 된다.

애플시드의 애플소스 재료 목록

	원재료 단가	단위	상자(12병 기준)당 분량	상자당 추가비용
사과	$120	톤	33.00파운드	$1.98
설탕	$140	1,000파운드	2.30파운드	$0.32
계피	$280	100파운드	0.35온즈	$0.06
유리병	$55	포장단위별	12	$4.60
병뚜껑	$10	포장단위별	12	$0.83
라벨	$200	10,000	12	$0.24
상자	$75	포장단위별	1	$0.52
			상자당 원가	$8.55

직접 노무원가 우리는 매달 애플소스 2만 상자를 생산할 수 있도록 설비를 구축했다. 자동화된 공장이기 때문에 이 정도 제품을 생산하는 데 5명의 일용직 종업원이 필요할 뿐이다.

거래 9에서 계산해봤듯, 매달 일용직 종업원에게 지급하는 급여비용은 1만 2,300달러다. 이 노무비를 우리가 매달 생산할 예정인 2만 상자로 나눈다. 그 결과 애플소스 한 상자를 만드는 데 0.62달러의 직접 노무원가가 발생한다는 계산이 나왔다.

상자당 제조 노무원가

매달 일용직 종업원에게 지급하는 금액		$12,300.00
	÷ 매달 상자 생산량	20,000
=	상자당 노무원가	$0.62

우리는 생산원가의 두 가지 요소인 재료와 직접 노무원가를 산출해봤다. 다음에 나올 간접비와 감가상각과 비교하면 상대적으로 쉬운 개념이다.

간접비

생산원가에서 재료비를 계산하는 방식은 어렵지 않다. 직접 노무비도 마찬가지다. 하지만 '간접비'는 간단하지 않다.

재료와 노동력만 있다고 제품을 만들 수는 없다. 제조설비, 기계, 연료, 조명, 전기, 노동력을 관리할 관리자가 있어야만 제품이 만들어진다. 이와 같은 비용은 재료나 노동력이 그렇듯 직접적으로 제품과 관련이 있는 비용이 아니다. 하지만 그럼에도 제품생산을 위해서 없어서는 안 될 비용이다.

다음은 감가상각비에 대해 알아볼 예정이다. 그런 후 앞서 설명한 간접비와 애플소스 제조에 필요한 전반적인 제조원가 산출 방법을 설명하겠다.

감가상각

애플시드가 제품을 만들기 위해 소요하는 주요 비용 중 하나는 장비와 시설에 대한 감가상각비용이다. 기본적으로 감가상각이란 장기간 보유하게 되는 자산을 현재 활동을 기준으로 비례해 비용을 산정하는 방법이다.

예를 들어, 10만 달러 하는 기계 한 대를 구매했다고 가정해보자. 이 기계는 내용 연수 동안 애플소스 50만 병을 생산해낼 수 있다. 따라서 기계를 이용하는 비율에 따라 한 병당 0.20달러의 원가가 책정되어야만 한다. 우리는 이런 이유로 병당 0.20달러를 감가상각비용으로 더했다.

간단히 말해 회계관습이나 세제규정에 따르면, 건물이나 기계와 같은 고정자산은 매년 가치를 일정하게 감가상각해야 한다. 자산에 따라 내용 연수는 다르다. 건물과 같이 20~30년의 내용 연수를 갖는 자산이 있는가 하면 자동차와 같이 5년 정도의 짧은 내용 연수를 갖는 자산도 있다.

감가상각 일정 다음은 애플시드주식회사의 고정자산에 대한 감가상각 일정이다.

> 감가상각은 손익계산서를 통해 장기간 사용하게 되는 고정자산의 비용을 매년 떨어뜨리는 것이다.

애플시드주식회사 고정자산의 감가상각 일정

(단위: 달러, 년)

	최초 구매가격	내용 연수	매년 감가상각	1년차 장부가치	2년차 장부가치	3년차 장부가치
건물	1,000,000	20	50,000	950,000	900,000	850,000
토지	500,000	계속	0	500,000	500,000	500,000
기계	250,000	7	35,714	214,286	178,572	142,858
총계	1,750,000		85,714	1,664,286	1,578,572	1,492,858

가장 좌측 칸은 애플시드의 고정자산이다. 최초 구매가격의 총계가 애플시드의 대차대조표에 나와 있는 고정자산과 같다는 점에 유의하기 바란다.

다음 칸은 개별 자산의 감가상각비용을 산출할 때 사용할 내용 연수다. 매년 감가상각을 계산할 때, 우리는 정액법을 사용한다. 정액법에 따른 감가상각비용은 최초원가를 내용 연수로 나눈 값과 같다.

정액법으로 감가상각비용을 산출할 때는 내용 연수 동안 매년 동일한 금액을 차감한다. 반면 가속 감가상각법을 이용하면 내용 연수의 초기 해에 큰 비용을 감가상각할 수 있다.

장부가치 다음 세 칸은 향후 3년 동안 애플시드 고정자산의 '장부가치'다. 장부가치란 고정자산의 최초 구매가격에서 해당연도, 그리고 앞선 연도의 감가상각비용을 뺀 금액에 불과하다. 이를 감가상각 누계액이라고 부른다. 고정자산의 장부가는 대차대조표의 순고정자산이다.

손익에 미치는 영향 애플시드는 매년 고정자산을 사용한데 따른 비용 8만 5,714달러(월 7,143달러)를 회계 처리하게 된다. 그리고 이는 손익 계산서의 매출원가 항목에 제품원가로 반영이 된다.

현금에 미치는 영향 다른 대부분의 비용과 달리, 감가상각은 현금이 나가는 비용이 아니다. 즉, 고정자산을 감가상각 처리했다고 해서 기업의 현금잔고나 현금흐름에 변화가 발생하는 것이 아니다. 왜 그럴까? 공짜 점심을 대접받았다는 소리로 들리는가?

하지만 감가상각은 공짜가 아니다. 고정자산을 최초 구매했을 시점에 이미 현금으로 비용을 지급했기 때문이다. 현금흐름표가 이를 보여주고 있다. 하지만 이 금액은 당시 시점에서는 손익계산서의 비용으로 처리되지 않는다. 손익계산서의 경우, 오랜 시간에 걸쳐 장기 고정자산의 가치를 감가상각 해나가야 한다.

감가상각은 손익계산서를 통해 장기간 사용하게 되는 고정자산의 비용을 매년 떨어뜨리는 방법일 뿐이다.

간접비(계속)

애플시드주식회사의 제조 간접비는 관리직 직원에 대한 임금, 감가상각비, 난방, 조명, 전기, 기타 일반 물품과 같은 비용으로 구성되어 있다. 이들 비용의 대부분은 생산량과 상관없이 지급해야만 하는 비용이다. 즉, 애플소스를 많이 만들든, 적게 만들든 똑같은 금액을 비용으로 지급해야 한다는 이야기다.

애플시드의 제조 간접비를 계산해보자. 거래 9에 따르면, 관리직 직원의 월 급여 총계는 4,880달러다. 또 감가상각비는 월 7,143달러다. 이제 여타의 간접비(난방, 전기 등)가 매달 8,677달러가 든다고 가정해보자. 애플시드의 제조 간접비는 아래와 같이 매달 총 2만 700달러가 된다.

관리인 급여	$4,880
감가상각	$7,143
기타비용	$8,677
매달 간접비 총계	$20,700

하지만 이와 같은 비용 전부가 매달 현금으로 지급되지는 않는다는 점을 유념해야 한다. 앞서 설명했듯 감가상각은 현금과 관련이 없는 비용으로, 회계장부에 기입하는 항목일 뿐이다. 즉, 실제 간접비에 대한 현금 지출은 관리인의 급여와 기타 비용으로, 매월 총 1만 3,577달러이다.

고정비 및 변동비

기업이 제품을 더 많이 만들면 더 커지는 제조원가 항목이 있다. 예를 들어, 애플소스를 더 많이 생산하려면 더 많은 원재료를 사용해야 한다. 애플소스 10상자를 생산하기 위해서는 85.50달러의 원재료가 필요하다. 당연한 이야기지만 100상자를 생산하려면 855달러의 원재료가 필요하다. 이와 같이, 생산량에 따라 직접적으로 그리고 비례하여 달라지는 종류의 원가를 변동비라고 한다. 직접 노무비 역시 변동비의 또 다른 사례이다.

반면 제품생산량에 따라 변하지 않는 비용이 있는데 고정비라고 부른다. 애플시드의 경우, 관리 노동비와 감가상각비가 고정비다. 일반적으로 봤을 때 간접비는 고정비에 해당한다.

고정비와 간접비 개념이 중요한 이유는 뭘까? 공산품의 생산원가는 (1)생산량과 (2)제품원가에서 고정비와 변동비의 비중에 따라 크게 달라지기 때문이다.

따라서 한 상자의 애플소스를 제조할 때 드는 원가를 이야기할 때는 생산량을 언급해야만 한다. 그래야만 고정 제조비를 생산된 제품 각각에 할당할 수 있다. 또한 그렇게 해야만 재고가치에 대한 원가나 매출원가를 계산할 수 있다.

아래의 표는 생산량에 따라 상이한 생산원가를 보여준다. 애플소스 한 상자를 생산하는 데 드는 원가는 1만 상자를 생산하느냐, 3만 상자를 생산하느냐에 따라 9.86달러에서 11.24달러까지 다양해진다. 물론 생산량이 높을수록 애플소스 한 상자당 원가도 낮아진다. 다시 한 번 강조하지만, 애플소스 한 상자를 만드는 데 제조원가가 얼마나 드는지 알아보려면, 생산량을 반드시 고려해야 한다.

이제 애플소스의 생산원가를 산출하고 어떻게 재고가치를 결정할 지 준비가 완료됐다.

세 가지 생산 수준에 따른 제조원가

(단위: 달러, 개)

	상자당 원가	원가 (월)	원가 (월 1만 상자)	원가 (월 2만 상자)	원가 (월 3만 상자)
원재료	8.55		85,500	171,000	256,500
직접노무비	0.62		6,150	12,300	18,450
간접비-관리		4,880	4,880	4,880	4,880
감가상각		7,143	7,143	7,143	7,143
기타비용		8,677	8,677	8,677	8,677
제조원가 총계(월)			112,350	204,000	295,650
제조된 상자 수(월)			10,000	20,000	30,000
상자당 제조비용			11.24	10.20	9.86

표준원가 체계

이제 제조원가를 모두 보면서 애플소스 한 상자를 만드는 데 얼마를 써야 하는지를 계산해보자. 단, 월 생산량을 정하기 전까지는 애플소스 한 상자의 원가를 계산할 수 없다는 점을 명심해야 한다.

앞서 제시한 표 '세 가지 생산 수준에 따른 제조원가'에 나와 있듯이, 우리는 애플소스 1만 상자, 2만 상자, 3만 상자로 생산량을 달리했을 때 애플소스의 제조원가가 어떻게 달라지는지를 계산해봤다. 또 이와 같은 생산량을 기준으로 상자당 원가를 산출했다. 월 생산량에 따라, 애플소스 한 상자의 제조원가는 9.86달러(3만 상자)에서 11.24달러(1만 상자)까지 달라진다. 꽤 큰 차이라고 할 수 있다.

표준원가란 특정 생산량에 따른 제품의 단위별 원가를 추산하는 것이다. 그리고 회계 담당자들은 일상적인 회계 거래에서 실제 소요 비용을 추산하는 측정치로 이와 같은 표준원가를 이용한다.

따라서 애플시드주식회사의 회계장부를 유지 관리하기 위해서는 이와 같은 표준원가를 수립하는 게 유용하다. 우리는 재고가치를 평가하는 데 그리고 제품을 판매할 때 매출원가를 산정하는 데 이와 같은 표준원가를 활용하게 된다.

애플시드는 월 2만 상자의 애플소스를 생산할 계획을 갖고 있다. 앞서 제시한 표를 참조했을 때, 이 경우 애플소스 한 상자의 실제원가는 10.20달러가 될 것으로 기대한다. 다음 표는 이와 같은 표준원가를 원가요소별로 나눠 제시한다. 우리는 앞으로 나올 거래 내용에서 이를 활용할 예정이다.

차이 발생 시 만약 연말에 계산해보니 최초 계획했던 2만 상자보다 더 많은(또는 더 적은)수의 애플소스를 생산했다면? 원가를 수정해야 하지 않을까? 그렇다, 원가는 바뀌게 된다. 우리는 이와 같은 생산량 추산의 오차에서 오는 원가 책정의 과다 또는 과소를 회계 처리해야 한다. 여기에 대해서는 추후 설명할 예정이다.

애플소스의 표준원가 산출(월 2만 상자 생산 기준)

(단위: 달러)

	원가 (2만 상자)	상자당 원가	노무비	급여혜택 &세금	공급업체	감가상각비
원재료	171,000	8.55			8.55	
직접노무비	12,300	0.62	0.32	0.30		
간접비-관리	4,880	0.24	0.14	0.10		
감가상각	7,143	0.36				0.36
기타	8,677	0.43			0.43	
	204,000	10.20	0.46	0.40	8.98	0.36
	매월 합계		9,020	8,160	179,677	7,143

손익계산서

특정일: 거래 1~(10)		기초	+	거래	=	합
1	순매출	$0	–			$0
2	매출원가	0	–			0
1−2=3	매출총이익	0				0
4	영업 및 마케팅	7,680	–			7,680
5	연구 및 개발	0	–			0
6	일반 및 관리	18,220	–			18,220
4+5+6=7	영업비용	25,900				25,900
3−7=8	영업이익	(25,900)				(25,900)
9	이자수익	0	–			0
10	소득세	0	–			0
8+9−10=11	순이익	(25,900)		0		($25,900)

손익계산서 거래총계

현금흐름표

특정일: 거래 1~(10)		기초	+	거래	=	합
a	기초현금	$0				$0
b	현금수취	0	–			0
c	현금지출	23,740	–			23,740
b−c=d	영업활동으로 인한 현금흐름	(23,740)				(23,740)
e	고정자산 구매	1,750,000	–			1,750,000
f	순차입	1,000,000	–			1,000,000
g	소득세 지급	0	–			0
h	신규 주식의 발행	1,550,000	–			1,550,000
a+d−e+f−g+h=i	기말현금	$776,260		0		$776,260

현금흐름표 거래총계

대차대조표

거래(10) 기준		기초	+	거래	=	합
A	현금	$776,260	–			$776,260
B	외상매출금	0	–			0
C	재고	0	**1** 20,000			20,000
D	선급비용	0	–			0
A+B+C+D=E	유동자산	776,260				796,260
F	기타자산	0	–			0
G	고정자산	1,750,000	–			1,750,000
H	감가상각누계액	0	–			0
G−H=I	순고정자산	1,750,000				1,750,000
E+F+I=J	총자산	$2,526,260		20,000		$2,546,260
			자산총계			
K	외상매입금	$0	**2** 20,000			20,000
L	미지급비용	2,160	–			2,160
M	유동성부채	100,000	–			100,000
N	미지급법인세	0	–			0
K+L+M+N=O	유동부채	102,160				122,160
P	장기부채	900,000	–			900,000
Q	자본금	1,550,000	–			1,550,000
R	이익잉여금	(25,900)	–			(25,900)
Q+R=S	자본총계	1,524,100				1,524,100
O+P+S=T	부채와 자본총계	$2,526,260		20,000		$2,546,260

부채와 자본총계

 **거래 10** 공급업체에 원재료에 대한 주문을 낸다. 포장용 라벨 100만 장을 받는다.

우리는 애플시드가 생산을 시작하기 전에 원재료를 주문해 받아야만 한다. 아래 표는 월간 기준 2만 상자의 애플소스를 생산하기 위해 필요한 다양한 재료를 나열해본 것이다. 우리는 공급업체가 아래 수량의 재료를 꾸준히 공급하도록 주문을 내야 한다. 우리는 맞춤화된 4색 라벨이 필요하고, 가격도 적당해야 한다. 인쇄업체는 100만 장을 주문하면 장당 0.02달러에 라벨을 제공하겠다고 했다. 주문을 넣고 라벨을 받았다.

원재료 원가와 월 생산 요건

	상자당 물량	상자당 원가 (달러)	물량 (2만 상자)	예상원가 (2만 상자, 달러)
사과	33파운드	1.98	330톤	39,600
설탕	2.30파운드	0.32	52톤	6,400
계피	0.35온즈	0.06	438파운드	1,200
유리병	12	4.60	1,667그로스	92,000
병뚜껑	12	0.83	1,667그로스	16,600
라벨	12	0.24	1,667그로스	4,800
대형상자	1	0.52	139그로스	10,400
	총계	8.55		171,000

거래: 장당 0.02달러에 애플소스 포장용기에 쓸 라벨 100만 장을 주문해 수령한다. 대금 2만 달러는 라벨 인도 후 30일 후에 지급하는 조건

이다.

1 제품을 생산하는 시점을 기준으로 라벨의 가치를 원재료 재고 항목에 반영한다. 즉, 대차대조표의 자산 계정, **재고** 항목에 2만 달러를 더한다.

2 인쇄업체에게 라벨 대금을 지급할 의무를 지고 있다. 하지만 실제 대금을 지급하는 것은 미래의 일이다. 따라서 대차대조표의 부채 계정, **외상매입금** 항목에 2만 달러를 더한다.

★노트: 원재료에 대한 주문을 넣은 것만으로는 세 가지 재무제표에 어떠한 영향도 미치지 않는다. 하지만 실제 원재료를 수령했을 경우에는, 대차대조표의 자산 항목과 부채 항목이 조정되어야 한다. 그리고 재료에 대한 대금 지급책임은 **외상매입금**으로 기입한다.

Chapter 08
창업 3단계: 본격적인 제품의 제조공정에 들어간다

이제 애플소스 생산 준비를 모두 마쳤다. 기계의 설치 및 가동 준비가 완료됐고, 인력을 고용했으며 원재료를 수령했다.

제품생산은 순조로웠다. 하지만 하루의 절반 생산량에 상당하는 제품이 망쳐버렸다. 폐기해야 할 정도이다. 이제 표준원가를 이용해 애플시드의 제품 재고가치를 정하는 방법과 제조공정 중에 발생한 차이를 회계 처리하는 방법에 대해 배워보자. 원재료는 계속해서 들어오고 있다.

거래 11. 두 달분의 원재료를 공급받는다.

거래 12. 생산을 시작한다. 생산직 근로자와 관리직 직원들에게 해당 월의 급여를 지급한다.

거래 13. 해당 월의 감가상각비와 기타 간접비를 회계장부에 기록한다.

거래 14. 거래 10에서 수령한 라벨에 대한 대금을 지급한다.

거래 15. 1만 9,500상자의 애플소스 생산을 완료하여 이들 제품을
제품 재고로 옮긴다.

거래 16. 애플소스 500상자의 재공품 재고를 폐기한다.

　• 제조상의 차이: 정상품과 불량품

거래 17. 거래 11에서 받은 두 달분의 원재료 공급분에 대한 대금을
지급한다.

거래 18. 다음 달분의 애플소스를 제조한다.

손익계산서

특정일: 거래 1~(11)

			기초	+	거래	=	합
1		순매출	$0		–		$0
2		매출원가	0		–		0
1-2=3		매출총이익	0				0
4		영업 및 마케팅	7,680		–		7,680
5		연구 및 개발	0		–		0
6		일반 및 관리	18,220		–		18,220
4+5+6=7		영업비용	25,900				25,900
3-7=8		영업이익	(25,900)				(25,900)
9		이자수익	0		–		0
10		소득세	0		–		0
8+9-10=11		순이익	(25,900)		0		($25,900)

손익계산서 거래총계

현금흐름표

특정일: 거래 1~(11)

			기초	+	거래	=	합
a		기초현금	$0				$0
b		현금수취	0		–		0
c		현금지출	23,740		–		23,740
b-c=d		영업활동으로 인한 현금흐름	(23,740)				(23,740)
e		고정자산 구매	1,750,000		–		1,750,000
f		순차입	1,000,000		–		1,000,000
g		소득세 지급	0				0
h		신규 주식의 발행	1,550,000		–		1,550,000
a+d-e+f-g+h=i		기말현금	$776,260		0		$776,260

현금흐름표 거래총계

대차대조표

거래(11) 기준

			기초	+	거래	=	합
A		현금	$776,260		–		$776,260
B		외상매출금	0		–		0
C		재고	20,000	**1**	332,400		352,400
D		선급비용	0		–		0
A+B+C+D=E		유동자산	796,260				1,128,660
F		기타자산	0		–		0
G		고정자산	1,750,000		–		1,750,000
H		감가상각누계액	0				0
G-H=I		순고정자산	1,750,000				1,750,000
E+F+I=J		총자산	$2,546,260		332,400		$2,878,660
K		외상매입금	$20,000	**2**	332,400		352,400
L		미지급비용	2,160		–		2,160
M		유동성부채	100,000		–		100,000
N		미지급법인세	0				0
K+L+M+N=O		유동부채	122,160				454,560
P		장기부채	900,000		–		900,000
Q		자본금	1,550,000		–		1,550,000
R		이익잉여금	(25,900)		–		(25,900)
Q+R=S		자본총계	1,524,100				1,524,100
O+P+S=T		부채와 자본총계	$2,546,260		332,400		$2,878,660

자산총계

부채와 자본총계

거래 11 두 달분의 원재료를 공급받는다.

애플소스 생산을 위해 필요한 두 달분의 원재료를 공급받는다. 신용거래다. 공급업체에게서 곧 물건을 인도받겠지만, 당분간은 대금을 지급하지 않아도 된다.

우리는 제조공정에 따라 재고를 세 가지 범주로 구분할 것이다. 대차대조표에서 보이는 범주는 아니다. 대차대조표는 재고총계만 나타내기 때문이다. 왜 이렇게 나누는 게 편리한지는 차차 알게 될 것이다:

원재료 재고는 말 그대로 '가공 전'의 생산을 앞둔 재료를 말한다.

재공품 재고(WIP)란 기계나 인력이 가공을 하도록 예정되어 있는 재료이다. 그리고 가공 중에 가치가 더해진다. 여기에 대해서는 추후 더 자세한 설명이 있을 예정이다.

완제품 재고란 완제품으로 언제든지 출하할 수 있는 제품이다. 우리는 이와 같은 제품 재고가치를 측정하기 위해 표준원가를 사용하게 된다.

거래: 33만 2,400달러 상당의 두 달분 원재료(사과, 설탕, 계피, 병, 뚜껑, 상자)를 받는다.

1 대차대조표의 **재고** 항목에 원재료 구매에 쓴 원가 33만 2,400달러를 더한다.

2 또 대차대조표의 **외상매입금** 항목을 더한다.

다음 표는 애플시드의 재고가치평가표다. 이 표는 애플소스를 제조하고 판매하는 데 따른 애플시드주식회사의 재고가치를 산출하는 데 도움을 줄 것이다.

표는 재고가치를 바꾸는 모든 거래와 이에 따른 변화를 보여주고 있다. 표의 가장 아래 '총재고'는 대차대조표의 재고 항목에 나와 있는 금액과 항상 동일하다.

재고가치평가표

(단위: 달러)

	원재료	재공품	완제품
최초 재고가치(거래 10 이전)	0	0	0
A. 라벨 수령(거래 10)	20,000	0	0
B. 두 달분의 원재료 수령(거래 11)	332,400	0	0
재고 소계(현 거래 기준)	352,400	0	0
총재고 = 352,400			

손익계산서

특정일: 거래 1~(12)

		기초	+	거래	=	합
1	순매출	$0	–			$0
2	매출원가	0	–			0
1−2=3	매출총이익	0				0
4	영업 및 마케팅	7,680	–			7,680
5	연구 및 개발	0	–			0
6	일반 및 관리	18,220				18,220
4+5+6=7	영업비용	25,900				25,900
3−7=8	영업이익	(25,900)				(25,900)
9	이자수익	0	–			0
10	소득세	0	–			0
8+9−10=11	순이익	($25,900)		0		($25,900)

손익계산서 거래총계

현금흐름표

특정일: 거래 1~(12)

		기초	+	거래	=	합
a	기초현금	$0				$0
b	현금수취	0	–			0
c	현금지출	23,740	**1A** 9,020			32,760
b−c=d	영업활동으로 인한 현금흐름	(23,740)				(32,760)
e	고정자산 구매	1,750,000	–			1,750,000
f	순차입	1,000,000	–			1,000,000
g	소득세 지급	0	–			0
h	신규 주식의 발행	1,550,000	–			1,550,000
a+d−e+f−g+h=i	기말현금	$776,260		(9,020)		$767,240

현금흐름표 거래총계

대차대조표

거래(12) 기준

		기초	+	거래	=	합
A	현금	$776,260	**1B** (9,020)			$767,240
B	외상매출금	0	–			0
C	재고	352,400	**3** 17,180			369,580
D	선급비용	0	–			0
A+B+C+D=E	유동자산	1,128,660				1,136,820
F	기타자산	0	–			0
G	고정자산	1,750,000	–			1,750,000
H	감가상각누계액	0	–			0
G−H=I	순고정자산	1,750,000				1,750,000
E+F+I=J	총자산	$2,878,660		8,160		$2,886,820

자산총계

		기초	+	거래	=	합
K	외상매입금	$352,400	–			$352,400
L	미지급비용	2,160	**2** 8,160			10,320
M	유동성부채	100,000	–			100,000
N	미지급법인세	0	–			0
K+L+M+N=O	유동부채	454,560				462,720
P	장기부채	900,000	–			900,000
Q	자본금	1,550,000	–			1,550,000
R	이익잉여금	(25,900)	–			(25,900)
Q+R=S	자본총계	1,524,100				1,524,100
O+P+S=T	부채와 자본총계	$2,878,660		8,160		$2,886,820

부채와 자본총계

 **생산을 시작한다. 생산직 근로자와 관리직 직원들에게 해당 월의 급여를 지급한다.**

마침내 애플소스를 생산할 준비가 됐다. 공장이 준비를 갖췄고, 종업원들이 출근을 시작했다.

이번 달분의 원재료(상자당 8.55달러, 2만 상자, 총 17만 1,000달러)가 창고에서 공장으로 옮겨져 제조공정을 기다리고 있다. 재고가치평가표에서 우리는 이 원재료를 재공품으로 옮기게 될 것이다.

또 이번 거래에서 우리는 종업원과 관리자에게 급여를 지급하게 된다. 그리고 이와 같은 급여는 제품생산과 관련이 있기 때문에 원가가 된다. 이러한 제조원가는 재공품 재고를 더하는 방식으로 회계 처리 될 것이다. 따라서 재고가치는 제품을 생산하는 동안 더한 노동비만큼 증가하게 된다.

거래 9는 제조 관련 급여비용의 세부적인 내용을 보여줬다. 당시 시점에서는 생산이 이루어지지 않았기 때문에 관리직 직원의 급여만 손익계산서에 반영했다. 하지만 이제 제품생산을 시작했기 때문에 이와 같은 급여는 제품의 값을 높이는 원가가 된다. 그리고 재고 항목의 금액 또한 늘어나게 된다.

거래: 해당 월의 생산직 및 관리직 종업원의 급여를 지급한다. 그리고 관련 급여혜택 및 세금을 회계 기록한다.

1 종업원 급여(실 수령액) 9,020달러를 지급한다. (1A)현금흐름표의 **현금지출** 항목에 해당 금액을 더한다. (1B)대차대조표의 현금 항목에

서 해당 금액을 뺀다.

2 급여 관련 혜택 및 세금 8,160달러를 대차대조표의 **미지급비용**에 기록한다.

3 대차대조표의 **재고** 항목에 1만 7,180달러를 더한다. 이 중 9,020달러는 급여이고, 8,160달러는 급여 관련 혜택 및 세금이다.

재고가치평가표

(단위: 달러)

	원재료	재공품	완제품
최초 재고가치(거래 11)	332,400	0	0
C. 2만 상자 제조를 위한 원재료를 WIP로 이동	(171,000)	171,000	0
D. 직원 급여 제공(거래 9)	0	17,180	0
재고 소계(현 거래 기준)	181,400	188,180	0
	총재고 = 369,580		

손익계산서

특정일: 거래 1~(13)

		기초	+	거래	=	합
1	순매출	$0		–		$0
2	매출원가	0		–		0
1-2=3	매출총이익	0				0
4	영업 및 마케팅	7,680		–		7,680
5	연구 및 개발	0				0
6	일반 및 관리	18,220		–		18,220
4+5+6=7	영업비용	25,900				25,900
3-7=8	영업이익	(25,900)				(25,900)
9	이자수익	0		–		0
10	소득세	0		–		0
8+9-10=11	순이익	($25,900)		0		($25,900)

손익계산서 거래총계

현금흐름표

특정일: 거래 1~(13)

		기초	+	거래	=	합
a	기초현금	$0				$0
b	현금수취	0		–		0
c	현금지출	32,760		–		32,760
b-c=d	영업활동으로 인한 현금흐름	(32,760)				(32,760)
e	고정자산 구매	1,750,000		–		1,750,000
f	순차입	1,000,000		–		1,000,000
g	소득세 지급	0				0
h	신규 주식의 발행	1,550,000		–		1,550,000
a+d-e+f-g+h=i	기말현금	$767,240		0		$767,240

현금흐름표 거래총계

대차대조표

거래(13) 기준

		기초	+	거래	=	합
A	현금	$767,240		–		$767,240
B	외상매출금	0		–		0
C	재고	369,580	**3**	15,820		385,400
D	선급비용	0		–		0
A+B+C+D=E	유동자산	1,136,820				1,152,640
F	기타자산	0				0
G	고정자산	1,750,000		–		1,750,000
H	감가상각누계액	0	**2**	7,143		7,143
G-H=I	순고정자산	1,750,000				1,742,857
E+F+I=J	총자산	$2,886,820		8,677		$2,895,497

자산총계

		기초	+	거래	=	합
K	외상매입금	$352,400	**1**	8,677		$361,077
L	미지급비용	10,320		–		10,320
M	유동성부채	100,000		–		100,000
N	미지급법인세	0		–		0
K+L+M+N=O	유동부채	462,720				471,397
P	장기부채	900,000		–		900,000
Q	자본금	1,550,000		–		1,550,000
R	이익잉여금	(25,900)		–		(25,900)
Q+R=S	자본총계	1,524,100				1,524,100
O+P+S=T	부채와 자본총계	$2,886,820		8,677		$2,895,497

부채와 자본총계

 **거래 13** 해당 월의 감가상각비와 기타 간접비를 회계장부에
기록한다.

애플소스를 만드느라 바쁜 나날을 보내고 있다. 하지만 몇 가지
통계적인 일을 처리해야만 한다.

우리는 새 건물을 마련했고, 새 기계를 구매해 운영 중이다. 따라
서 이들 건물과 기계에 비용이 나가게 된다. 즉 이번 거래에서 우리는
기계와 건물을 감가상각하게 될 것이다.

이와 같은 감가상각비용은 제조원가로, 애플소스를 제조하는 데
따른 정당한 비용이다. 따라서 우리는 감가상각비용을 제조원가의 일
환으로 회계 처리하게 된다. 재공품 재고의 금액을 올리는 방식으로
다. 참고로 모든 제조원가는 재고로 처리한다는 점을 명심하기 바란
다.

감가상각은 '비현금' 거래다. 따라서 현금이나 외상매입금 항목을
변경하지 않는다. 다른 간접비는 다르다. 결과적으로 지급을 해야만
한다. 따라서 외상매입금 또한 증가하게 될 것이다.

거래: 이번 달의 제조 관련 감가상각비 7,143달러와 기타 간접비 8,677
달러를 회계장부에 기입한다. 감가상각비는 현금과 관련된 비용이 아
니므로 현금 잔고를 낮추지는 않는다는 점을 명심하기 바란다. 하지
만 기타 간접비는 현금으로 지급해야 할 것들이다.

1 대차대조표의 **외상매입금** 항목에 기타 제조간접비 8,677달러를 더
한다. (※외상매입금으로 번역된 accounts payable은 미국에서 기타 제조간접비

에 대한 계정으로도 사용됨.)

2 대차대조표의 **감가상각누계액** 항목에 이번 달의 감가상각비용인 7,143달러를 더한다.

3 대차대조표의 **재고** 항목에 1만 5,820달러를 더한다. 이번 달의 감가상각비 7,143달러에 기타 제조 간접비 8,677달러를 더한 금액이다.

재고가치평가표

(단위: 달러)

	원재료	재공품	완제품
최초 재고가치(거래 12)	181,400	188,180	0
E. 이번 달의 제조 감가상각비를 회계 처리한다.	0	7,143	0
F. 기타 제조 간접비를 회계 처리한다.	0	8,677	0
재고 소계(현 거래 기준)	181,400	204,000	0
총재고 = 385,400			

손익계산서

특정일: 거래 1~(14)		기초	+	거래	=	합
1	순매출	$0	–			$0
2	매출원가	0	–			0
1-2=3	매출총이익	0				0
4	영업 및 마케팅	7,680	–			7,680
5	연구 및 개발	0	–			0
6	일반 및 관리	18,220	–			18,220
4+5+6=7	영업비용	25,900				25,900
3-7=8	영업이익	(25,900)				(25,900)
9	이자수익	0	–			0
10	소득세	0	–			0
8+9-10=11	순이익	($25,900)		0		($25,900)

손익계산서 거래총계

현금흐름표

특정일: 거래 1~(14)		기초	+	거래	=	합
a	기초현금	$0				$0
b	현금수취	0	–			0
c	현금지출	32,760	**1** 20,000			52,760
b-c=d	영업활동으로 인한 현금흐름	(32,760)				(52,760)
e	고정자산 구매	1,750,000	–			1,750,000
f	순차입	1,000,000	–			1,000,000
g	소득세 지급	0	–			0
h	신규 주식의 발행	1,550,000	–			1,550,000
a+d-e+f-g+h=i	기말현금	$767,240	(20,000)			$747,240

현금흐름표 기래총계

대차대조표

거래(14) 기준		기초	+	거래	=	합
A	현금	$767,240	**2** (20,000)			$747,240
B	외상매출금	0	–			0
C	재고	385,400	–			385,400
D	선급비용	0				0
A+B+C+D=E	유동자산	1,152,640				1,132,640
F	기타자산	0				0
G	고정자산	1,750,000	–			1,750,000
H	감가상각누계액	7,143	–			7,143
G-H=I	순고정자산	1,742,857				1,742,857
E+F+I=J	총자산	$2,895,497	(20,000)			$2,875,497
			자산총계			
K	외상매입금	$361,077	**3** (20,000)			$341,077
L	미지급비용	10,320	–			10,320
M	유동성부채	100,000	–			100,000
N	미지급법인세	0	–			0
K+L+M+N=O	유동부채	471,397				451,397
P.	장기부채	900,000	–			900,000
Q	자본금	1,550,000	–			1,550,000
R	이익잉여금	(25,900)	–			(25,900)
Q+R=S	자본총계	1,524,100				1,524,100
O+P+S=T	부채와 자본총계	$2,895,497	(20,000)			$2,875,497

부채와 자본총계

거래 10에서 수령한 라벨에 대한 대금을 지급한다.

우리는 한 달 전에 애플소스 용기에 부착할 라벨을 수령했다. 인쇄업체는 현재 그 대금을 기다리고 있다. 라벨을 수령함으로써 외상매입금이 발생했다. 그리고 벤더에게 대금을 현금으로 지급할때, 우리는 현금을 낮춤으로써 이 매입금을 처리하게 될 것이다.

거래: 거래 10을 통해 받은 라벨 100만 장에 대한 대금 2만 달러를 일시불로 지급한다.

1 라벨 인쇄업체에 대금 2만 달러를 지급한다. 현금흐름표의 **현금지출** 항목에 이 액수를 더한다.

2 대차대조표의 자산 계정 **현금** 항목에서 2만 달러를 뺀다.

3 대차대조표의 부채 계정 **외상매입금** 항목에서 2만 달러를 뺀다. 이미 지급을 마쳤기 때문에 더 이상 지급책임을 지지 않기 때문이다.

재고가치평가표

(단위: 달러)

	원재료	재공품	완제품
최초 재고가치(거래 13)	181,400	204,000	0
G. 거래 10을 통해 수령한 라벨 대금을 지급한다.	0	0	0
재고 소계(현 거래 기준)	181,400	204,000	0
	총재고 = 385,400		

손익계산서

특정일: 거래 1~(15)		기초	+	거래	=	합
1	순매출	0	–			$0
2	매출원가	0	–			0
1-2=3	매출총이익	0				0
4	영업 및 마케팅	7,680	–			7,680
5	연구 및 개발	0	–			0
6	일반 및 관리	18,220	–			18,220
4+5+6=7	영업비용	25,900				25,900
3-7=8	영업이익	(25,900)				(25,900)
9	이자수익	0	–			0
10	소득세	0	–			0
8+9-10=11	순이익	(25,900)		0		($25,900)

손익계산서 거래총계

현금흐름표

특정일: 거래 1~(15)		기초	+	거래	=	합
a	기초현금	$0				$0
b	현금수취	0	–			0
c	현금지출	52,760	–			52,760
b-c=d	영업활동으로 인한 현금흐름	(52,760)				(52,760)
e	고정자산 구매	1,750,000	–			1,750,000
f	순차입	1,000,000	–			1,000,000
g	소득세 지급	0	–			0
h	신규 주식의 발행	1,550,000	–			1,550,000
a+d-e+f-g+h=i	기말현금	747,240		0		$747,240

현금흐름표 거래총계

대차대조표

거래(15) 기준		기초	+	거래	=	합
A	현금	747,240	–			$747,240
B	외상매출금	0	–			0
C	재고	385,400	–			385,400
D	선급비용	0	–			0
A+B+C+D=E	유동자산	1,132,640				1,132,640
F	기타자산	0	–			0
G	고정자산	1,750,000	–			1,750,000
H	감가상각누계액	7,143	–			7,143
G-H=I	순고정자산	1,742,857				1,742,857
E+F+I=J	총자산	2,875,497		0		$2,875,497

자산총계

K	외상매입금	341,077	–			$341,077
L	미지급비용	10,320	–			10,320
M	유동성부채	100,000	–			100,000
N	미지급법인세	0	–			0
K+L+M+N=O	유동부채	451,397				451,397
P	장기부채	900,000	–			900,000
Q	자본금	1,550,000	–			1,550,000
R	이익잉여금	(25,900)	–			(25,900)
Q+R=S	자본총계	1,524,100				1,524,100
O+P+S=T	부채와 자본총계	2,875,497		0		$2,875,497

부채와 자본총계

거래 15 1만 9,500상자의 애플소스 생산을 완료하여 이들 제품을 재공품 재고에서 제품 재고로 옮긴다.

제품을 생산한다는 것은 원재료와 노동력을 지속적으로 재공품 재고에, 그리고 최종적으로는 완제품 재고에 투입한다는 이야기다.

우리는 마침내 제품에 대한 생산과 포장, 출하준비를 마치고 이렇게 준비된 제품을 완제품 창고에 보관했다. 이제 표준원가를 이용해 이 제품 재고의 가치를 측정해야 한다. 출하와 동시에 그 금액만큼 매출원가로 책정하기 위해서다.

우리는 재고평가표의 재공품 재고를 감소시키고 대신 그 금액, 즉 재공품에서 완제품이 된 제품의 값어치만큼 완제품 재고를 증가시킬 것이다.

명심할 부분은, 우리는 2만 상자를 생산할 계획을 갖고 있었지만, 제조공정상의 문제로 1만 9,500상자의 생산에 그쳤다. 그리고 우리는 이 1만 9,500상자의 제품을 완제품 재고로 옮기게 된다. 우리는 다음 거래를 통해 이와 같은 경우 어떤 방식으로 남은 500상자를 회계 처리하는지에 대해 살펴보게 될 것이다.

1만 9,500상자의 재고가치는 19만 8,900달러에 달한다(상자당 표준원가 10.20달러×1만 9,500상자). 우리는 재공품에서 완제품으로 제품을 옮기면서 재고가치평가표에 회계 기재를 하지만, 그렇다 하더라도 손익계산서나 대차대조표 또는 현금흐름표에는 어떠한 변화도 발생하지 않는다.

재고가치는 우리가 실제 제품을 고객에게 출하할 때 매출원가가 된다.

거래: 재고를 옮기는 것은 재무제표와는 관련이 없는 경영 측면에서의 내부거래일 뿐이다. 즉 세 가지 주요 재무제표에는 어떠한 영향도 없다. 예를 들어 대차대조표의 **재고** 항목은 변하지 않고 그대로 남아 있게 된다. 단, 아래의 재고가치평가표에만 이와 같은 재고 변동사항을 반영한다.

재고가치평가표

(단위: 달러)

	원재료	재공품	완제품
최초 재고가치(거래 14)	181,400	204,000	0
H. 1만 9,500상자를 재공품 재고에서 완제품 재고로 옮긴다(표준원가 활용).	0	(198,900)	198,900
재고 소계(현 거래 기준)	181,400	5,100	198,900
	총재고 = 385,400		

특정일: 거래 1~(16)		기초	+ 거래	= 합
1	순매출	$0	–	$0
2	매출원가	0	❷ 5,100	5,100
1−2＝3	매출총이익	0		(5,100)
4	영업 및 마케팅	7,680	–	7,680
5	연구 및 개발	0	–	0
6	일반 및 관리	18,220	–	18,220
4+5+6＝7	영업비용	25,900		25,900
3−7＝8	영업이익	(25,900)		(31,000)
9	이자수익	0	–	0
10	소득세	0	–	0
8+9−10＝11	순이익	($25,900)	(5,100)	($31,000)

손익계산서 거래총계

현금흐름표

특정일: 거래 1~(16)		기초	+ 거래	= 합
a	기초현금	$0		$0
b	현금수취	0	–	0
c	현금지출	52,760	–	52,760
b−c＝d	영업활동으로 인한 현금흐름	(52,760)		(52,760)
e	고정자산 구매	1,750,000	–	1,750,000
f	순차입	1,000,000	–	1,000,000
g	소득세 지급	0	–	0
h	신규 주식의 발행	1,550,000	–	1,550,000
a+d−e+f−g+h＝i	기말현금	$747,240	0	$747,240

현금흐름표 거래총계

대차대조표

거래(16) 기준		기초	+ 거래	= 합
A	현금	$747,240	–	$747,240
B	외상매출금	0	–	0
C	재고	385,400	❶ (5,100)	380,300
D	선급비용	0	–	0
A+B+C+D＝E	유동자산	1,132,640		1,127,540
F	기타자산	0	–	0
G	고정자산	1,750,000	–	1,750,000
H	감가상각누계액	7,143	–	7,143
G−H＝I	순고정자산	1,742,857		1,742,857
E+F+I＝J	총자산	$2,875,497	(5,100)	$2,870,397

자산총계

K	외상매입금	$341,077	–	$341,077
L	미지급비용	10,320	–	10,320
M	유동성부채	100,000	–	100,000
N	미지급법인세	0	–	0
K+L+M+N＝O	유동부채	451,397		451,397
P	장기부채	900,000	–	900,000
Q	자본금	1,550,000	–	1,550,000
R	이익잉여금	(25,900)	❸ (5,100)	(31,000)
Q+R＝S	자본총계	1,524,100		1,519,100
O+P+S＝T	부채와 자본총계	$2,875,497	(5,100)	$2,870,397

부채와 자본총계

거래 16 　애플소스 500상자의 재공품 재고를 폐기한다.

　1만 9,500상자의 제품을 완제품 재고로 옮긴 후, 원래 제조 계획에 있었지만 남겨진 500상자를 처리해야 한다.

　우리는 2만 상자를 생산하기에 충분한 원재료를 확보하고 생산을 시작했다. 하지만 실제 생산된 제품은 1만 9,500상자에 불과하다. 이 남아있는 500상자에 해당하는 재료와 노동 관련 비용은 아직 재공품 재고로 남아있다. 그렇다면 제품은 어디에 있는 걸까?

　생산관리 담당자가 답을 찾았다. 생산직 직원들이 새 기계를 작동하면서 문제를 일으킨 것으로 보인다. 어찌됐건 문제는 풀었다. 하지만, 첫 달 생산한 애플소스는 40병당 한 병꼴로 컨베이어 벨트 안쪽에 병이 끼어 박살이 났다.

　이런 이유로 실제 생산량이 1만 9,500상자에 그치게 된 것이다. 결국, 500상자의 애플소스는 못 쓰게 됐다. 우리는 2만 상자 생산을 위한 노동력과 원재료를 투입했다. 하지만 실제 생산한 제품은 1만 9,500상자에 불과하다.

　망쳐버린 애플소스 때문에 애석해할 필요는 없다. 하지만 어떤 방식으로 이와 같은 손실을 처리해야 할까? 애플소스 500상자의 가치를 없애야 한다. 재공품 재고의 가치를 낮추고, 손익계산서에 이와 같은 손실을 반영해야 한다.

거래: 재공품 재고에서 애플소스 500상자에 해당하는 금액을 폐기한다. 손익계산서에 이 금액을 손실로 기록한다.

1 대차대조표의 재고 항목에서 폐기할 재고의 가치 5,100달러를 뺀다(상자당 10.20달러×500상자).

2 매출원가에 재공품 재고였던 500상자를 폐기하는 데 따른 값 5,100달러를 손실로 기록한다.

3 손익계산서의 손실을 반영해야 한다. 따라서 대차대조표의 이익잉여금을 줄인다.

재고가치평가표

(단위: 달러)

	원재료	재공품	완제품
최초 재고가치(거래 15)	181,400	5,100	198,900
I. 재공품 재고에서 애플소스 500상자를 폐기한다.	0	(5,100)	0
재고 소계(현 거래 기준)	181,400	0	198,900
총재고 = 380,300			

제조상의 차이

가장 효율적으로 원가회계를 하기 위해서는 표준원가로 불리는 사전에 확정한 원가를 이용해야 한다. 이를 위해서는 생산에 앞서 제품의 단가를 파악하고, 생산이 완료된 직후의 실제원가를 표준원가와 비교하는 절차를 밟아야 한다. 그리고 차이가 발생하면 이를 재무제표에 반영해야만 한다.

표준원가

애플시드주식회사는 재고가치를 평가하기 위해 표준원가를 이용한다. 회계장부를 유지관리하고 제품생산에 드는 원가를 회계 처리하는 데 있어 편리하고 정확한 방법이다.

차이의 종류 애플시드의 제품과 생산원가는 표준원가를 기준으로 이뤄진다. 따라서 제조원가에서 차이가 발생하지는 않는다.

- 매달 정확히 2만 상자를 생산해야 한다. 이와 같은 계획에 차질이 빚어지면 **'생산량에서의 차이'**가 발생한다.
- 원재료 비용은 사전에 추정한 비용이다. 이와 관련해서 발생하는 차이는 **'구매에서의 차이'**가 된다.
- 정확히 계획에 따라 그 분량만큼의 원재료를 사용해야 한다. 그렇지 않을 경우 **'산출에서의 차이'**가 발생한다.
- 우리는 2만 상자의 애플소스 생산을 목적으로 사전에 계획한 노동력만 필요로 한다. 초과근무도 하지 않는다. 그렇지 않을 경우 **'노동력에서의 차이'**가 발생한다.
- 우리는 생산 공정에서 제품을 폐기하지 않아야 한다. 그렇지 않을 경우 **'폐기에 따른 차이'**가 발생한다.

하지만 명심할 것이 있다. 표준원가란 결국 모든 생산이 계획대로 순조롭게 이루어졌을 때 예상되는 제품의 원가라는 것이다. 다른 말로 하면 실제원가가 표준원가와 동등해지려면 모든 생산공정이 계획대로 이루어져야만 한다(또는 어느 한 부분에서 비용을 초과해 지출했다면, 다른 부분에서 해당 비용만큼 절감이 이루어져야 한다).

표준원가 체계에서는, 재료비나 노동비, 간접비를 실제 지출한 금액으로 회계장부에 기입한다. 하지만 제품이 완제품으로 팔릴 때, 표준 원가를 이용해 거래가 이뤄진다.

그리고 실제원가와 표준원가의 차이를 회계기록으로 장부에 기재하게 된다. 그리고 이와 같은 차이를 '제조상의 차이'라고 부른다.

하지만, 종종 모든 게 계획대로 완벽하게 되지는 않는 법이다. 이 경우 우리는 발생한 차이를 회계장부에 적용해야 한다. 단, 표준원가를 이용해 생산원가를 회계 처리하고 있다는 점을 기억해둬야 한다. 우리는 재고와 매출원가 항목에 원가를 적용하는 데 표준원가 체계를 이용하고 있다. 만약 실제원가가 달라진다면(항상 달라지며, 그 차이가 크지 않기만을 바랄 뿐이다) 이와 같은 차이에 해당하는 금액을 기입하는 방법으로 회계장부를 조정하게 될 것이다.

애플시드와는 관련이 없지만 **배합 차이**(mix variance)'라고 불리는 다른 종류의 제조상의 차이가 있다. 여러 제품을 생산하는 기업들은 계획했던 것보다 더 많은, 또는 더 적은 수의 상품을 제조할 수도 있다. 이와 같은 생산 차이는 해당 제품의 간접비 비율에 따라 통합 간접비를 늘어나도록 하거나 줄어들도록 한다. 그리고 이와 같은 간접비의 증가 또는 감소는 생산 배합 차이로 회계 처리하게 된다.

요약하자면, 계획했던 것보다 더 많은 또는 더 적은 수의 제품을 생산해낼 때 생산량에서의 차이가 발생한다. 따라서 우리는 이 경우 고정비를 생산된 제품에 배분해야만 한다. 생산량이 줄어들었다면 원가가 오를 것이고, 생산량이 늘어났다면 원가가 떨어질 것이다.

또 원재료에 대한 원가가 계획했던 것보다 비싸지냐 싸지냐에 따라 지출 차이가 발생한다. 제품의 실제원가는 이와 같은 차이를 반영해야 한다.

노동력에서의 차이를 이해하는 것은 어렵지 않다. 제품을 생산하는 데 있어 표준원가를 이용해 계획했던 것보다 더 많은 노동력과 노동시간을 필요로 할 때 발생하는 차이이다. 이 경우 제품의 원가는 올라가게 된다.

만약 매달 제조에 있어서의 차이가 지속적으로 크게 발생한다면, 표준원가를 보다 현실적으로 다시 수정해야 한다.

손익계산서

특정일: 거래 1~(17)

		기초	+	거래	=	합
1	순매출	$0		−		$0
2	매출원가	5,100		−		5,100
1−2=3	매출총이익	(5,100)				(5,100)
4	영업 및 마케팅	7,680		−		7,680
5	연구 및 개발	0				0
6	일반 및 관리	18,220		−		18,220
4+5+6=7	영업비용	25,900				25,900
3−7=8	영업이익	(31,000)				(31,000)
9	이자수익	0		−		0
10	소득세	0		−		0
8+9−10=11	순이익	($31,000)		0		($31,000)

손익계산서 거래총계

현금흐름표

특정일: 거래 1~(17)

		기초	+	거래	=	합
a	기초현금	$0				$0
b	현금수취	0		−		0
c	현금지출	52,760	**1**	150,000		202,760
b−c=d	영업활동으로 인한 현금흐름	(52,760)				(202,760)
e	고정자산 구매	1,750,000		−		1,750,000
f	순차입	1,000,000		−		1,000,000
g	소득세 지급	0		−		0
h	신규 주식의 발행	1,550,000		−		1,550,000
a+d−e+f−g+h=i	기말현금	$747,240		(150,000)		$597,240

현금흐름표 거래총계

대차대조표

거래(17) 기준

		기초	+	거래	=	합
A	현금	$747,240	**2**	(150,000)		$597,240
B	외상매출금	0		−		0
C	재고	380,300		−		380,300
D	선급비용	0		−		0
A+B+C+D=E	유동자산	1,127,540				977,540
F	기타자산	0		−		0
G	고정자산	1,750,000		−		1,750,000
H	감가상각누계액	7,143				7,143
G−H=I	순고정자산	1,742,857				1,742,857
E+F+I=J	총자산	$2,870,397		(150,000)		$2,720,397

자산총계

		기초	+	거래	=	합
K	외상매입금	$341,077	**3**	(150,000)		$191,077
L	미지급비용	10,320		−		10,320
M	유동성부채	100,000		−		100,000
N	미지급법인세	0		−		0
K+L+M+N=O	유동부채	451,397				301,397
P	장기부채	900,000		−		900,000
Q	자본금	1,550,000		−		1,550,000
R	이익잉여금	(31,000)		−		(31,000)
Q+R=S	자본총계	1,519,000				1,519,100
O+P+S=T	부채와 자본총계	$2,870,397		(150,000)		$2,720,397

부채와 자본총계

180

 **거래 17** 거래 11에서 수령한 두 달분의 원재료 공급분에 대한 대금을 지급한다.

첫 달에 생산한 제품을 성공적으로 완제품 창고에 적재하고, 이를 축하하기 위해 단합대회를 가졌다.

그런데 점심을 먹으려고 할 때쯤, 사과 공급업체와 애플소스 용기 공급업체의 사장으로부터 전화가 걸려왔다. 생산이 어떻게 되어가고 있는지와, 언제 대금을 지급할지를 물었다. 그리고 지금 15만 달러를 지급해주면 고맙겠다고 덧붙였다.

아주 중요한 공급업체라 좋은 관계를 유지하기 원했기 때문에 대금을 바로 지급하겠다고 말했다.

곧바로 사무실로 가 현재 외상매입금이 어떻게 되는지를 살펴봤다. 사과 대금 7만 9,200달러, 용기 대금 18만 4,000달러, 용기 뚜껑 대금 3만 3,200달러로, 합계 29만 6,400달러의 지급책임이 있었다.

수표책을 꺼내 수표를 발행한다.

거래: 주요 공급업체에게 사과 및 용기 대금의 일부를 지급한다. 총 15만 달러의 수표를 발행한다.

1 공급업체에게 15만 달러의 수표를 발행한다. 현금흐름표의 **현금지출** 항목에 해당 금액을 더한다.

2 대차대조표의 자산 계정 **현금** 항목에서 15만 달러를 뺀다.

3 대차대조표의 부채 계정 **외상매입금** 항목에서 15만 달러를 뺀다. 대금을 지급했기 때문에 더 이상 지급책임을 갖고 있지 않기 때문이다.

★노트: 원재료에 대한 대금 지급이 재고가치에 영향을 미치지는 않는다. 재고가치는 원재료를 받아 외상 매입금이 발생한 시점에서 오르기 때문이다.

재고가치평가표

(단위: 달러)

	원재료	재공품	완제품
최초 재고가치(거래 16)	181,400	0	198,900
J. 거래 11을 통해 수령한 원재료 대금을 지급한다.	0	0	0
재고 소계(현 거래 기준)	181,400	0	198,900
총재고 = 380,300			

손익계산서

특정일: 거래 1~(18)

		기초	+	거래	=	합
1	순매출	$0		–		$0
2	매출원가	5,100	**1**	1,530		6,630
1-2=3	매출총이익	(5,100)		–		(6,630)
4	영업 및 마케팅	7,680		–		7,680
5	연구 및 개발	0		–		0
6	일반 및 관리	18,220		–		18,220
4+5+6=7	영업비용	25,900				25,900
3-7=8	영업이익	(31,000)				(32,530)
9	이자수익	0		–		0
10	소득세	0		–		0
8+9-10=11	순이익	($31,000)		(1,530)		($32,530)

손익계산서 거래총계

현금흐름표

특정일: 거래 1~(18)

		기초	+	거래	=	합
a	기초현금	$0		–		$0
b	현금수취	0		–		0
c	현금지출	202,760	**2**	9,020		211,780
b-c=d	영업활동으로 인한 현금흐름	(202,760)				(211,780)
e	고정자산 구매	1,750,000		–		1,750,000
f	순차입	1,000,000		–		1,000,000
g	소득세 지급	0		–		0
h	신규 주식의 발행	1,550,000		–		1,550,000
a+d-e+f-g+h=i	기말현금	$597,240		(9,020)		$588,220

현금흐름표 기래총계

대차대조표

거래(18) 기준

		기초	+	거래	=	합
A	현금	$597,240	**3**	(9,020)		$588,220
B	외상매출금	0		–		0
C	재고	380,300	**4**	197,670		577,970
D	선급비용	0		–		0
A+B+C+D=E	유동자산	977,540				1,166,190
F	기타자산	0		–		0
G	고정자산	1,750,000		–		1,750,000
H	감가상각누계액	7,143	**5**	7,143		14,286
G-H=I	순고정자산	1,742,857				1,735,714
E+F+I=J	총자산	$2,720,397		181,507		$2,901,904

자산총계

		기초	+	거래	=	합
K	외상매입금	$191,077	**6**	174,877		$365,954
L	미지급비용	10,320	**7**	8,160		18,480
M	유동성부채	100,000		–		100,000
N	미지급법인세	0		–		0
K+L+M+N=O	유동부채	301,397				484,434
P	장기부채	900,000		–		900,000
Q	자본금	1,550,000		–		1,550,000
R	이익잉여금	(31,000)	**8**	(1,530)		(32,530)
Q+R=S	자본총계	1,519,000				1,517,470
O+P+S=T	부채와 자본총계	$2,720,397		181,507		$2,901,904

부채와 자본총계

거래 18 다음 달분의 애플소스를 제조한다.

모든 일이 잘 진척되고 있다. 우리는 다음 달에 공급할 애플소스를 제조하고, 일부 대금을 지급하게 될 것이다. 그리고 우리는 곧 우리가 만든 애플소스를 고객들에게 출하할 준비를 마칠 것이다.

아래는 월말 동안 K에서 Q까지, 재고가치평가표의 시리즈를 보여준다. 또 그다음 표는 이와 같은 거래활동을 애플시드의 재무제표에 반영하기 위해 정리해본 것이다.

거래: 아래 표의 가장 오른쪽 칸에 나와 있는 금액을 손익계산서, 현금흐름표, 대차대조표에 회계 기재한다. **K에서 Q까지 거래 항목을 반영하는 데 있어서, 자산 계정의 변동 금액은 부채 계정의 변동 금액과 같다는 점에 유의한다.**

(단위: 달러)

항목	K	L	M	N	O	P	Q	합계	
매출원가							1,530	1,530	**1**
현금지출			9,020					9,020	**2**
현금			(9,020)					(9,020)	**3**
재고	166,200		17,180	7,143	8,677			197,670	**4**
감가상가누계액				7,143				(7,143)	**5**
자산 변동사항	166,200	0	8,160	0	8,677	0	(1,530)	181,507	◄─┐
외상매입금	166,200				8,677			174,877	**6**
미지급비용			8,160					8,160	**7** =
이익잉여금							(1,530)	(1,530)	**8**
부채 변동사항	166,200	0	8,160	0	8,677	0	(1,530)	181,507	◄─┘

184

재고가치평가표

(단위: 달러)

	원재료	재공품	완제품
최초 재고가치(거래 17)	181,400	0	198,900
K. 라벨을 제외한 한 달분의 원재료를 수령한다.(거래 10)	166,200	0	0
L. 해당 월의 원재료를 WIP로 옮긴다.(거래 12)	(171,000)	171,000	0
M. 생산직 직원 및 관리자에게 급여를 지급한다.(거래 12)	0	17,180	0
N. 해당 월의 제조 감가상각비를 회계장부에 기입한다.(거래 13)	0	7,143	0
O. 다음 달의 기타 제조 간접비를 회계장부에 기입한다.(거래 13)	0	8,677	0
P. 1만 9,000상자의 애플소스를 완제품 재고로 옮긴다.(거래 15)	0	(193,800)	193,800
Q. WIP에서 150상자를 폐기한다.(거래 16)	0	(1,530)	0
재고 소계(현 거래 기준)	176,600	8,670	392,700
총재고 = 577,970			

Chapter 09 창업 4단계: 고객에게 상품을 효과적으로 홍보하고 판매한다

오랜 경험을 가진 유능한 컨설턴트 한 명이 필자에게 해준 말이 있다. "사업에서 필요로 하는 전부는 고객이다."

애플시드주식회사는 품질이 뛰어난 신제품 애플소스를 판매할 고객을 찾을 준비를 마쳤다. 우리는 제품에 대한 마케팅 활동을 시작할 예정이다. 또 시장이 애플시드를 새로운 제품 공급업체로 수용하는지를 시험할 계획이다.

하지만 이런 사업의 주요 리스크 중 하나를 겪게 된다. 고객이 파산을 해 제품대금을 지급할 수 없게 되어버린 것이다.

거래 19. 제품 홍보물과 무료로 나눠줄 티셔츠를 제작한다.
• 제품가격 책정: 손익분기 분석
거래 20. 신규 고객 한 명이 1,000상자의 애플소스를 주문한다. 상자당 15.90달러에 총 1,000상자의 애플소스를 출하한다.

거래 21. 할인된 가격인 상자당 15.66달러에 1만 5,000상자의 애플소스에 대한 신용거래 주문을 받는다.

거래 22. 고객에게 거래 21에서 주문받은 1만 5,000상자의 애플소스를 출하하고, 대금 청구서를 발송한다.

거래 23. 거래 22를 통해 공급한 제품대금 23만 4,900달러를 받는다. 이번 거래를 중개한 중개인에게 수수료를 지급한다.

거래 24. 앗! 고객이 파산을 하고 말았다. 애플소스 1,000상자에 해당하는 원가를 대손으로 처리한다.

손익계산서

특정일: 거래 1~(19)

		기초	+	거래	=	합
1	순매출	$0		–		$0
2	매출원가	6,630		–		6,630
1−2=3	매출총이익	(6,630)				(6,630)
4	영업 및 마케팅	7,680	**1**	103,250		110,930
5	연구 및 개발	0		–		0
6	일반 및 관리	18,220				18,220
4+5+6=7	영업비용	25,900				129,150
3−7=8	영업이익	(32,530)				(135,780)
9	이자수익	0		–		0
10	소득세	0		–		0
8+9−10=11	순이익	($32,530)		(103,250)		($135,780)

손익계산서 거래총계

현금흐름표

특정일: 거래 1~(19)

		기초	+	거래	=	합
a	기초현금	$0				$0
b	현금수취	0		–		0
c	현금지출	211,780		–		211,780
b−c=d	영업활동으로 인한 현금흐름	(211,780)				(211,780)
e	고정자산 구매	1,750,000		–		1,750,000
f	순차입	1,000,000		–		1,000,000
g	소득세 지급	0		–		0
h	신규 주식의 발행	1,550,000		–		1,550,000
a+d−e+f−g+h=i	기말현금	$588,220		0		$588,220

현금흐름표 거래총계

대차대조표

거래(19) 기준

		기초	+	거래	=	합
A	현금	$588,220		–		$588,220
B	외상매출금	0		–		0
C	재고	577,970		–		577,970
D	선급비용	0		–		0
A+B+C+D=E	유동자산	1,166,190				1,166,190
F	기타자산	0		–		0
G	고정자산	1,750,000		–		1,750,000
H	감가상각누계액	14,286		–		14,286
G−H=I	순고정자산	1,735,714				1,735,714
E+F+I=J	총자산	$2,901,904		0		$2,901,904

자산총계

		기초	+	거래	=	합
K	외상매입금	$365,954	**3**	103,250		$469,204
L	미지급비용	18,480		–		18,480
M	유동성부채	100,000		–		100,000
N	미지급법인세	0		–		0
K+L+M+N=O	유동부채	484,434				587,684
P	장기부채	900,000		–		900,000
Q	자본금	1,550,000		–		1,550,000
R	이익잉여금	(32,530)	**2**	(103,250)		(135,780)
Q+R=S	자본총계	1,517,470				1,414,220
O+P+S=T	부채와 자본총계	$2,901,904		0		$2,901,904

부채와 자본총계

제품 홍보물과 무료로 나눠줄 티셔츠를 제작한다.

애플소스와 같은 제품은 식품 중개업체를 통해 소매업체에게 납품하고, 이들 소매업체가 소비자를 대상으로 판매를 하는 것이 일반적이다. 식품 중개업체는 소매업체가 다양한 브랜드의 제품을 들여놓도록 설득하며 제조업체의 대리인으로 역할을 한다. 그리고 이러한 노력의 대가로 판매액의 2%를 수수료로 받는다. 상품에 대한 권리를 행사하지는 않지만, 제조업체의 기업 활동을 원활하게 해주는 것에 기업 활동의 목적을 둔다.

애플시드주식회사는 제품을 판매하기 위해 유능한 중개업체인 슬릭세일즈&어소시에이츠(SlickSales & Associates)와 계약을 맺기로 결정했다. 애플시드는 이 회사에 소매업체에 공급한 애플소스 총매출의 2%를 지급하기로 협상하였다.

슬릭세일즈는 잠재 고객에게 배포할 영업 판촉물을 준비하고 공급해줄 것을 애플시드에 요청했다. 그리고 양사 모두 DM(Direct mail) 발송이 가장 좋은 판촉 수단이라는 점에 동의했다.

우리는 애플시드의 애플소스를 홍보하는 브로슈어를 디자인하고, 인쇄하고 발송하기 위해 광고대행사 한 곳과도 계약을 맺었다.

광고대행사는 또 홍보 판촉물로 슈퍼마켓에 무상으로 배포할 티셔츠 1만 장을 만드는 책임을 맡기로 했다.

거래: 광고대행사는 4,500장의 브로슈어를 디자인하고 인쇄하고 발송하는 데 따른 대금 3만 8,250달러의 대금 청구서를 발송했다. 또 1

만 장의 티셔츠를 제작하는 데 드는 비용은 장당 6.50달러로, 총 6만 5,000달러다. 이 금액을 영업 및 마케팅비용으로 회계장부에 기록한다.

1 브로슈어와 티셔츠 대금 10만 3,250달러를 손익계산서의 **영업 및 마케팅** 항목에 기입한다.

2 대차대조표의 부채 계정 **이익잉여금** 항목에서 영업 및 마케팅비용 10만 3,250달러를 뺀다.

3 대차대조표의 부채 계정 **외상매입금** 항목에 이 금액을 더한다. 광고 대행사에 지급 책임이 생겼기 때문이다.

제품가격 책정

얼마를 받고 애플소스를 판매해야 할까? 또 가격은 어떤 방식으로 산출해야만 할까?

마케팅 책을 참고하자면 가격은 시장을 통해 결정하는 게 가장 좋다. 즉, 경쟁환경을 이해하고 경쟁목표를 정한 후 가격을 정해야만 한다. 그리고 제조원가는 가격결정과 큰 관련이 없어야만 한다.

우리는 경쟁력 있는 가격을 정한 후 적절히 이익을 남길 수 있는지 원가를 살펴야 한다. 만약 애플소스를 이 가격에 판매한 후 목표로 하고 있는 이익을 남길 수 없다면, 두 가지 중 하나를 선택할 수밖에 없다. 원가를 낮추거나 사업을 접는 것이다.

시장가격

애플시드의 경쟁자는? 우리 제품이 경쟁 제품과 비교해 갖는 우위는? 경쟁업체가 애플소스에 책정한 가격은? 우리가 경쟁력을 갖추기 위해 책정해야만 할 가격은?

아래의 표는 현재 시장에서 팔리고 있는 몇몇 브랜드의 애플소스 도매 및 소매 가격구조이다. 유통단계마다 판매가격과 원가의 차이, 다시 말해 이윤 폭을 보여주고 있다. 하위 유통업체의 가격은 다음 단계 유통업체의 원가가 된다.

우리는 애플시드의 애플소스를 고품질의, 하지만 중가의 브랜드로 포지셔닝하기로 결정하고, 소매가격 기준 병당 1.905달러(12병들이 한 상자당 22.86달러)에 제품을 판매하기로 했다. 하지만 이 가격에 판매해서 이익을 남길 수 있을지 살펴봐야 한다. 손익분기분석이 이 중요한 질문에 답하는 데 도움을 줄 것이다.

다음 페이지에 나오는 생산량과 원가분석에 대한 표를 참조하기 바란다. 그리고 193페이지에 나오는 애플시드주식회사의 손익분기 도표를 살펴본다.

애플소스 시장가격 분석

(단위: %, 달러)

	제조업체 판매가 기초 가격	도매업체 판매가 제조업체 판매가+15%	소매업체 판매가 도매업체 판매가+25%
제조업체 판매가에 대한 비율(%)	100	115	143
소매업체 판매가에 대한 비율(%)	70	80	100
A 브랜드	15.21	17.49	21.86
B 브랜드	15.40	17.71	22.14
C 브랜드	16.58	19.07	23.84
애플시드주식회사	15.90	18.29	22.86

예상 생산량에 따른 연간 원가 및 비용

	상자당 원가	연간 고정비	연간 총계 (월 0상자)	연간 총계 (월 5,000 상자)	연간 총계 (월 1만 상자)	연간 총계 (월 1만 5,000상자)	연간 총계 (월 2만 상자)

생산량에 따른 연간 변동비 총계

(단위: 달러)

+재료비	8,550	-	0	513,000	1,026,000	1,539,000	2,052,000
+노동비	0.615	-	0	36,900	73,800	110,700	147,600
+중계수수료	0.318	-	0	19,080	38,160	57,240	76,320
=연간 변동비 총계	9.483	-	0	568,980	1,137,960	1,706,940	2,275,920

연간 고정비 총계(생산량과 관련 없음)

(단위: 달러)

+관리인급여	-	58,650					
+감가상각	-	85,714					
+기타 제조간접비	-	104,124					
+SG&A 급여	-	251,160					
+이자비용	-	100,000					
+마케팅	-	223,250					
=연간 고정비 총계	-	822,898	822,898	822,898	822,898	822,898	822,898

고정비는 생산량과 상관없이 동일하다. 이것이 바로 고정비라고 부르는 이유이다. 이와 같은 고정비는 제품을 더 적게 또는 더 많이 만든다고 해서 변하지 않는다.

생산량에 따른 손실 & 이익

(단위: 달러)

+연간 매출 (상자당 15.90달러)	0	954,000	1,908,000	2,862,000	3,816,000
-연간 변동비 총계	0	568,980	1,137,960	1,706,940	2,275,920
-연간 고정비 총계	822,898	822,898	822,898	822,898	822,898
=연간 이익(손실)	(822,898)	(437,878)	(52,858)	332,162	717,182

손익분기 분석

금융기관들은 "이익을 남기려면 얼마나 많은 제품을 팔아야 합니까?"라고 묻곤 한다.

이와 같이 손실이 수익으로 바뀌는 판매량을 기업의 '손익분기점'이라고 한다. 손익분기점이란 매출이 '원가+비용'이 되는, 수익을 남기지도 손실을 입지도 않는 판매량이다.

금융기관은 기업의 영업활동을 측정해 이와 같이 이익을 남길 수 있는 판매량을 달성할 수 있는지를 판단하게 될 것이다. 손익분기 분석은 한 기업이 갖고 있는 본질적인 수익성에 대한 경영관리 능력에 초점을 맞춘다.

이제 애플시드주식회사의 손익분기 분석을 해보자. 왼쪽 표는 애플시드주식회사의 생산량과 판매량에 따른 연간 원가 및 비용을 제시하고 있다.

원가와 비용은 생산량에 따라 변하기도(변동비), 변하지 않기도 한다(고정비).

고정비 고정비는 애플시드가 5,000상자, 또는 1만 상자, 또는 2만 상자의 애플소스를 판매한다고 할지라도 동일하다. 이와 같은 고정비는 생산량과 관련이 없는 제조원가, SG&A 등을 포함한다. 앞서 표를 통해 알 수 있듯이 애플시드의 고정비는 연간 82만 2,898달러다.

변동비 앞의 표를 통해 알 수 있듯이 애플시드는 애플소스 한 상자를 팔 때마다 변동비로 9.483달러를 지출한다. 만약 매달 1만 상자(연간 12만 상자)를 판매한다면, 변동비 총계는 상자당 9.483달러에 12만 상자를 곱한 113만 7,960달러다. 매달 2만 상자를 판매한다면 변동비 총계는 두 배인 227만 5,920달러가 된다.

다음의 손익분기 도표는 앞서 제시한 표의 생산량에 따른 (1)총매출, (2)고정비, (3)변동비 총계, (4)생산량에 따른 이익 또는 손실 사이의 관계를 그림으로 보여주고 있다. 이 도표에서 애플시드는 매달 1만 700상자의 애플소스를 생산하고 판매했을 때, 이익을 창출할 수 있는 것으로 나타난다. 그리고 판매 및 생산량이 매달 1만 5,000상자가 되면 수익성이 크게 개선된다.

---

(1)매출에서 (2)원가와 비용을 뺀 금액이 이익이다. 이 두 가지 요소가 변하면 이익 또는 손실 금액이 달라진다. 생산 또는 판매량과 원가, 가격은 손익분기 도표에서 알 수 있듯 이익에 직접적인 영향을 미친다.

애플시드주식회사의 손익분기 도표

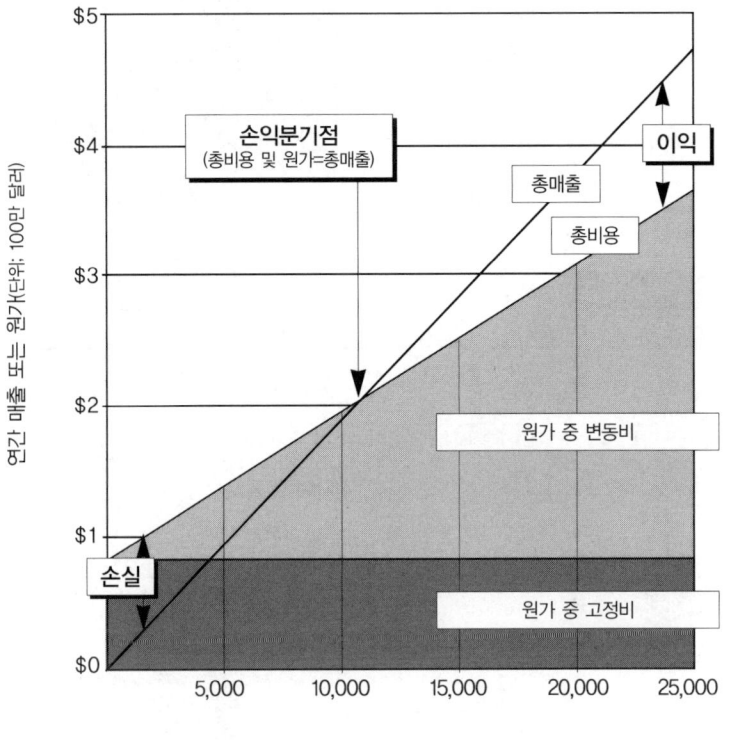

월 평균 상자 생산량

손익분기 도표는 생산량에 따라 (1)제품원가(고정비 및 변동비)가 어떻게 달라지는지, (2)제품가격이 이익에 어떤 영향을 미치는지 이해하는 데 크게 도움을 준다. 생산량 및 판매량, 원가, 가격은 모두 이익에 직접적인 영향을 미친다.

손익계산서

특정일: 거래 1~(20)

		기초	+ 거래	= 합
1	순매출	$0	**1A** 15,900	$15,900
2	매출원가	6,630	**3B** 10,200	16,830
1-2=3	매출총이익	(6,630)		(930)
4	영업 및 마케팅	110,930	**2A** 318	111,248
5	연구 및 개발	0	–	0
6	일반 및 관리	18,220	–	18,220
4+5+6=7	영업비용	129,150		129,468
3-7=8	영업이익	(135,780)		(130,398)
9	이자수익	0	–	0
10	소득세	0	–	0
8+9-10=11	순이익	($135,780)	5,382	($130,398)

손익계산서 거래총계

현금흐름표

특정일: 거래 1~(20)

		기초	+ 거래	= 합
a	기초현금	$0		$0
b	현금수취	0	–	0
c	현금지출	211,780	–	211,780
b-c=d	영업활동으로 인한 현금흐름	(211,780)		(211,780)
e	고정자산 구매	1,750,000	–	1,750,000
f	순차입	1,000,000	–	1,000,000
g	소득세 지급	0	–	0
h	신규 주식의 발행	1,550,000	–	1,550,000
a+d-e+f-g+h=i	기말현금	$588,220	0	$588,220

현금흐름표 거래총계

대차대조표

거래(20) 기준

		기초	+ 거래	= 합
A	현금	$588,220	–	$588,220
B	외상매출금	0	**1B** 15,900	15,900
C	재고	577,970	**3A** (10,200)	567,770
D	선급비용	0		0
A+B+C+D=E	유동자산	1,166,190		1,171,890
F	기타자산	0	–	0
G	고정자산	1,750,000	–	1,750,000
H	감가상각누계액	14,286	–	14,286
G-H=I	순고정자산	1,735,714		1,735,714
E+F+I=J	총자산	$2,901,904	5,700	$2,907,604

자산총계

		기초	+ 거래	= 합
K	외상매입금	$469,204		$469,204
L	미지급비용	18,480	**2B** 318	18,798
M	유동성부채	100,000	–	100,000
N	미지급법인세	0	–	0
K+L+M+N=O	유동부채	587,684		588,002
P	장기부채	900,000	–	900,000
Q	자본금	1,550,000	–	1,550,000
R	이익잉여금	(135,780)	**4** 5,382	(130,398)
Q+R=S	자본총계	1,414,220		1,419,602
O+P+S=T	부채와 자본총계	$2,901,904	5,700	$2,907,604

부채와 자본총계

 **거래 20** 신규 고객 한 명이 1,000상자의 애플소스를 주문했다. 상자당 15.90달러에 총 1,000상자의 애플소스를 출하한다.

모두가 기다렸던 애플시드주식회사의 첫 번째 고객이 생겼다.

처남이 소규모 편의점 체인의 임원이다. 그는 당신 아내의 설득으로, 북서쪽지역 매장들에 공급할 애플소스 1천 상자를 주문했다.

주문을 받아들였다. 그리고 제품을 출하하기에 앞서 1만 5,900달러를 선금으로 지급해줄 것을 요청했다. 하지만, 거절당했다. 어쨌건 신용거래로 제품을 공급하기로 결정했다.

거래: 애플소스 1,000상자의 주문을 받았다. 판매가격은 상자당 15.90달러다. 제품을 출하하고 고객에게 1만 5,900달러를 청구하는 대금청구서를 발송한다.

1 (1A)손익계산서의 **순매출** 항목에 첫 번째 매출인 1만 5,900달러를 회계 기재한다. (1B)대차대조표의 **외상매출금** 항목에 해당 금액을 더한다.

2 (2A)손익계산서의 **영업 및 마케팅비용** 항목에 중개인에게 지급하는 2% 수수료 318달러를 회계 기재한다. (2B)대차대조표의 **미지급비용** 항목에 이 금액을 기록한다. 아직 중개인에게 대금을 지급하지 않았기 때문이다.

3 (3A)대차대조표의 **재고** 항목에서 상자당 10.20달러, 1,000상자에 해당하는 금액인 1만 200달러를 뺀다. (3B)재고 항목의 금액을 뺐기

때문에, 이번에는 반대로 **매출원가** 항목에 1만 200달러를 더한다.

4 대차대조표의 **이익잉여금** 항목에 5,382달러를 더한다. 매출에서 제품원가와 중개수수료를 제한 금액으로, 이번 거래에서 애플시드가 창출한 이익이다.

재고가치평가표

(단위: 달러)

	원재료	재공품	완제품
재고가치(거래 18)	176,600	8,670	392,700
R. 애플소스 1,000상자를 상자당 10.20달러의 표준원가에 출하한다.	0	0	(10,200)
재고 소계(현 거래 기준)	176,600	8,670	382,500
	총재고 = 567,770		

손익계산서

특정일: 거래 1~(21)

		기초	+	거래	=	합
1	순매출	$15,900		–		$15,900
2	매출원가	16,830		–		16,830
1-2=3	매출총이익	(930)				(930)
4	영업 및 마케팅	111,248		–		111,248
5	연구 및 개발	0				0
6	일반 및 관리	18,220				18,220
4+5+6=7	영업비용	129,468				129,468
3-7=8	영업이익	(130,398)				(130,398)
9	이자수익	0		–		0
10	소득세	0		–		0
8+9-10=11	순이익	($130,398)		0		($130,398)

손익계산서 거래총계

현금흐름표

특정일: 거래 1~(21)

		기초	+	거래	=	합
a	기초현금	$0				$0
b	현금수취	0		–		0
c	현금지출	211,780		–		211,780
b-c=d	영업활동으로 인한 현금흐름	(211,780)				(211,780)
e	고정자산 구매	1,750,000		–		1,750,000
f	순차입	1,000,000		–		1,000,000
g	소득세 지급	0		–		0
h	신규 주식의 발행	1,550,000		–		1,550,000
a+d-e+f-g+h=i	기말현금	$588,220		0		$588,220

현금흐름표 거래총계

대차대조표

거래(21) 기준

		기초	+	거래	=	합
A	현금	$588,220		–		$588,220
B	외상매출금	15,900		–		15,900
C	재고	567,770		–		567,770
D	선급비용	0				0
A+B+C+D=E	유동자산	1,171,890				1,171,890
F	기타자산	0		–		0
G	고정자산	1,750,000		–		1,750,000
H	감가상각누계액	14,286		–		14,286
G-H=I	순고정자산	1,735,714				1,735,714
E+F+I=J	총자산	$2,907,604		0		$2,907,604

자산총계

		기초	+	거래	=	합
K	외상매입금	$469,204		–		$469,204
L	미지급비용	18,798		–		18,798
M	유동성부채	100,000		–		100,000
N	미지급법인세	0		–		0
K+L+M+N=O	유동부채	588,002				588,002
P	장기부채	900,000		–		900,000
Q	자본금	1,550,000		–		1,550,000
R	이익잉여금	(130,398)		–		(130,398)
Q+R=S	자본총계	1,419,602				1,419,602
O+P+S=T	부채와 자본총계	$2,907,604		0		$2,907,604

부채와 자본총계

 **거래 21** 상자당 15.66달러에 1만 5,000상자의 애플소스에 대한 신용거래 주문을 받는다.

중개업체가 일을 시작했다. 조만간 대형 식품소매업체로부터 큰 주문을 받게 될지도 모른다. 우리는 충분한 재고를 가지고 있다. 즉시 출하하겠다고 약속을 했다.

계약을 종결짓기 위해, 우리는 중개업체가 고객에게 1.5%의 할인을 제공할 것을 승인했다. 소매업체는 할인 가격인 상자당 15.66달러(15.90달러에서 24센트 할인된 금액)에 1만 5,000상자를 구매하기로 약정했다.

거래: 상자당 15.66달러에 1만 5,000상자의 애플소스 주문을 받았다. 총 주문금액은 23만 4,900달러다.

★노트: 세 가지 주요 재무제표는 이와 같은 주문수령에 영향을 받지 않는다. 제품을 고객에게 실제 출하했을 때만 **매출**과 **매출원가**를 기록하게 된다.

손익계산서

특정일: 거래 1~(22)

		기초	+	거래	=	합
1	순매출	$15,900	1A	234,900		$250,800
2	매출원가	16,830	2A	153,000		169,830
1-2=3	매출총이익	(930)				80,970
4	영업 및 마케팅	111,248	3A	4,698		115,946
5	연구 및 개발	0		–		0
6	일반 및 관리	18,220		–		18,220
4+5+6=7	영업비용	129,468				134,166
3-7=8	영업이익	(130,398)				(53,196)
9	이자수익	0		–		0
10	소득세	0		–		0
8+9-10=11	순이익	($130,398)		77,202		($53,196)

손익계산서 거래총계

현금흐름표

특정일: 거래 1~(22)

		기초	+	거래	=	합
a	기초현금	$0				$0
b	현금수취	0		–		0
c	현금지출	211,780		–		211,780
b-c=d	영업활동으로 인한 현금흐름	(211,780)				(211,780)
e	고정자산 구매	1,750,000		–		1,750,000
f	순차입	1,000,000		–		1,000,000
g	소득세 지급	0		–		0
h	신규 주식의 발행	1,550,000		–		1,550,000
a+d-e+f-g+h-i	기말현금	$588,220		0		$588,220

현금흐름표 거래총계

대차대조표

거래(22) 기준

		기초	+	거래	=	합
A	현금	$588,220		–		$588,220
B	외상매출금	15,900	1B	234,900		250,800
C	재고	567,770	2B	(153,000)		414,770
D	선급비용	0				0
A+B+C+D=E	유동자산	1,171,890				1,253,790
F	기타자산	0		–		0
G	고정자산	1,750,000		–		1,750,000
H	감가상각누계액	14,286		–		14,286
G-H=I	순고정자산	1,735,714				1,735,714
E+F+I=J	총자산	$2,907,604		81,900		$2,989,504

자산총계

		기초	+	거래	=	합
K	외상매입금	$469,204		–		$469,204
L	미지급비용	18,798	3B	4,698		23,496
M	유동성부채	100,000		–		100,000
N	미지급법인세	0		–		0
K+L+M+N=O	유동부채	588,002				592,700
P	장기부채	900,000		–		900,000
Q	자본금	1,550,000				1,550,000
R	이익잉여금	(130,398)	4	77,202		(53,196)
Q+R=S	자본총계	1,419,602				1,496,804
O+P+S=T	부채와 자본총계	$2,907,604		81,900		$2,989,504

부채와 자본총계

 고객에게 거래 21에서 주문받은 1만 5,000상자의 애플 소스를 출하하고, 대금 청구서를 발송한다.

큰 주문을 성사시키기 위해 제품가격을 할인해줬지만, 제품원가는 똑같다. 따라서 최초 계획했던 정상가격에 팔았을 때와 비교해 이번 거래를 통한 이익은 낮아지게 된다.

정가에 팔았던 이번 거래의 순매출은 23만 8,500달러였을 테지만, 할인판매를 했기 때문에 23만 4,900달러의 매출만 발생했다. 매출이 3,600달러 줄어든 것이다.

매출에서 판매된 제품원가를 뺀 이익 또한 8만 5,500달러에서 8만 1,900달러로 줄어들었고, 역시 3,600달러의 이익 차이가 생겼다.

사실 이와 같은 차이는 회사의 이익을 낮추게 된다. 할인판매는 이익 측면에서는 위험하다고 할 수 있을 것이다. 따라서 신중히 선택해야 할 방법이다.

거래: 애플소스 1만 5,000상자를 출하하고, 제품대금 23만 4,900달러에 대한 청구서를 발송한다.

1 (1A)손익계산서의 **순매출** 항목에 23만 4,900달러를 회계 기재한다. (1B)대차대조표의 **외상매출금**에 해당 금액을 기재한다.

2 (2A)손익계산서의 **매출원가** 항목에 15만 3,000달러를 더한다. 상자당 표준원가 10.20달러에 고객에게 출하한 1만 5,000상자를 곱한 금액이다. (2B)대차대조표의 **재고** 항목에서 해당 금액을 뺀다.

3 (3A)손익계산서의 **영업 및 마케팅비용** 항목에 중개인에게 지급한

수수료 2%에 해당하는 4,698달러를 기록한다. (3B)또한 대차대조표의 **미지급비용**에 이 금액을 기록한다.

4 대차대조표의 **이익잉여금** 항목에 7만 7,202달러를 더하는데, 이는 매출에서 매출원가와 판매수수료를 제한 금액이다.

재고가치평가표

(단위: 달러)

	원재료	재공품	완제품
재고가치(거래 20)	176,600	8,670	382,500
S. 표준원가 10.20달러에 애플소스 1만 5,000상자를 출하한다.	0	0	(153,000)
재고 소계(현 거래 기준)	181,400	8,670	229,500
	총재고 = 414,770		

손익계산서

특정일: 거래 1~(23)

		기초	+	거래	=	합
1	순매출	$250,800		–		$250,890
2	매출원가	169,830		–		169,830
1-2=3	매출총이익	80,970				80,970
4	영업 및 마케팅	115,946		–		115,946
5	연구 및 개발	0		–		0
6	일반 및 관리	18,220		–		18,220
4+5+6=7	영업비용	134,166				134,166
3-7=8	영업이익	(53,196)				(53,196)
9	이자수익	0		–		0
10	소득세	0		–		0
8+9-10=11	순이익	($53,196)		0		($53,196)

손익계산서 거래총계

현금흐름표

특정일: 거래 1~(23)

		기초	+	거래	=	합
a	기초현금	$0				$0
b	현금수취	0	1A	234,900		234,900
c	현금지출	211,780	2A	4,698		216,478
b-c=d	영업활동으로 인한 현금흐름	(211,780)				18,422
e	고정자산 구매	1,750,000		–		1,750,000
f	순차입	1,000,000		–		1,000,000
g	소득세 지급	0		–		0
h	신규 주식의 발행	1,550,000		–		1,550,000
a+d-e+f-g+h=i	기말현금	$588,220		230,202		$818,422

현금흐름표 거래총계

대차대조표

거래(23) 기준

		기초	+	거래	=	합
A	현금	$588,220	3	230,202		$818,422
B	외상매출금	250,800	1B	(234,900)		15,900
C	재고	414,770		–		414,770
D	선급비용	0		–		0
A+B+C+D=E	유동자산	1,253,790				1,249,092
F	기타자산	0		–		0
G	고정자산	1,750,000		–		1,750,000
H	감가상각누계액	14,286		–		14,286
G-H=I	순고정자산	1,735,714				1,735,714
E+F+I=J	총자산	$2,989,504		(4,698)		$2,984,806

자산총계

		기초	+	거래	=	합
K	외상매입금	$469,204		–		$469,204
L	미지급비용	23,496	2B	(4,698)		18,798
M	유동성부채	100,000		–		100,000
N	미지급법인세	0		–		0
K+L+M+N=O	유동부채	592,700				588,002
P	장기부채	900,000		–		900,000
Q	자본금	1,550,000		–		1,550,000
R	이익잉여금	(53,196)		–		(53,196)
Q+R=S	자본총계	1,496,804				1,496,804
O+P+S=T	부채와 자본총계	$2,989,504		(4,698)		$2,984,806

부채와 자본총계

 **거래 23** 거래 22를 통해 공급한 제품대금 23만 4,900달러를 받고 중개인에게 수수료를 지급한다.

고객은 애플시드의 애플소스에 크게 만족했다. 그는 밝은 색상의 용기가 신선해 보인다고 칭찬을 했다. 우리는 포장용기에 많은 투자를 한 것이 결과적으로 잘된 결정이라는 점에 크게 만족을 했다.

'고객이 사업에 있어서 전부'라는 말이 맞기는 하지만, 정말 중요한 건 이들 고객으로부터 대금을 지급받는 것이다. 우리는 이번 거래를 통해 첫 번째 외상매출금을 회수해 현금으로 바꿀 예정이다.

거래: 거래 22를 통해 출하한 제품대금 23만 4,900달러를 받는다. 그리고 중개인에게 판매수수료 4,698달러를 지급한다.

1 (1A)현금흐름표의 **현금수취** 항목에 23만 4,900달러를 기록한다. (1B)대차대조표의 **외상매출금** 항목에서 이 금액을 뺀다.

2 (2A)중개인에게 4,698달러를 수수료로 지급하고, 현금흐름표의 **현금지출** 항목에 이 금액을 기록한다. (2B)또 중개인에게 지급한 이 금액만큼 **미지급비용** 항목에서 금액을 제한다.

3 대차대조표의 **현금** 항목에 23만 202달러를 더한다. 이는 수령한 금액 23만 4,900달러에서 수수료로 지출한 4,698달러를 뺀 금액이다.

★노트: 고객이 상품에 대한 대금을 현금으로 지급했다고 해도 손익계산서는 변하지 않는다. 손익계산서에는 제품을 출하함으로써 고객에게 제품 대금의 지급에 대한 책임(외상매출금)이 생겼을 때 매출을 기록하기 때문이다.

손익계산서

특정일: 거래 1~(24)

		기초	+	거래	=	합
1	순매출	$250,800		−		$250,800
2	매출원가	169,830		−		169,830
1−2=3	매출총이익	80,970				80,970
4	영업 및 마케팅	115,946	2A	(318)		115,628
5	연구 및 개발	0		−		0
6	일반 및 관리	18,220	1A	15,900		34,120
4+5+6=7	영업비용	134,166				149,748
3−7=8	영업이익	(53,196)				(68,778)
9	이자수익	0		−		0
10	소득세	0		−		0
8+9−10=11	순이익	($53,196)		(15,582)		($68,778)

손익계산서 거래총계

현금흐름표

특정일: 거래 1~(24)

		기초	+	거래	=	합
a	기초현금	$0				$0
b	현금수취	234,900		−		234,900
c	현금지출	216,478		−		216,478
b−c=d	영업활동으로 인한 현금흐름	18,422				18,422
e	고정자산 구매	1,750,000		−		1,750,000
f	순차입	1,000,000		−		1,000,000
g	소득세 지급	0		−		0
h	신규 주식의 발행	1,550,000		−		1,550,000
a+d−e+f−g+h=i	기말현금	$818,422		0		$818,422

현금흐름표 거래총계

대차대조표

거래(24) 기준

		기초	+	거래	=	합
A	현금	$818,422		−		$818,422
B	외상매출금	15,900	1B	(15,900)		0
C	재고	414,770		−		414,770
D	선급비용	0		−		0
A+B+C+D=E	유동자산	1,249,092				1,233,192
F	기타자산	0		−		0
G	고정자산	1,750,000		−		1,750,000
H	감가상각누계액	14,286		−		14,286
G−H=I	순고정자산	1,735,714				1,735,714
E+F+I=J	총자산	$2,984,806		(15,900)		$2,968,906

자산총계

		기초	+	거래	=	합
K	외상매입금	$469,204				$469,204
L	미지급비용	18,798	2B	(318)		18,480
M	유동성부채	100,000		−		100,000
N	미지급법인세	0		−		0
K+L+M+N=O	유동부채	588,002				587,684
P	장기부채	900,000		−		900,000
Q	자본금	1,550,000		−		1,550,000
R	이익잉여금	(53,196)	3	(15,582)		(68,778)
Q+R=S	자본총계	1,496,804				1,481,222
O+P+S=T	부채와 자본총계	$2,984,806		(15,900)		$2,968,906

부채와 자본총계

 **거래 24** 앗! 고객이 파산을 하고 말았다. 애플소스 1,000상자에 해당하는 원가를 대손으로 처리한다.

처남이 다니고 있는 회사에 공급한 1,000상자의 애플소스 거래(거래 20)를 기억할 것이다. 믿기 어려운 일이 일어나고 말았다. 그 회사가 부도가 난 것이다. 처남도 새로운 일자리를 찾아야 할 형편이다.

제품대금을 회수할 방법이 없다. 제품 또한 이미 유통되어 고객에게 팔린 상태이기 때문에 되찾아올 방법도 없다.

거래: 1,000상자를 출하했을 때 기입한 외상매출금 1만 5,900달러를 대손 처리해야 한다. 또 해당 제품의 판매에 대한 대가로 중개인에게 지급해야 하는 수수료 금액을 줄여야 한다. 대금을 지급받지 못했기 때문에 중개인 또한 수수료를 받을 수 없다.

1 (1A)손익계산서의 **일반 및 관리비용** 항목에서 1만 5,900달러를 대손으로 처리한다. (1B)대차대조표의 **외상매출금** 항목에서 회수하지 못할 제품대금 1만 5,900달러를 제한다. 이와 같은 기입은 매출을 줄이게 된다.

2 (2A)손익계산서의 **영업 및 마케팅비용** 항목에서 318달러를 뺀다. (2B)또 대차대조표의 **미지급비용**에서 해당금액을 뺀다. 중개인에게 지급해야만 했던 수수료다.

3 대차대조표의 **이익잉여금** 항목에서 1만 5,582달러를 뺀다. 대손 처리한 매출 금액에서 수수료를 뺀 금액이다.

★**노트:** 실제 손실은 출하한 제품의 재고가치인 1만 200달러다.

거래 20에서 5,382달러의 이익을 기록했다. 매출 1만 5,900달러에서 매출원가 1만 200달러와 판매수수료 318달러를 뺀 금액이었다. 따라서 **이익잉여금** 항목에서 1만 5,582달러를 빼고, 거래 20을 통해 이익잉여금에서 5,382달러를 더했기 때문에 대손에 따른 손실은 1만 200달러가 된다.

창업 5단계: 운영 3개월 후, 중요한 관리업무를 실행한다

애플소스를 만들어 파느라 눈코 뜰 새 없이 바쁜 시간을 보냈다. 하지만 기업을 운영한 지 3개월이 넘은 지금이야말로 몇몇 중요한 기업 운영과 관련한 관리업무를 준비해 실행에 옮길 때이다.

거래 25. 해당연도의 책임보험료를 지급한다.
거래 26. 부동산 관련 부채 3개월분의 원금과 이자를 지급한다.
거래 27. 급여 관련 세금과 직원들의 보험료를 지급한다.
거래 28. 일부 공급업체에 대금을 지급한다.

손익계산서

특정일: 거래 1~(25)

		기초	+	거래	=	합
1	순매출	$250,800		–		$250,800
2	매출원가	169,830		–		169,830
1−2=3	매출총이익	80,970				80,970
4	영업 및 마케팅	115,628		–		115,628
5	연구 및 개발	0				0
6	일반 및 관리	34,120	**2**	6,500		40,620
4+5+6=7	영업비용	149,748				156,248
3−7=8	영업이익	(68,778)				(75,278)
9	이자수익	0		–		0
10	소득세	0		–		0
8+9−10=11	순이익	($68,778)		(6,500)		($75,278)

손익계산서 거래총계

현금흐름표

특정일: 거래 1~(25)

		기초	+	거래	=	합
a	기초현금	$0				$0
b	현금수취	234,900		–		234,900
c	현금지출	216,478	**1A**	26,000		242,478
b−c=d	영업활동으로 인한 현금흐름	18,422				(7,578)
e	고정자산 구매	1,750,000		–		1,750,000
f	순차입	1,000,000		–		1,000,000
g	소득세 지급	0		–		0
h	신규 주식의 발행	1,550,000		–		1,550,000
a+d−e+f−g+h=i	기말현금	$818,422		(26,000)		$792,422

현금흐름표 거래총계

대차대조표

거래(25) 기준

		기초	+	거래	=	합
A	현금	$818,422	**1B**	(26,000)		$792,422
B	외상매출금	0		–		0
C	재고	414,770		–		414,770
D	선급비용	0	**3**	19,500		19,500
A+B+C+D=E	유동자산	1,233,192				1,226,692
F	기타자산	0		–		0
G	고정자산	1,750,000		–		1,750,000
H	감가상각누계액	14,286		–		14,286
G−H=I	순고정자산	1,735,714				1,735,714
E+F+I=J	총자산	$2,968,906		(6,500)		$2,962,406

자산총계

		기초	+	거래	=	합
K	외상매입금	$469,204		–		$469,204
L	미지급비용	18,480		–		18,480
M	유동성부채	100,000		–		100,000
N	미지급법인세	0		–		0
K+L+M+N=O	유동부채	587,684				587,684
P	장기부채	900,000		–		900,000
Q	자본금	1,550,000		–		1,550,000
R	이익잉여금	(68,778)	**4**	(6,500)		(75,278)
Q+R=S	자본총계	1,481,222				1,474,722
O+P+S=T	부채와 자본총계	$2,968,906		(6,500)		$2,962,406

부채와 자본총계

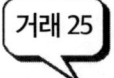 **해당연도의 책임보험료를 지급한다.**

　사업을 시작한 첫 달 동안, 많은 보험 중개인들이 자신들의 상품을 팔기 위해 사무실을 방문했다.

　그리고 우리는 라이트닝볼트브로커(LightningBolt Brokers)라는 회사로부터 보험을 구매했다. 라이트닝볼트는 건축물보험, 책임보험, 기업휴지보험을 패키지로 제시했다. 모두 우리에게 필요한 보험 상품이다.

　우리는 보험 계약서에 서명을 했고, 중개인은 곧 해당연도의 보험료 청구서를 보내겠다고 말했다. 그리고 어제 그 청구서가 도착했다.

거래: 우리는 이번 거래를 통해 한 해 동안의 보험료 2만 6,000달러를 지급할 예정이다. 지금까지의 보험료 3달치와 해당 회계연도 동안 남은 9개월치의 보험료를 모두 포함한 금액이다.

1 (1A)보험 중개인에게 2만 6,000달러의 보험료를 지급하고, 현금흐름표의 **현금지출** 항목에 이 금액을 기록한다. (1B)또 대차대조표의 **현금** 항목에서 이 금액을 뺀다.

2 손익계산서의 **일반 및 관리비용** 항목에서 지난 3달 동안의 보험료 6,500달러를 기록한다.

3 대차대조표의 **선급비용** 항목에 남은 9개월 동안의 보험료 1만 9,500달러를 기록한다. **★노트:** 우리는 남은 1만 9,500달러를 손익계산서에 비용으로 반영해나갈 것이다. 손익계산서의 비용 항목에 금액을 더하고, 대차대조표의 선급비용 항목을 줄여나가는 식이다.

4 대차대조표 **이익잉여금** 항목에서 6,500달러를 뺀다. 손익계산서를 통해 비용으로 지출한 금액이다.

손익계산서

특정일: 거래 1~(26)

		기초	+	거래	=	합
1	순매출	$250,800		–		$250,800
2	매출원가	169,830		–		169,830
1−2=3	매출총이익	80,970				80,970
4	영업 및 마케팅	115,628		–		115,628
5	연구 및 개발	0		–		0
6	일반 및 관리	40,620		–		40,620
4+5+6=7	영업비용	156,248				156,248
3−7=8	영업이익	(75,278)				(75,278)
9	이자수익	0	**3A**	(25,000)		(25,000)
10	소득세	0		–		0
8+9−10=11	순이익	($75,278)		(25,000)		($100,278)

손익계산서 거래총계

현금흐름표

특정일: 거래 1~(26)

		기초	+	거래	=	합
a	기초현금	$0				$0
b	현금수취	234,900		–		234,900
c	현금지출	242,478	**1B**	25,000		267,478
b−c=d	영업활동으로 인한 현금흐름	(7,578)				(32,578)
e	고정자산 구매	1,750,000		–		1,750,000
f	순차입	1,000,000	**1A**	(25,000)		975,000
g	소득세 지급	0		–		0
h	신규 주식의 발행	1,550,000		–		1,550,000
a+d−e+f−g+h=i	기말현금	$792,422		(50,000)		$742,422

현금흐름표 거래총계

대차대조표

거래(26) 기준

		기초	+	거래	=	합
A	현금	$792,422	**1C**	(50,000)		$742,422
B	외상매출금	0		–		0
C	재고	414,770		–		414,770
D	선급비용	19,500		–		19,500
A+B+C+D=E	유동자산	1,226,692				1,176,692
F	기타자산	0		–		0
G	고정자산	1,750,000		–		1,750,000
H	감가상각누계액	14,286		–		14,286
G−H=I	순고정자산	1,735,714				1,735,714
E+F+I=J	총자산	$2,962,406		(50,000)		$2,912,406
				자산총계		
K	외상매입금	$469,204		–		$469,204
L	미지급비용	18,480		–		18,480
M	유동성부채	100,000		–		100,000
N	미지급법인세	0		–		0
K+L+M+N=O	유동부채	587,684				587,684
P	장기부채	900,000	**2**	(25,000)		875,000
Q	자본금	1,550,000		–		1,550,000
R	이익잉여금	(75,278)	**3B**	(25,000)		(100,278)
Q+R=S	자본총계	1,474,722				1,449,722
O+P+S=T	부채와 자본총계	$2,962,406		(50,000)		$2,912,406

부채와 자본총계

거래 26 부동산 관련 부채 3개월분의 원금과 이자를 지급한다.

거래 3의 부채 탕감 일정을 참조하기 바란다. 건물을 구매하면서 빌린 돈을 갚는 방법이 나와 있는 거래다. 또 대출계약서에도 매 분기 원리금을 갚으라고 나와 있다.

대출을 받은 지 3개월이 지났기 때문에 원리금을 내야 한다. 대출 탕감 일정에 따르면, 올해 우리가 갚아야 할 원리금과 이자는 각각 10만 달러다.

거래: 건물을 대출받은 데 따른 분기 원금 2만 5,000달러와 이자 2만 5,000달러를 갚는다.

1 (1A)현금흐름표의 **순차입** 항목에서 원금 2만 5,000달러를 뺀다. (1B)**현금지출** 항목에 이자 2만 5,000달러를 기록한다. (1C)대차대조표의 현금 항목에서 원리금으로 지급한 5만 달러를 뺀다.

2 대차대조표의 장기부채 항목에서 납부한 대출원금 2만 5,000달러를 뺀다.

3 (3A)손익계산서의 **이자수익** 항목에 2만 5,000달러의 손실이 발생한 것으로 이자의 지급명세를 기록한다. (3B)그리고 나서 대차대조표의 **이익잉여금**에 이와 같은 손실을 기재한다.

★노트: 이자를 지급했다는 것은 음수로 기록한다. 만약 손익계산서의 항목이 이자수익이 아닌 이자비용이라면, 이와 같은 이자지급은 양수로 기록된다. 그리고 이자수익은 음수로 기록된다.

따라서 기입하게 될 금액이 양수인지 음수인지 결정하기 위해서는 회계와 관련된 용어의 정확한 의미에 주의를 기울일 필요가 있다.

손익계산서

특정일: 거래 1~(27)

			기초	+	거래	=	합
	1	순매출	$250,800		–		$250,800
	2	매출원가	169,830		–		169,830
1–2=3		매출총이익	80,970				80,970
	4	영업 및 마케팅	115,628		–		115,628
	5	연구 및 개발	0		–		0
	6	일반 및 관리	40,620		–		40,620
4+5+6=7		영업비용	156,248				156,248
3–7=8		영업이익	(75,278)				(75,278)
	9	이자수익	(25,000)		–		(25,000)
	10	소득세	0		–		0
8+9–10=11		순이익	($100,278)		0		($100,278)

손익계산서 거래총계

현금흐름표

특정일: 거래 1~(27)

			기초	+	거래	=	합
	a	기초현금	$0				$0
	b	현금수취	234,900		–		234,900
	c	현금지출	267,478	**1A**	18,480		285,958
b–c=d		영업활동으로 인한 현금흐름	(32,578)				(51,058)
	e	고정자산 구매	1,750,000		–		1,750,000
	f	순차입	975,000				975,000
	g	소득세 지급	0				0
	h	신규 주식의 발행	1,550,000		–		1,550,000
a+d–e+f–g+h=i		기말현금	$742,422		(18,480)		$723,942

현금흐름표 거래 총계

대차대조표

거래27) 기준

			기초	+	거래	=	합
	A	현금	$742,422	**1B**	(18,480)		$723,942
	B	외상매출금	0		–		0
	C	재고	414,770		–		414,770
	D	선급비용	19,500		–		19,500
A+B+C+D=E		유동자산	1,176,692				1,158,212
	F	기타자산	0		–		0
	G	고정자산	1,750,000		–		1,750,000
	H	감가상각누계액	14,286				14,286
G–H=I		순고정자산	1,735,714				1,735,714
E+F+I=J		총자산	$2,912,406		(18,480)		$2,893,926

자산총계

			기초	+	거래	=	합
	K	외상매입금	$469,204		–		$469,204
	L	미지급비용	18,480	**2**	(18,480)		0
	M	유동성부채	100,000				100,000
	N	미지급법인세	0		–		0
K+L+M+N=O		유동부채	587,684				569,204
	P	장기부채	875,000		–		875,000
	Q	자본금	1,550,000		–		1,550,000
	R	이익잉여금	(100,278)		–		(100,278)
Q+R=S		자본총계	1,449,722				1,449,722
O+P+S=T		부채와 자본총계	$2,912,406		(18,480)		$2,893,926

부채와 자본총계

급여 관련 세금과 직원들의 보험료를 지급한다.

이제 급여와 관련해서 세금과 보험 혜택에 따른 기업 분담금을 지급해야 한다. 반드시 지급해야만 하는 것들이다. 제때 FICA와 여타 세금을 내지 않으면, 정부를 화나게 할 것이기 때문이다.

이런 종류의 것들은 파산을 하더라도 면제되지 않는 그런 종류의 지급책임이다. 또 기업이 이러한 부채를 청산하지 않는다면, IRS는 기업 운영자에게 이에 대한 지급을 요청하기도 한다.

거래: 지불 급여세, 관련 혜택 분담금 그리고 보험료를 납부한다. 정부와 보험회사에 총 1만 8,480달러를 지급한다.

1 (1A)현금흐름표의 **현금지출** 항목에 1만 8,480달러를 기록한다. (1B) 대차대조표의 **현금** 항목에서 해당 금액을 뺀다.

2 대차대조표의 **미지급비용** 항목에서 정부와 보험회사에 납부한 1만 8,480달러를 뺀다.

★**노트**: 손익계산서와 **이익잉여금**은 이번 거래에 영향을 받지 않는다. 애플시드는 발생주의 회계원칙에 따라 회계 처리를 하고 있기 때문이다. 우리는 지급 시점이 아닌 발생 시점에서 이와 같은 비용을 이미 비용으로 처리했다.

손익계산서

특정일: 거래 1~(28)		기초	+	거래	=	합
1	순매출	$250,800		−		$250,800
2	매출원가	169,830		−		169,830
1−2=3	매출총이익	80,970				80,970
4	영업 및 마케팅	115,628		−		115,628
5	연구 및 개발	0		−		0
6	일반 및 관리	40,620				40,620
4+5+6=7	영업비용	156,248				156,248
3−7=8	영업이익	(75,278)				(75,278)
9	이자수익	(25,000)		−		(25,000)
10	소득세	0		−		0
8+9−10=11	순이익	($100,278)		0		($100,278)

손익계산서 거래총계

현금흐름표

특정일: 거래 1~(28)		기초	+	거래	=	합
a	기초현금	$0				$0
b	현금수취	234,900		−		234,900
c	현금지출	285,958	**1**	150,000		435,958
b−c=d	영업활동으로 인한 현금흐름	(51,058)				(201,058)
e	고정자산 구매	1,750,000		−		1,750,000
f	순차입	975,000				975,000
g	소득세 지급	0		−		0
h	신규 주식의 발행	1,550,000		−		1,550,000
a+d−e+f−g+h=i	기말현금	$723,942		(150,000)		$573,942

현금흐름표 거래총계

대차대조표

거래(28) 기준		기초	+	거래	=	합
A	현금	$723,942	**2**	(150,000)		$573,942
B	외상매출금	0		−		0
C	재고	414,770		−		414,770
D	선급비용	19,500		−		19,500
A+B+C+D=E	유동자산	1,158,212				1,008,212
F	기타자산	0		−		0
G	고정자산	1,750,000		−		1,750,000
H	감가상각누계액	14,286		−		14,286
G−H=I	순고정자산	1,735,714				1,735,714
E+F+I=J	총자산	$2,893,926		(150,000)		$2,743,926

자산총계

		기초	+	거래	=	합
K	외상매입금	$469,204	**3**	(150,000)		$319,204
L	미지급비용	0		−		0
M	유동성부채	100,000		−		100,000
N	미지급법인세	0		−		0
K+L+M+N=O	유동부채	569,204				419,204
P	장기부채	875,000		−		875,000
Q	자본금	1,550,000		−		1,550,000
R	이익잉여금	(100,278)		−		(100,278)
Q+R=S	자본총계	1,449,722				1,449,722
O+P+S=T	부채와 자본총계	$2,893,926		(150,000)		$2,743,926

부채와 자본총계

일부 공급업체에 대금을 지급한다.

원재료 공급업체가 전화를 걸어와 애플시드의 사업이 잘 진행되고 있는지를 물어왔다. 대금을 지급해야 할 때라는 이야기다.

우리는 최근 이런저런 비용을 지출하고 있다. 또 조만간 원재료를 더 주문할 계획이기 때문에 공급업체의 대금 일부를 지급하기로 결정했다.

거래: 사과와 용기에 대한 대금 중 일부인 15만 달러를 지급한다.

1 공급업체에게 15만 달러를 지급한다. 그리고 현금흐름표의 **현금지출** 항목에 이 금액을 더한다.

2 대차대조표의 자산 계정 **현금** 항목에 15만 달러를 뺀다.

3 대차대조표의 부채 계정 **외상매입금** 항목에서 이 금액을 뺀다. 이미 대금을 지급했기 때문에 더 이상 지급책임을 갖지 않아도 되기 때문이다.

Chapter 11 창업 6단계: 성공적인 첫해를 보내고 기업의 성장을 평가한다

우리는 애플시드의 사업 첫해 전체를 되짚어보게 될 것이다. 올해의 이익을 결정하고, 내야 할 소득세를 산출해 보고, 배당금을 지급하고, 주주들에게 첫 번째 연보를 발행할 예정이다.

세금은 좋고, 배당금은 나쁜 것일까? 사실 세금을 낼 필요가 없다면 배당금을 지급할 필요도 없다. 배당금이란 이익잉여금에서 지급하는 것이기 때문이다. 만약 기업이 이익을 창출했다면, 그리고 배당금을 지급할 수 있게 됐다면 세금도 내야 한다. 이익이 있으면 세금을 내야 하는 법이고, 이익이 없으면 세금을 낼 필요가 없다. 또 이익이 없다면 배당금을 지급할 수 없고, 따라서 세금을 낼 필요가 없는 상황이라면 배당금을 지급할 필요도 없다.

흥분할만한 아주 기쁜 소식이 있다. 애플시드는 이제 구멍가게 수준의 회사는 아니다. 우리는 전국적으로 운영이 되고 있는 거대 식품

가공 재벌로부터 주목을 받기 시작했다. 이 재벌은 애플시드가 만든 애플소스를 무척이나 맘에 들어 하고 있다. 어쩌면 애플시드를 인수하겠다고 제안할지도 모른다. 애플시드의 가치는 얼마나 할까?

거래 29. 해당연도의 남은 기간을 포함해 사업 첫해를 되짚어보며, 거래 내용을 요약해 기록한다.

거래 30. 미지급소득세를 회계 처리한다.

거래 31. 주당 0.375달러의 배당금을 공표하고, 이를 보통주 주주들에게 지급한다.

- 현금흐름표 vs. 재무 상태의 변화
- 애플시드의 기업회계 연차보고서
- 애플시드의 가치는? 기업의 가치를 측정하는 방법

특정일: 거래 1~(29)		기초	+ 거래	= 합
1	순매출	$250,800	2,804,760	$3,055,560
2	매출원가	169,830	1,836,000	2,005,830
1-2=3	매출총이익	80,970	968,760	1,049,730
4	영업 및 마케팅	115,628	212,895	328,523
5	연구 및 개발	0	26,000	26,000
6	일반 및 관리	40,620	162,900	203,520
4+5+6=7	영업비용	156,248	401,795	558,043
3-7=8	영업이익	(75,278)	566,965	491,687
9	이자수익	(25,000)	(75,000)	(100,000)
10	소득세	0	–	0
8+9-10=11	순이익	($100,278)	491,965	$391,687

손익계산서 거래총계

현금흐름표

특정일: 거래 1~(29)		기초	+ 거래	= 합
a	기초현금	$0		$0
b	현금수취	234,900	2,350,000	2,584,900
c	현금지출	435,958	2,285,480	2,721,438
b-c=d	영업활동으로 인한 현금흐름	(201,058)	64,520	(136,538)
e	고정자산 구매	1,750,000	–	1,750,000
f	순차입	975,000	(75,000)	900,000
g	소득세 지급	0	–	0
h	신규 주식의 발행	1,550,000	–	1,550,000
a+d-e+f-g+h=i	기말현금	$573,942	(10,480)	$563,462

현금흐름표 거래총계

대차대조표

거래(29) 기준		기초	+ 거래	= 합
A	현금	$573,942	(10,480)	$563,462
B	외상매출금	0	454,760	454,760
C	재고	414,770	–	414,770
D	선급비용	19,500	(19,500)	0
A+B+C+D=E	유동자산	1,008,212	424,780	1,432,992
F	기타자산	0	–	0
G	고정자산	1,750,000	–	1,750,000
H	감가상각누계액	14,286	64,287	78,573
G-H=I	순고정자산	1,735,714	(64,287)	1,671,427
E+F+I=J	총자산	$2,743,926	360,493	$3,104,419
			자산총계	
K	외상매입금	$319,204	(82,907)	$236,297
L	미지급비용	0	26,435	26,435
M	유동성부채	100,000	–	100,000
N	미지급법인세	0		0
K+L+M+N=O	유동부채	419,204	(56,472)	362,732
P	장기부채	875,000	(75,000)	800,000
Q	자본금	1,550,000	–	1,550,000
R	이익잉여금	(100,278)	491,965	391,687
Q+R=S	자본총계	1,449,722	491,965	1,941,687
O+P+S=T	부채와 자본총계	$2,743,926	360,493	$3,104,419

부채와 자본총계

 **거래 29** 해당연도의 남은 기간을 포함해 사업 첫해 전체를
되짚어보며 거래 내용을 요약해 기록한다.

애플시드주식회사를 설립해 기업 활동을 펼친 지 벌써 3개월이 지
났다. 우리는 거래를 기록했고, 손익계산서와 현금흐름표, 대차대조
표를 정리해나갔다. 꽤 흥미진진한 일이었다.

우리는 이제 애플시드가 회계연도의 남은 9개월 동안 펼치게 될
기업 거래를 요약하고 압축해볼 예정이다. 재무제표를 통해 알 수 있
듯, 우리는 남은 9개월 동안 280만 달러에 상당하는 애플소스를 판매
해, 연간 310만 달러의 매출을 달성했다.

우리는 고객으로부터 제품대금 약 260만 달러를 회수했고, 공급업
체와 종업원 등에게 270만 달러를 지급했다. 가장 중요한 성과는 현
금지출보다 현금수취가 많아 현금흐름이 긍정적이 됐다는 것이다. 회
계연도 마지막 9개월 동안의 수입이 지출보다 6만 4,520달러 많았다.
하지만 올해 전체를 놓고 봤을 때 아직 현금흐름은 부정적이다. 지출
이 수입보다 13만 6,538달러가 많았기 때문이다.

우리는 이번 거래를 통해 한 해 동안의 기업 활동을 종결했다. 이
익 측면을 살펴보면, 49만 1,687달러의 영업이익을 달성했다. 이 금액
에서 건물을 구매하는 데 따른 대출금의 이자를 뺀 39만 1,687달러가
세전 이익이다. 꽤 긍정적인 수치이다.

거래: 애플시드의 첫 번째 회계연도의 남은 9개월 동안 일어난 거래를
손익계산서, 현금흐름표, 대차대조표에 모두 기록한다.

손익계산서

특정일: 거래 1~(30)

		기초	+	거래	=	합
1	순매출	$3,055,560		–		$3,055,560
2	매출원가	2,005,830		–		2,005,830
1-2=3	매출총이익	1,049,730				1,049,730
4	영업 및 마케팅	328,523		–		328,523
5	연구 및 개발	26,000		–		26,000
6	일반 및 관리	203,520		–		203,520
4+5+6=7	영업비용	558,043				558,043
3-7=8	영업이익	491,687				491,687
9	이자수익	(100,000)		–		(100,000)
10	소득세	0	1A	139,804		139,804
8+9-10=11	순이익	$391,687		(139,804)		$251,883

손익계산서 거래총계

현금흐름표

특정일: 거래 1~(30)

		기초	+	거래	=	합
a	기초현금	$0				$0
b	현금수취	2,584,900		–		2,584,900
c	현금지출	2,721,438		–		2,721,438
b-c=d	영업활동으로 인한 현금흐름	(136,538)				(136,538)
e	고정자산 구매	1,750,000		–		1,750,000
f	순차입	900,000		–		900,000
g	소득세 지급	0				0
h	신규 주식의 발행	1,550,000		–		1,550,000
a+d-e+f-g+h=i	기말현금	$563,462		0		$563,462

현금흐름표 거래총계

대차대조표

거래(30) 기준

		기초	+	거래	=	합
A	현금	$563,462		–		$563,462
B	외상매출금	454,760		–		454,760
C	재고	414,770		–		414,770
D	선급비용	0		–		0
A+B+C+D=E	유동자산	1,432,992				1,432,992
F	기타자산	0		–		0
G	고정자산	1,750,000		–		1,750,000
H	감가상각누계액	78,573		–		78,573
G-H=I	순고정자산	1,671,427				1,671,427
E+F+I=J	총자산	$3,104,419		0		$3,104,419

자산총계

		기초	+	거래	=	합
K	외상매입금	$236,297		–		$236,297
L	미지급비용	26,435		–		26,435
M	유동성부채	100,000		–		100,000
N	미지급법인세	0	2	139,804		139,804
K+L+M+N=O	유동부채	362,732				502,536
P	장기부채	800,000		–		800,000
Q	자본금	1,550,000		–		1,550,000
R	이익잉여금	391,687	1B	(139,804)		251,883
Q+R=S	자본총계	1,941,687				1,801,883
O+P+S=T	부채와 자본총계	$3,104,419		0		$3,104,419

부채와 자본총계

 **거래 30** **미지급소득세를 회계 처리한다.**

세금은 간단하다.

대부분의 기업들은 세전 소득을 산정한 후, 여기에 약 34%를 곱한다. 그런 후 정부에 해당 금액을 세금으로 납부하게 된다. 만약 제때 납부를 하지 못하거나 회계장부를 조작하면, IRS는 조사를 시작하게 될 것이다. 그리고 경우에 따라 형사처벌을 받을 수도 있다.

세금이 간단하다고 말한 이유이다. 우리는 세금을 계산한 후, 정부에 납부해야 할 소득세를 회계 처리하게 된다. 물론 실제 세금납부는 추후에 이뤄지게 된다.

거래: 세전 소득은 39만 1,687달러다. 연방정부에는 이 금액의 34%인 13만 3,173달러를, 주정부에는 6,631달러를 소득세로 납부해야 한다. 도합 13만 9,804달러다. 어찌 됐든 당장 몇 개월 이내에 이 세금을 내지는 않을 것이다.

1 (1A)손익계산서의 **소득세** 항목에 13만 9,804달러를 기록한다. (1B) 대차대조표의 이익잉여금 항목에서 이 금액을 **뺀다**.

2 대차대조표의 **미지급법인세** 항목에 13만 9,804달러를 기록한다.

손익계산서

특정일: 거래 1~(31)

		기초	+ 거래	= 합
1	순매출	$3,055,560	–	$3,055,560
2	매출원가	2,005,830	–	2,005,830
1-2=3	매출총이익	1,049,730		1,049,730
4	영업 및 마케팅	328,523	–	328,523
5	연구 및 개발	26,000	–	26,000
6	일반 및 관리	203,520	–	203,520
4+5+6=7	영업비용	558,043		558,043
3-7=8	영업이익	491,687		491,687
9	이자수익	(100,000)	–	(100,000)
10	소득세	139,804	–	139,804
8+9-10=11	순이익	$251,883	0	$251,883

손익계산서 거래총계

현금흐름표

특정일: 거래 1~(31)

		기초	+ 거래	= 합
a	기초현금	$0		$0
b	현금수취	2,584,900	–	2,584,900
c	현금지출	2,721,438	**1A** 75,000	2,796,438
b-c=d	영업활동으로 인한 현금흐름	(136,538)		(211,538)
e	고정자산 구매	1,750,000	–	1,750,000
f	순차입	975,000		900,000
g	소득세 지급	0		0
h	신규 주식의 발행	1,550,000	–	1,550,000
a+d-e+f-g+h=i	기말현금	$563,462	(75,000)	$488,462

현금흐름표 거래총계

대차대조표

거래(31) 기준

		기초	+ 거래	= 합
A	현금	$563,462	**1B** (75,000)	$488,462
B	외상매출금	454,760	–	454,760
C	재고	414,770	–	414,770
D	선급비용	0	–	0
A+B+C+D=E	유동자산	1,432,992		1,357,992
F	기타자산	0	–	0
G	고정자산	1,750,000	–	1,750,000
H	감가상각누계액	78,573	–	78,573
G-H=I	순고정자산	1,671,427		1,671,427
E+F+I=J	총자산	$3,104,419	(75,000)	$3,029,419

자산총계

		기초	+ 거래	= 합
K	외상매입금	$236,297		$236,297
L	미지급비용	26,435	–	26,435
M	유동성부채	100,000	–	100,000
N	미지급법인세	139,804		139,804
K+L+M+N=O	유동부채	502,536		502,536
P	장기부채	800,000	–	800,000
Q	자본금	1,550,000	–	1,550,000
R	이익잉여금	251,883	**2** (75,000)	176,883
Q+R=S	자본총계	1,801,883		1,726,883
O+P+S=T	부채와 자본총계	$3,104,419	(75,000)	$3,029,419

부채와 자본총계

 **주당 0.375달러의 배당금을 공표하고, 이를 보통주 주주들에게 지급한다.**

이제 올 한 해 동안의 회계 처리를 마무리 짓는 마지막 거래다. 애플시드의 첫해 영업활동은 성공적이었고, 이사회는 보통주 주주들에게 배당금을 지급하기로 결정을 내렸다. 문제는 배당금의 액수다.

배당금은 이익잉여금에서 지급한다. 애플시드는 연말 기준 25만 달러의 이익잉여금을 확충해두고 있는 상황이다. 또 현금이 충분하기 때문에 배당금을 지급할 충분한 여력이 있다.

회의와 투표 끝에 주당 0.375달러의 배당금을 지급하기로 결정했다. 기발행주식은 20만 주로, 애플시드가 지급할 배당금의 총액은 7만 5,000달러다. 5만 6,250달러는 투자자에게, 1만 8,750달러는 창업자인 바로 당신에게 돌아가게 된다.

거래: 애플시드의 주주들에게 주당 0.375달러의 배당금을 지급하기로 공표하고, 이를 지급한다.

1 (1A)배당금 7만 5,000달러를 현금흐름표의 **현금지출** 항목에 기록한다(아래 노트 참조). (1B)대차대조표의 **현금** 항목에서 해당 금액을 뺀다.

2 대차대조표의 **이익잉여금** 항목에서 배당금 7만 5,000달러를 뺀다.

★**노트:** 여기 제시된 현금흐름표는 요약된 형태의 현금흐름표다. 모든 항목을 포함하고 있지 않다는 이야기다. 사실 배당금을 지급하면 **현금지출** 항목 대신 **배당금지급**이라는 별도의 항목에 기록해야 한다. 배당금지급은 영업활동과 관련된 비용이 아니기 때문이다. 원래 현금지

출 항목은 영업활동과 관련한 비용만 기록해야 하는 항목이다.

228페이지를 보면 더 완전한 형태의 현금흐름표가 어떻게 구성되는지 나와 있다. 이를 참조하기 바란다.

현금흐름표 VS. 재무 상태의 변화

애플시드주식회사의 재무 상태를 보여주기 위해 사용한 현금흐름표는 현금흐름을 아주 이해하기 쉽도록 하는 데 목적을 두고 있다. 우리는 현금흐름표를 일종의 수표책이나 현금출납부에 비유했는데, 현금이 들어오고 나가는 출처와 과정을 수표를 발행하는 것에 빗댄 것이다. 하지만, 대부분의 회계 전문가들은 다른 형태의 현금흐름표를 이용해 현금흐름을 보여주는 것을 선호한다. 이와 같은 형태를 '재무 상태 변동표(Statement of Changes in Financial Position)'라고 부르는데, 기초 대차대조표와 기말 대차대조표를 연결해 놓은 표다. 이는 현금을 제공하면서 변하게 되는 자산과 부채, 자본 항목을 구체적으로 보여주고 있는 게 특징이다.

흔히 접하는 재무제표의 대부분은 바로 이 '재무 상태 변동표'이다.

어찌됐든, 두 가지 재무제표 모두 '기말현금'이라는 항목을 산출해 주지만 방식은 다르다. 여기 소개하고 있는 '재무 상태 변동표'는 현금의 흐름을 세 가지 주요 관심 범주로 나눈다. 기업의 현금흐름과 이에 따른 성과를 평가하고자 하는 모든 사람들에게 도움을 주기 위해서다.

1. 영업 현금흐름

제품을 제조하고 판매하는 활동에서 창출되는, 또는 사용되는 현금.

2. 투자 현금흐름

부동산, 공장, 설비와 같은 기업의 생산자산을 늘리거나, 또는 줄이는 것과 관련된 현금.

3. 재무 현금흐름

투자자에게 주식을 매각하거나, 금융기관에서 대출을 받거나, 배당금을 지급하는 등의 재무활동과 관련된 현금.

다음의 '재무 상태 변동표'는 거래 19에서 거래 31까지 애플시드의 기업 활동에서 비롯된 현금흐름을 요약해 보여주고 있다. 우리가 이 기간 동안의 거래를 선택한 이유는 도움이 될 만한 사례를 제공해주기 때문이다. 어찌됐든, 어느 시기의 두 거래를 이용해 사례를 제시할 수도 있었다.

거래 19의 현금흐름표를 보면, 기초현금은 58만 8,220달러다. 그리고 거래 31의 현금흐름표를 보면, 기말현금은 48만 8,462달러다. 후자에서 전자를 빼면 이 두 거래를 통해 현금이 9만 9,758달러가 줄어들었음을 알 수 있다.

다음 표와 주를 참조하기 바란다. 현금흐름에 대한 설명이 어떻게 보이는지를 알 수 있게 될 것이다.

재무 상태 변동표

애플시드주식회사 -거래 19~31-	대차대조표 (거래 19)	대차대조표 (거래 31)	현금흐름표 (거래 19~31)
영업 현금흐름:			
순이익(노트 1)	$ (135,780)	$ 251,883	$ 387,663
순이익을 영업활동에			
쓴 순현금과 일치시키기 위한 조정:			
감가상각(노트 2)	14,286	78,573	64,287
운전자본의 변화:			
외상매출금(노트 3)	0	454,760	(454,760)
재고(노트 3)	577,970	414,770	163,200
선급비용(노트 3)	0	0	0
외상매입금(노트 4)	469,204	236,297	(232,907)
미지급비용(노트 4)	18,480	26,435	7,955
미지급법인세(노트 4)	0	139,804	139,804
영업활동에 사용한 순현금			$ 75,242
투자 현금흐름:			
PP&E 매입(노트 5)	1,750,000	1,750,000	0
투자활동에 사용한 순현금			0
재무 현금흐름:			
주식매각(노트 6)	1,550,000	1,550,000	0
부채변경(노트 7)	1,000,000	900,000	(100,000)
배당금 지급(노트 8)			(75,000)
재무활동에 사용한 순현금			$ (175,000)
현금의 순증가(감소) (거래 19~31)			$ (99,758)
기초현금: (거래 19)			$ 588,220
기말현금: (거래 31)	8.55		$ 488,462

노트 1. 거래 31의 순이익(이익: 25만 1,883달러)에서 거래 19의 순이익
(손실: 13만 5,780달러)을 뺀 이익.

노트 2. 감가상각누계액의 변화를 산출한 금액. 감가상각은 현금 흐름에 영향을 미치지 않는다. 하지만 기간 동안의 순이익으로부터 빼야 하는 항목이기 때문에, 현금흐름을 정확히 보여주기 위해 다시 더해져야 한다.

노트 3. 자산 항목에서의 변화를 산출한 금액. 자산 항목의 금액이 늘어났다고 해서 기업의 운전자본이 늘어나고, 현금흐름이 긍정적이 되지는 않는다는 사실에 유의한다.

노트 4. 부채 항목에서의 변화를 산출한 금액. 부채 항목의 금액이 늘어났다고 해서 기업의 운전자본이 줄어들거나, 현금흐름이 부정적이 되지는 않는다는 사실에 유의한다.

노트 5. PP&E 자산의 변화를 산출한 금액. PP&E가 늘어난다는 것은 현금이 줄어든다는 것을 의미한다.

노트 6. 주주자본 자본금에서의 변화를 산출한 금액.

노트 7. 유동성 장기부채의 변화를 산출한 금액. 부채가 줄어들면 현금이 줄어들고, 반대로 부채가 늘어나면 현금이 늘어난다.

노트 8. 주주에게 배당금을 지급하면 현금이 줄어든다.

애플시드
주식회사의
연차보고서

손익계산서

거래 1~(31)

순매출	$3,055,560
매출원가	2,005,830
매출총이익	1,049,730
영업 및 마케팅	328,523
연구 및 개발	26,000
일반 및 관리	203,520
영업비용	558,043
영업이익	491,687
이자수익	(100,000)
소득세	139,804
순이익	$251,883

현금흐름표

거래 1~(31)

기초현금	$0
현금수취	2,584,900
현금지출	2,796,438
영업활동으로 인한 현금흐름	(211,538)
고정자산 구매	1,750,000
순차입	900,000
소득세 지급	0
신규 주식의 발행	1,550,000
기말현금	$488,462

대차대조표

거래(31) 기준

현금	$488,462
외상매출금	454,760
재고	414,770
선급비용	0
유동자산	1,357,992
기타자산	0
고정자산	1,750,000
감가상각누계액	78,573
순고정자산	1,671,427
총자산	$3,029,419
외상매입금	$236,297
미지급비용	26,435
유동성부채	100,000
미지급법인세	139,804
유동부채	502,536
장기부채	800,000
자본금	1,550,000
이익잉여금	176,883
자본총계	1,726,883
부채와 자본총계	$3,029,419

친애하는 주주 여러분:

애플시드의 첫해 기업 활동에 따른 결과를 알려 드리게 되어 기쁘게 생각합니다. 여러분의 투자기업인 애플시드는 단기간 내에 뛰어난 품질의 애플소스를 공급하는 회사로서의 시장 위치를 굳건히 함으로써 처음의 목표를 훌륭히 달성해냈습니다.

주요 활동

애플시드는 설립 첫해, 보통주 매각을 통해 100만 달러의 자본을 유치했습니다. 그리고 이와 같은 자본유치를 통해 경쟁이 치열한 애플소스 시장에 성공적으로 진입하기 위한 제품생산에 필요한 설비를 구매했습니다.

그리고 애플시드는 매달 2만 상자의 애플소스를 지속적으로 생산해왔습니다. 또 시장수요가 폭증하면서 현재의 생산가동률을 두 배로 늘려야 할 것으로 예상하고 있습니다. 하지만 북동부 지방의 기후변화 때문에 원재료 확보에 차질을 빚을 수도 있으며, 이 점을 이유로 생산량을 늘릴 수 있을지는 현재로선 불투명한 실정입니다.

재무성과

애플시드는 첫해 300만 달러가 넘는 매출을 달성하는 데 성공했습니다. 순이익은 기발행 주식 20만 주를 기준으로 했을 때, 주당 1.26달러로 총 25만 달러에 달하고 있습니다.

매출이익률은 동종업계 평균보다 높은 8%를, 자기자본이익률은 15%, 총자산이익률은 8%를 기록하는 성과를 달성했습니다. 대차대조표 또한 견실한 상태를 유지하고 있습니다. 기말 기준 현금 보유량은 48만 8,000달러입니다.

애플시드는 지속적으로 영업 및
마케팅 활동에 전력을 기울이고 있
습니다. 우리는 이와 같은 투자가
애플소스 산업의 특화제품 시장에
서 우리의 시장 경쟁력을 현저하게
개선해주는 성과로 나타날 것으로
굳게 확신하고 있습니다.

우리는 다음 해, 선물용 식품 시장을 대상으로 새로운 용기와 포장
을 통한 신제품을 출시할 계획에 있습니다. 이를 위해 특별한 풍미를
갖춘 다양한 색상의 애플소스 제품에 대한 시험 및 검사를 지속적으
로 시행하는 중입니다. 이러한 노력을 통해 올해 성 패트릭의 날 이전
에 국화 모양의 용기에 담은 새로운 제품을 시장에 소개할 계획입니
다. 우리는 이와 같은 신제품이 시장에서 호평을 받을 것으로 기대하
고 있습니다.

우리는 우리의 제품에 지속적으로 관심을 보여준 고객들에게 감
사를 드립니다. 또 지난 한 해 동안 제품생산 및 기업 활동을 위해 노
력한 임직원들과 지속적으로 아낌없는 성원을 보내준 주주 여러분에
게도 감사를 드립니다.

I. M. Rich
CEO

기업의 가치

애플시드주식회사는 애플소스 제조 및 공급업체로 성공적인 첫해를 보냈다. 그렇다면 현재 애플시드주식회사의 가치는 얼마나 될까? 누구보다 애플시드의 주주들이 특히 관심을 가질만한 질문이다. 기업의 가치를 평가하는 몇 가지 방법에 대해 살펴보자.

장부가치 장부가치란 기업의 회계장부를 토대로 한 자산가치를 일컫는 용어다. 한 기업의 장부가치는 총자산에서 유동부채와 장기부채를 뺀 금액이다. 따라서 애플시드의 장부가치는 172만 6,883달러다(총자산 302만 9,419달러에서 유동부채 50만 2,536달러와 장기부채 80만 달러를 뺀 금액).

청산가치 청산가치란 한 기업의 자산을 강제 처분했을 경우 발생하는 가치다. 일반적으로 기업이 지속적으로 존속한다는 가정을 할 때 이와 같은 청산가치에는 큰 의미가 없다. 활동 중인 기업의 가치는 청산 가치보다는 월등하게 클 것이기 때문이다.

재미삼아 애플시드의 청산가치를 산출해보자. 예를 들어 재고자산은 달러당 10센트만 받을 수 있고 설비는 달러당 50센트만 받을 수 있다고 가정할 때, 회사의 장부가치에서 그 장부가치를 낮추는 금액을 빼면 된다. 이 경우 애플시드의 청산가치는 124만 4,960달러가 된다.

주가수익 애플시드의 총 발행주식 수는 20만 주이다. 그리고 지난해 기준 25만 1,883달러의 순이익을 남겼다. 순이익을 발행주식의 수로 나누면 주당 순이익이 산출되는데, 1.26달러다.

현재 애플시드와 비슷한 성과를 보이고 있는 기업이 12배에 달하는 주가수익을 올리고 있다고 가정해보자. 그럼 애플시드의 가치는

1.26달러에 발행주식 20만 주의 12배를 곱한 값으로, 300만 달러가 넘는다.

시장가치 애플시드는 시장에서 주식이 거래되고 있는 상장기업이 아니다. 따라서 애플시드는 어떠한 시장가치도 갖지 않는다. 비상장기업을 매각하는 것은 주택을 판매하는 것과 같다.

할인현금흐름 기업가치를 판단할 때 가장 복잡한 방법이 할인현금흐름을 이용하는 방법이다. 이 방법을 사용하려면, 기업은 투자자에게 유입되는 모든 현금(배당금과 주식매각대금)을 측정해야만 한다. 또 할인율을 가정해 순현재 가치를 계산해야 한다. 애플시드의 기업가치를 평가하기 위해 이 방법을 사용하려면 많은 가정이 필요하다. 어쨌건 본 책 21장에서 이와 관련, 더 자세한 내용을 살펴볼 예정이다.

애플시드의 기업가치

(단위: 달러)

가치평가 방법	기업가치
장부가치	1,726,883
청산가치	1,244,960
주가수익	3,024,000
시장가치	누구에게 팔까?
할인 현금흐름	너무 복잡하잖아

PART 3

성과 창출을 위한 재무제표의 기법
- 재무제표의 세부 구성과 분석

🖋 3부 미리보기

축하한다! 지난 한 해 동안 성공적으로 애플시드의 회계장부를 기록하고 유지 관리해왔다. 더더구나 많은 성과를 일궈낸 한 해였다. 이번 3부에서는 몇 가지 기법들과 세부적인 내용을 살펴보게 될 것이다.

분개장 및 원장 지금부터 배우게 될 분개장 및 원장은 회계 담당자들이 기업의 거래내역을 기록하기 위해 사용하는 장부다. 과거에는 종이로 된 장부를 이용했지만, 지금은 컴퓨터를 이용한다. 일부는 컴퓨터를 이용하게 되면서 회계조작이 더 쉬워졌다고 말한다(펜으로 쓰는 문서 형식의 원장일 경우 사실 조작이 더 어렵기는 했다).

비율분석 다음으로는 한 기업의 재무 건전성을 살펴보기 위해 재무제표를 분석하는 가장 보편적인 방법에 대해 살펴볼 예정이다. 우리는 기업청산의 위험이 있는지, 자산을 얼마나 효율적으로 사용하는

지, 수익성은 어떤지, 다른 사람의 자금, 즉 부채를 얼마나 효과적으로 사용하는지를 평가해보게 될 것이다.

회계원칙 기업의 회계장부를 작성하는 또 다른 방법들과 이들 방법을 사용하는 이유가 무엇인지에 대해 알아볼 것이다. 이들 '혁신적인 회계기법'의 일부는 기업이 가진 문제를 숨기는 데 사용될 수도 있다는 점을 유념하기 바란다.

회계장부 조작 우리는 회계장부를 조작하는 방법과 이를 간파해내는 방법에 대해서도 알아볼 예정이다. 해당 기업의 고용인이든, 투자자이든 이와 같은 회계사기 기법을 이해할 필요가 있다.

Chapter 12 분개장과 원장을 기록하고 유지하는 방법

재무회계란 기업의 재정상태에 영향을 미치는 모든 거래와 사건을 기록하는 것을 의미한다. 회계 담당자들은 이와 같은 거래활동을 그대로 기록하고 유지함으로써 해당 기업의 재무 상태를 쉽게 요약할 수 있고, 재무제표를 생산해낼 수 있게 된다. 분개장과 원장은 회계 담당자들이 이러한 거래내용을 초안으로 작성해 보관하는 장부다.

분개장은 기업의 재무활동을 시간대별, 일자별로 기록한 장부(또는 컴퓨터 파일)다. 모든 재무활동을 빠짐없이 포함하고 있어야 하며, 다음의 경우에 분개장에 기입한다:

1. 거래된 금액이 얼마인지 상당히 확실하게 알고 있을 때.
2. 거래가 일어난 시점을 알고 있을 때.
3. 당사자들이 현금, 재화, 기타 유가증권(주식)을 실제 교환했을 때.

원장은 회계장부의 일종이다. 회계 담당자들은 추적할 필요가 있는 유사 항목을 묶어 원장을 만든다. 따라서 원장의 각 페이지에는 각 항목에 대한 기록이 담겨 있다.

원장이 주는 가장 큰 장점은 특정 시점에서 특정 항목에 얼마나 가치가 있는지를 판단하도록 해준다는 데 있다. 분개장을 시점별로 기록한 후, 회계 담당자는 기입에 따라 결과가 달라진 각 항목을 원장을 통해 반영, 수정한다.

분개장에 기입을 할 때마다 최소한 두 가지 항목(원장)의 금액을 바꾸고 있다는 점에 주의한다. 물론 대차대조표가 균형을 이루도록 하기 위해서다. 다시 한번 말하지만 자산은 부채와 자본을 합한 것과 같아야 한다.

기업의 재무 상태에 영향을 미치는 모든 거래는 회계 기본등식에도 영향을 미친다. 이 기본등식은 한 기업의 재무 상태를 요약해 보여줘야 하고, 따라서 등식은 항상 균형을 이뤄야만 한다. 등식이 균형을 이루기 위해서는 등식에서 어느 한 항목의 수치가 달라지면 최소한 다른 한 항목의 수치 또한 달라져야 한다. 회계전문가들은 이와 같은 시스템을 '복식부기제도'라고 일컫는다.

다음은 애플시드주식회사의 회계원장의 일부다. 각 원장은 하나

분개장은 기업의 재무활동을 시간대별, 일자별로 기록한 장부(또는 컴퓨터 파일)이다. 분개장은 모든 재무활동을 빠짐없이 포함하고 있어야 한다. 원장은 회계장부의 일종이다. 회계 담당자들은 추적할 필요가 있는 유사 항목을 묶어 원장을 만든다. 따라서 원장의 각 페이지에는 각 항목에 대한 기록이 담겨 있다.

의 특정 항목에 영향을 미치는 거래를 어떤 방식으로 나타내는지를
보여주고 있다. 이와 같은 원장은 애플시드의 현재 회계상태에 대한
전체적인 그림을 제시하고 있다는 점에 주목하기 바란다.

현금원장은 애플시드의 은행계좌에 보관 중인 돈에 영향을 미치

애플시드주식회사
현금 원장

(단위: 달러)

거래번호 및 설명		현금유입(+)	현금유출(-)	기말현금 잔고 (=)
	기초잔고			50,000
1	주당 10달러에 주식 15만 주를 매각	1,500,000		1,550,000
2	일반 및 관리급여비 지급		3,370	1,546,630
3	건물 구매를 위한 차입	1,000,000		2,546,630
4	150만 달러에 건물 구매		1,500,000	1,046,630
5	일반및관리급여지급		7,960	1,038,670
6	급여세 납부		9,690	1,028,980
7	기계구매에 따른 대금 일부 지급		125,000	903,980
8	기계구매에 따른 잔금 지급		125,000	778,980
9	관리인 급여 지급		2,720	776,260
12	제조 관련 급여 지급		9,020	767,240
14	용기 라벨대금 지급		20,000	747,240
17	원재료대금 일부 지급		150,000	597,240
18	제조 관련 급여 지급		9,020	588,220
23	제품대금 수취, 판매수수료 지급	234,900	4,698	818,422
25	보험료 납부		26,000	792,422
26	대출원리금 납부		50,000	742,422
27	급여세 및 급여혜택 납부		18,480	723,942
28	공급업체에게 대금 지급		150,000	573,942
29	9개월 동안의 거래 요약		10,480	563,462
31	배당금 지급		75,000	488,462

는 모든 거래를 나열해 보여주고 있다. 현금원장의 기말현금 잔고는 최종 거래일을 기준으로, 대차대조표의 현금 항목에 기재된 금액과 같다.

각각의 원장에서 가장 오른쪽 칸의 수치는 거래 종료시점에서의 회계가치다. 원장은 항상 최근 거래를 반영해 유지하고 있어야 한다. 재무제표를 준비할 필요가 있을 때, 정확한 회계 가치를 제공하기 위해서다.

애플시드주식회사
외상매입금 원장

(단위: 달러)

	거래번호 및 설명	거래금액	외상매입금
	기초잔고		0
10	라벨 수령	20,000	20,000
11	누 딜분의 원재료 수령	332,400	352,400
13	기타 제조비용 회계 처리	8,677	361,077
14	거래 10의 라벨대금 지급	(20,000)	341,077
17	원재료대금 일부 지급	(150,000)	191,077
18(1)	다음 달분의 원재료 수령	166,200	357,277
18(2)	다음 달분의 기타제조비용 회계 처리	8,677	365,954
19	홍보물과 티셔츠비용 회계 처리	103,250	469,204
28	공급업체에게 대금 지급	(150,000)	319,204
29	9개월 동안의 거래 요약	(82,907)	236,297

애플시드주식회사
재고 원장

(단위: 달러)

	거래번호 및 설명	기초재고	거래	기말재고
	기초잔고			0
10	애플소스 용기 라벨 수령	0	20,000	20,000
11	두 달분의 재고 수령	20,000	332,400	352,400
12	제조 관련 급여 지급	352,400	17,180	369,580
13	감가상각 및 기타 간접비 지급	369,580	15,820	385,400
16	애플소스 500상자 폐기	385,400	(5,100)	380,300
18	다음 달분의 애플소스 제조	380,300	197,670	577,970
20	애플소스 1,000상자 출하	577,970	(10,200)	567,770
22	애플소스 1만 5,000상자 출하	567,770	(153,000)	414,770

애플시드주식회사
미지급비용 원장

(단위: 달러)

	거래번호 및 설명	거래금액	미지급비용
	기초잔고		0
2	급여 관련 세금 및 혜택 비용	2,860	2,860
5	급여 관련 세금 및 혜택 비용	6,830	9,690
6	급여세 및 관련 혜택 분담금 지급	(9,690)	0
9	급여세 및 관련 혜택 분담금	2,160	2,160
12	급여세 및 관련 혜택 분담금	8,160	10,320
18	급여세 및 관련 혜택	8,160	18,480
20	분담금	318	18,798
22	판매수수료 지급책임	4,698	23,496
23	판매수수료 지급책임	(4,698)	18,798
24	판매수수료 지급 취소(거래 20)	(318)	18,480
27	급여세 및 관련 혜택 분담금 지급	(18,480)	0
29	9개월 동안의 거래 요약	26,435	26,435

애플시드주식회사
외상매출금 원장

(단위: 달러)

	거래번호 및 설명	거래금액	외상매출금
	기초잔고		0
20	애플소스 판매-1,000상자(상자당 15.90달러)	15,900	15,900
22	애플소스 판매-1만 5,000상자(상자당 15.66달러)	234,900	250,800
23	거래 22의 대금 수취	(234,900)	15,900
24	거래 20의 대손 상각	(15,900)	0
29	9개월 동안의 거래 요약	454,760	454,760

재무 상태 파악에 핵심이 되는
비율분석

한 기업의 재무 상태를 파악할 때 중요한 부분은 매출이나 원가,
비용, 자산의 절대 수치가 아닌, 이들 항목 사이의 관계이다.

예를 들어보자:

• 기업이 향후 대금을 지급할 수 있는지 살펴보려면 외상매입금
과 비례해 현금을 얼마나 보유하고 있는지를 파악하는 것이 도움
이 된다.

• 기업의 생산자산(기계 및 재고)에 대한 투자가 얼마큼의 수익을
효율적으로 창출해낼 수 있는지를 살펴보려면 매출규모와 비례해
자산을 얼마나 보유하고 있는지를 파악하는 것이 도움이 된다.

• 기업이 일반 및 관리, 영업에 얼마큼의 비용을 투자하고 있는지,
그리고 이를 통해 이익을 창출할 수 있는지를 살펴보려면 매출총

이익을 파악하는 것이 도움이 된다.

비율분석 즉, 재무제표의 특정 항목 수치를 다른 항목의 수치와 비교하는 것은 (1)기업이 매년 더 나은 성과를 달성하고 있는지, 아닌지를 연도별로 비교할 때, (2)특정 산업에서 기업이 경쟁력을 가졌는지를 판단해보기 원할 때 가장 유용하게 사용할 수 있다.

우리는 이번 장에서 애플시드의 재무제표와 다음의 몇 가지 기준을 토대로 비율분석함으로써, 다음과 같은 애플시드의 첫해 사업성과를 평가해볼 예정이다:

- 유동성
- 자산관리
- 수익성
- 레버리지(leverage)

또 산업 전반에 걸친 비율분석을 해볼 계획이다. 특정 업종은 다른 업종에 비해 본질적으로 수익성이 높다. 한편, 일부 업종은 더 많은 자본이 필요하거나, 반대로 적은 자본이 필요하기도 하다.

> 앞으로 나올 비율은 애플시드의 손익계산서와 대차대조표를 이용해 산출했다. 기간은 앞서 연보에서 이용했던 거래 1~31까지다.

공통형 재무제표

분석 목적의 재무제표에서는 손익계산서와 대차대조표 모두를 공통형 재무제표로 바꿀 수 있다. 공통형 재무제표는 각 항목을 해당 재무제표에서 가장 큰 금액을 기준으로 백분율로 표시한 것이다.

공통형 손익계산서 일반적으로 손익계산서에서 수치가 가장 큰 항목은 매출이다. 따라서 손익계산서를 공통형 재무제표로 바꾸면 모든 항목을 이 매출에 대한 백분율로 표시하는 셈이 된다. 그리고 공통형 손익계산서를 평가할 때는 여러 원가 및 비용 항목이 이 매출에 대해 어떤 비율을 보이는지에 초점을 맞춘다.

애플시드의 매출원가는 매출 대비 66%, 영업비용은 18%, 순이익은 8% 등이었다. 중소기업인 점을 감안할 때 나쁜 비율이 아니다. 다음 페이지의 공통형 손익계산서를 참조하기 바란다.

공통형 대차대조표 대차대조표를 공통형 재무제표로 바꾸면, 모든 구성 항목은 총자산에 대한 백분율로 표시된다. 예를 들어 애플시드의 유동자산은 총자산 대비 45%, 장기부채는 부채와 자본총계 대비 26% 등이다.

공통형 대차대조표는 기업이 재정자원을 내부적으로 어떻게 할당하고 구성하는지 분석하는 데 도움을 준다. 특히 기업의 성과를 연도별로 비교분석할 때, 또는 비슷한 규모의 기업과 비교할 때 특히 도움이 된다.

즉, 이와 같은 과정을 통해 "이 항목에서 올해보다 지난해 성과가 좋았던 이유는?", "동종 산업의 다른 경쟁기업과 비교했을 때, 우리가 잘하고 있는지?" 등의 질문을 제기할 수 있게 된다.

공통형 손익계산서

거래 1~(31)　　　　　　　　　　　　　　　　　　(단위: 달러, %)

순매출	$3,055,560	100	◀━ 100%
매출원가	2,005,830	66	
매출총이익	1,049,730	34	
영업 및 마케팅	328,523	11	
연구 및 개발	26,000	1	
일반 및 관리	203,520	7	
영업비용	558,043	18	
영업이익	491,687	16	
이자수익	(100,000)	(3)	
소득세	139,804	5	
순이익	$251,883	8	

공통형 대차대조표

거래(31) 기준

현금	$488,462	16	
외상매출금	454,760	15	
재고	414,770	14	
선급비용	0	0	
유동자산	1,357,992	45	
기타자산	0	0	
고정자산	1,750,000	58	
감가상각누계액	78,573	3	
순고정자산	1,671,427	55	
총자산	$3,029,419	100	◀━ 100%
외상매입금	$236,297	8	
미지급비용	26,435	1	
유동성부채	100,000	3	
미지급법인세	139,804	5	
유동부채	502,536	17	
장기부채	800,000	26	=
자본금	1,550,000	51	
이익잉여금	176,883	6	
자본총계	1,726,883	57	
부채와 자본총계	$3,029,419	100	◀━ 100%

유동성 비율

기업이 각종 대금을 제때 얼마나 용이하게 지급할 수 있는지를 측정하는 것이 유동성 비율이다. 지급책임을 갖고 있는 대금이나 비용의 청산일이 다가왔을 때, 이를 지급할 충분한 현금을 은행에 보유하고 있는지, 또는 충분한 현금을 창출할 여력이 되는지(제품 판매나, 외상매출금 회수를 통해)를 보는 것이다.

모든 기업은 기업 활동 중 제때 대금을 지급하지 못하는, 즉 유동성이 부족한 시점에 직면하는 경우가 있다. 대부분의 경우 일시적이며 큰 문제는 안 된다. 모든 기업에게 일어날 수 있는 일이기 때문이다.

하지만 정기적으로, 또는 오랜 기간 유동성 부족에 시달린다면, 기업 청산 또는 파산의 위험이 있는 것이다.

모든 사람이 애플시드의 단기부채(종업원 급여, 공급업체 대금, 은행대출 원리금) 지급능력에 관심을 둘 수밖에 없다. 심지어 고객들조차 그렇다. 안정적으로 제품을 공급받기 원하기 때문이다.

> 유동성과 수익성은 다른 개념이다. 물론 한 기업이 수익성과 유동성을 동시에 갖추는 것 또한 가능하다. 하지만 손익계산서상으로는 수익성을 보여 주지만, 대금을 지급할 현금이 부족할 수도 있다.

대차대조표

거래(31) 기준

현금	$488,462	A
외상매출금	454,760	B
재고	414,770	
선급비용	0	
유동자산	1,357,992	C
기타자산	0	
고정자산	1,750,000	
감가상각누계액	78,573	
순고정자산	1,671,427	
총자산	$3,029,419	
외상매입금	$236,297	
미지급비용	26,435	
유동성부채	100,000	
미지급법인세	139,804	
유동부채	502,536	D
장기부채	800,000	
자본금	1,550,000	
이익잉여금	176,883	
자본총계	1,726,883	
부채와 자본총계	$3,029,419	

기대하지 못했던 고속성장을 달성한 기업들이 종종 이와 같은 유동성과 수익성 문제에 직면한다. 이들 기업들은 재고를 충당하기 위해 지속적으로 많은 운전자본이 필요하고, 외상매입금도 증가세를 보인다. 따라서 현금이 부족할 수도 있다. 다행히 금융기관들은 높은 수익성을 동반한 성장에 따른 유동성 문제를 겪는 기업들에게 기꺼이 자금을 대출해준다.

유동비율 유동비율은 단기적인 관점에서 재무건전성을 측정하고자 하는 목적에서 아주 오랫동안 사용되어 온 가장 잘 알려진 방법이다. 유동비율은 기업이 유동부채(1년 안에 지급해야 하는 지급책임)를 청산하기에 충분한 유동자산(1년 안에 현금으로 바꿀 수 있는 자산 또는 현금)을 보유하고 있는지를 결정해준다.

일반 제조업체는 유동비율이 2.0 이상이면 양호하다고 판단한다. 이는 기업이 보유하고 있는 유동자산이 유동부채의 2배라는 이야기다. 비율이 1:1이면 지급책임을 가까스로 이행할 수 있다는 의미이고, 2:1 이상이면 재무적으로 충분한 완충지대를 갖고 있다는 의미다.

당좌비율 당좌비율은 유동성을 측정하는 데 있어 유동비율보다 한층 보수적인 방법이다. 당좌비율은 기업이 보유한 당좌자산(현금 및 외상 매출금)을 유동부채로 나눈 값으로, 재고는 포함하지 않는다.

아래는 유동비율과 당좌비율을 구하는 방법이다. 애플시드는 충분한 유동성을 보유하고 있다고 볼 수 있다.

애플시드의 유동성 비율

$$\text{유동비율} = \frac{\text{유동자산}}{\text{유동부채}} = \frac{C}{D} = \frac{\$1,357,992}{\$502,536} = 2.7$$

$$\text{당좌비율} = \frac{\text{현금} + \text{외상매출금}}{\text{유동부채}} = \frac{A+B}{D} = \frac{\$488,462 + \$454,760}{\$502,536} = 1.9$$

자산운용 비율

자산은 기업의 재무측면에서의 동력이다. 하지만 이와 같은 자산을 효율적으로 사용하고 있는지 어떻게 파악할까? 자산관리 비율은 한 기업이 외상매출금, 재고자산 및 고정자산에 있어 어떤 방식으로 투자를 하는지, 그리고 이를 통해 얼마나 효과적으로 이익을 창출하는지를 조사할 수 있도록 해주는 좋은 도구를 제공해준다.

재고자산 회전 재고자산 회전은 재고에 대한 투자를 기준으로 창출될 수 있는 사업규모를 측정한다. 애플시드는 매년 네 차례 재고를 회전했다. 즉, 애플시드는 연간 매출원가의 1/4 수준으로 재고가치를 유지할 필요가 있다는 뜻이다.

업종이 다르면 다른 종류의 재고자산 회전을 이용할 수 있다. 예를 들어, 제조업체는 매년 두 차례 재고를 회전하지만, 슈퍼마켓의 경우 열두 차례 이상 재고를 회전할 수도 있다.

재고란 예상 매출을 토대로 한다. 따라서 재고회전은 기업 활동에 변화를 가져오는 민감한 요소가 될 수 있다. 매출이 줄어들면, 재고가 늘어나고, 따라서 재고회전도 줄어들 수밖에 없다.

자산회전율 자산회전율이란 자산을 얼마나 효율적으로 사용하고 있는지를 측정하는 가장 일반적인 방법이다. 이는 특정 자산 보유량을 기준으로 기업이 창출해낼 수 있는 매출규모를 보여준다. 자산회전율이 낮은 기업은 매출증대를 위해 더 많은 자본이 필요하게 된다. 반대로 자산회전율이 높으면, 기업은 적은 자본투자만으로도 매출을 크게 확대할 수 있다.

매출채권 회전일수 기업이 외상매출금을 회수하는 데 걸리는 평시간을 의미한다. 즉 제품을 출하하고 고객이 제품대금을 지급하기까지 얼마나 오랜 시간이 걸리느냐는 이야기다.

신용판매를 하면 외상매출금이 발생하고, 이는 대차대조표상에 유동자산으로 나타난다. 이와 같은 외상매출금은 미래에 기업으로 현금이 유입될 것이라는 뜻이다. 매출채권 회전일수는 기업이 현금을 얼마나 빨리 얻게 되는지를 측정하는 방법이다.

애플시드는 30일 지급조건으로 제품을 판매하고 있다. 출하한 애플소스에 대금을 30일 이내에 받을 것으로 기대한다는 의미다. 아래의 등식을 통해 살펴보면 애플시드의 매출채권 회전일수는 54일이다.

손익계산서

거래 1~(31)

순매출	$3,055,560	A
매출원가	2,005,830	B
매출총이익	1,049,730	
영업 및 마케팅	328,523	
연구 및 개발	26,000	
일반 및 관리	203,520	
영업비용	558,043	
영업이익	491,687	
이자수익	(100,000)	
소득세	139,804	
순이익	$251,883	

대차대조표

거래(31) 기준

현금	$488,462	
외상매출금	454,760	C
재고	414,770	D
선급비용	0	
유동자산	1,357,992	
기타자산	0	
고정자산	1,750,000	
감가상각누계액	78,573	
순고정자산	1,671,427	
총자산	$3,029,419	E
외상매입금	$236,297	
미지급비용	26,435	
유동성부채	100,000	
미지급법인세	139,804	
유동부채	502,536	
장기부채	800,000	
자본금	1,550,000	
이익잉여금	176,883	
자본총계	1,726,883	
부채와 자본총계	$3,029,419	

일반적으로 미국 기업의 평균 매출채권 회전일수는 45~65일 사이이다. 만약 고객이 평균보다 더 빠른 35일 이내에 제품대금을 지급한다면, 애플시드는 다른 목적에서 이 현금을 자유롭게 사용할 수 있다.

애플시드의 자산운용 비율

$$\text{재고자산 회전} = \frac{\text{매출원가}}{\text{재고}} = \frac{B}{D} = \frac{\$2,005,830}{\$414,770} = 4.8\text{회전}$$

$$\text{자산회전율} = \frac{\text{연간 매출}}{\text{자산}} = \frac{A}{E} = \frac{\$3,055,560}{\$3,029,419} = 1.0\text{회전}$$

$$\text{매출채권 회전일수} = \frac{\text{외상매출금}\times365}{\text{연간 매출}} = \frac{C}{A} = \frac{\$454,760\times365}{\$3,055,560} = 54\text{일}$$

수익성 비율

수익성 비율에는 '매출이익률', '자산이익률' 등이 있다. 수익성 비율이란 매출, 자산, 자본과 같은 특정 재무 항목에 대한 이익률을 일컫는다. 이는 기업 운영활동에서 효율성을 측정하는 수단이다. 즉 특정 자원을 수익으로 창출해낼 수 있는 기업의 역량을 평가한다.

> 단기적 관점에서 기업의 재무 건전성을 측정하는 데 가장 중요한 지표는 유동성이다. 하지만 장기적 관점에서는 수익성이 가장 중요하다.

기업은 장기적 관점에서 상당수준의 이익을 꾸준히 창출해내야 하며, 기업 소유주들에게는 최초 투자에 대한 수익을 남겨줘야만 한다.

총자산이익률(ROA: Return on Assets) ROA는 이익을 창출하기 위해 자산을 얼마나 성공적으로 활용했는지를 측정한다.

자기자본이익률(ROE: Return on Equity) ROE는 기업이 투자자의 투자자본에 대해 수익을 최대화하는 데 성공했는지를 측정한다. ROE는 '투자수익률(ROI: Return on Investment)'로 불리는 경우가 많다.

매출액이익률(Return on Sales) 매출액이익률은 매출에서 모든 원가와 비용을 빼고 남은 가치를 측정하는 것이다.

매출총이익(Gross Margin, Gross Profit) 매출총이익이란 기업이 제품을 만드는 데 어느 정도의 원가를 투입해야 하는지, 그리고 이런 투입에도 불구하고 일반 및 관리비용을 감당하고도 이익을 창출할 수 있는지를 측정하는 것이다.

매출총이익은 업종에 따라 크게 달라진다. 예를 들어 소매업종의 경우 매출총이익은 대략 25%에 달한다. 하지만 컴퓨터 소프트웨어 기업들의 경우 80~90%에 달하는 매출총이익을 달성하기도 한다. 풀어서 설명하자면 컴퓨터 소프트웨어 기업들이 1달러에 판매하는 제품의 원가는 10센트에서 20센트에 불과하다는 이야기다.

애플시드는 이 부분에서도 훌륭한 성과를 냈다. 매출액이익률은 8%, 자기자본이익률은 15%로 양호한 수준이다. 총자산이익률이 8%로 낮은 편이지만, 기업 운영 첫해라는 점을 감안하면 나쁘다고 할 수 없다.

손익계산서

거래 1~(31)

순매출	$3,055,560	A
매출원가	2,005,830	B
매출총이익	1,049,730	
영업 및 마케팅	328,523	
연구 및 개발	26,000	
일반 및 관리	203,520	
영업비용	558,043	
영업이익	491,687	
이자수익	(100,000)	
소득세	139,804	
순이익	$251,883	C

대차대조표

거래(31) 기준

현금	$488,462	
외상매출금	454,760	
재고	414,770	
선급비용	0	
유동자산	1,357,992	
기타자산	0	
고정자산	1,750,000	
감가상각누계액	78,573	
순고정자산	1,671,427	
총자산	$3,029,419	D
외상매입금	$236,297	
미지급비용	26,435	
유동성부채	100,000	
미지급법인세	139,804	
유동부채	502,536	
장기부채	800,000	
자본금	1,550,000	
이익잉여금	176,883	
자본총계	1,726,883	E
부채와 자본총계	$3,029,419	

$$ROA = \frac{순이익}{총자산} = \frac{C}{D} = \frac{\$251,883}{\$3,029,419} = 8\%$$

$$ROE = \frac{순이익}{자본총계} = \frac{C}{E} = \frac{\$251,883}{\$1,726,883} = 15\%$$

$$ROS = \frac{순이익}{순매출} = \frac{C}{A} = \frac{\$251,883}{\$3,055,560} = 8\%$$

$$매출총이익률 = \frac{순매출-매출원가}{순매출} = \frac{A-B}{A} = \frac{\$3,055,560-\$2,005,830}{\$3,055,560} = 34\%$$

레버리지 비율

기업자산에서 부채가 차지하는 비율을 측정하는 방법이 레버리지 비율(또는 안전성 비율)이다. 레버리지 비율은 (1)손실 발생 시 이를 흡수할 수 있는 기업자산의 여력을 보여주고, (2)단기부채와 장기부채에 대한 지급책임을 이행하는 기업의 역량을 측정해준다.

레버리지란 다른 사람의 돈을 이용해 이익을 창출하는 기업 활동을 의미한다. 기업은 자본대신 부채를 이용해 투자한 금액보다 더 많은 이익을 남기기를 희망한다.

따라서 부채는 투자를 레버리지한다 할 것이다. 이와 같은 레버리지 비율은 레버리지의 정도를 측정한다. 레버리지 비율을 안전성 비율이라고도 부르는 이유는 기업이 레버리지를 과도하게 이용하면 채권자 입장에서는 위험할 수 있기 때문이다. 이런 이유로 채권자는 이를 안전성 비율로, 채무자는 레버리지 비율로 부르는 것이다.

기업은 재무 레버리지를 적절히 이용해야 한다. 너무 적게 이용하면 잠재적인 최대이익을 달성하지 못하게 될 것이고, 반대로 부채가 너무 과도하면 사업 여건이 악화됐을 때 원리금을 지급할 수 없게 되는 위험에 직면할 수도 있다.

부채 대 자본 비율(Debt-to Equity Ratio) 투자자본에 비례해 얼마나 많은 부채를 떠안고 있는지를 측정하는 것이다. 채권자로서는 기업의 자본보다 부채가 낮기를 희망한다. 기업의 경영여건이 악화했을 때 자본으로부터 부채를 회수할 수 있다는 점에 안심할 수 있기 때문이다.

부채비율(Debt Ratio) 기업의 총자산에 비례한 부채의 비율을 의미

대차대조표		
거래(31) 기준		
현금	$488,462	
외상매출금	454,760	
재고	414,770	
선급비용	0	
유동자산	1,357,992	
기타자산	0	
고정자산	1,750,000	
감가상각누계액	78,573	
순고정자산	1,671,427	
총자산	$3,029,419	A
외상매입금	$236,297	
미지급비용	26,435	
유동성부채	100,000	B
미지급법인세	139,804	
유동부채	502,536	
장기부채	800,000	C
자본금	1,550,000	
이익잉여금	176,883	
자본총계	1,726,883	D
부채와 자본총계	$3,029,419	

한다. 부채비율은 레버리지 관리 역량을 측정하는 수단이다.

애플시드의 부채 대 자본비율 및 부채비율은 비슷한 업종의 경쟁 기업에 비해 상대적으로 보수적이라고 할 수 있다.

애플시드의 레버리지 비율

$$부채\ 대\ 자본\ 비율 = \frac{유동성부채+장기부채}{자본총계} = \frac{B+C}{D} = \frac{\$100,000+\$800,000}{\$1,726,883} = 0.5$$

$$부채비율 = \frac{유동성부채+장기부채}{총자산} = \frac{B+C}{A} = \frac{\$100,000+\$800,000}{\$3,029,419} = 0.3$$

산업 및 경쟁업체 비교

특정 비율 하나를 살펴본다고 해서 기업의 전반적인 재무 상태를 알 수 있는 것은 아니다. 일반적인 비교기준이 필요할 것이다. 비율분석에서 활용하는 세 가지의 주요 판단기준들이 있는데 이를 소개하고자 한다.

비율분석을 할 때 (1)이전 해 회사의 비율, (2)동종산업 경쟁업체의 비율, (3)동종산업의 평균 비율을 비교하게 된다. 우리는 이 각각을 살펴볼 계획이다.

역사 첫 번째로 유용한 판단기준은 역사다. 비율이 시기에 따라 어떻게 변했는지, 긍정적인지 부정적인지를 살펴보는 것이다. 또 매출총이익이 떨어진 이유가 원가 상승폭이 제품가격 상승보다 높아서인지, 매출채권에 대한 지급일이 늦어지는 것이 제품대금 회수와 관련이 있는지 등을 알아보는 것이다.

경쟁 경쟁업체와 비율을 비교하기도 한다. 예를 들어 특정 기업의 자산이익률이 경쟁업체에 비해 현저하게 높은 수준이라면, 이는 기업이 내부의 자원을 더 잘 관리하고 있다는 것을 뜻한다.

산업 세 번째로 산업 전반에 걸쳐 비교해볼 수 있다. 이는 일반적으로 누구나에게 공개되는 비율분석이며, 특정 기업의 재무성과를 평가하는 데 좋은 출발점이 된다. 259페이지의 표는 산업별로 다양한 기업들의 비율을 보여주고 있다. 산업에 따라, 그리고 기업에 따라 비율이 크게 다르다는 점을 주의 깊게 살펴볼 필요가 있다.

표에 나와 있는 기업과 업종에 따른 비율의 차이가 우리에게 시사하는 바는 뭘까?

마이크로소프트(Microsoft)의 ROA와 ROE는 컴퓨터 소프트웨어 산업에서 아주 높은 수준이다. 대조적으로 보스턴 에디슨(Boston Edison)과 콘 에드(ConEd)의 ROA와 ROE는 아주 낮다. 이는 유틸리티 산업의 특징이기도 하다.

제약 관련 기업들의 재고회전은 상대적으로 낮다. 매출원가에 비해 재고수준이 높다는 의미다. 반면 맥도날드의 재고회전일수는 88일이다. 이는 부패가 쉬운 '원재료'로 제품을 만드는 요식업종의 특징이기도 하다. 맥도날드의 재고회전이 높다는 것은 햄버거 패티를 빅맥 햄버거로 만드는 데까지 대기 시간이 며칠에 불과하다는 의미다.

또 식료품 관련 업종과 요식업종의 매출채권 회수일은 며칠 되지 않는다. 누구나가 알고 있던 '현금 사업'으로, 고객과 신용거래를 하는 비율이 낮기 때문이다.

자동차 산업의 부채 대 자본비율은 소매업종에 비해 높은 편이다. 이는 레버리지의 활용정도를 보여준다. 이들 기업은 상당규모의 부채를 이용해 ROA가 낮은 산업에서 높은 수준의 ROE를 달성할 수 있게 된다. 이윤 폭이 낮은 업종에서는 조그마한 실수도 용납되지 않는다는 점에 유념하기 바란다. 식료품 업종의 경우, 1달러의 매출을 통해 1센트의 수익을 얻을 뿐이다. 반면 마이크로소프트는 달러당 25센트를 벌어들인다.

소프트웨어 산업과 제약 산업의 매출총이익은 아주 높은 수준이다. 따라서 이들 산업에 속한 기업들은 기업관리비용을 많이 지출하고도 상당한 수익을 일궈낼 수 있다. 일부 기업들은 여타의 기업들과 비교해 본질적으로 더 높은 수익성을 갖고 있는데, 상당수는 보유한 지적재산, 즉 기술 때문이다.

이와 같은 비율은 주기에 따라 언제든지 바뀔 수 있다. 하지만, 그렇다 하더라도 특정 산업에 속한 기업들에 대한 좋은 참고자료가 된다.

산업별 재무비율분석(1999년 4분기)

	유동성 비율	자산 비율			수익성 비율				레버리지 비율
	유동 비율	재고 회전수	매출채권 회전일수	자산 회전수	매출 총이익(%)	이윤폭 (%)	ROA (%)	ROE (%)	부채 대 자본비율
애플시드	2.7	4.8	54	1.0	34	8	8	15	0.5

자동차

GM	6.9	11	143	0.7	21	3	3	21	7.7
포드	1.0	17	9	0.6	19	3	3	17	7.5

식품

Amer.스토어	1.2	7.9	6	2.4	27	2	2	11	1.0
크로거	0.9	11	5	4.3	24	1	1	N/A	N/A

컴퓨터

IBM	1.2	7.7	79	0.9	40	7	7	25	0.5
인텔	2.8	7.1	65	0.9	56	25	25	31	0.0

소프트웨어

시멘텍	2.4	9.6	69	1.4	79	8	8	18	0.0
마이크로소프트	3.2	4.6	27	0.9	86	25	25	29	0.0

전기

보스턴 에디슨	0.6	10	59	0.4	65	8	8	11	0.8
콘에드	0.2	8.7	29	0.5	61	10	10	11	0.7

식품가공

캠벨수프	0.7	5.9	29	1.2	43	10	10	29	0.3
제너럴 밀스	0.8	5.7	23	1.6	59	9	9	N/A	N/A

소매

시어스	1.9	5.4	206	1.1	35	3	3	26	3.0
페더 레이티드	1.8	2.8	68	1.1	39	2	2	6	1.0

요식업

맥도날드	0.5	88	16	0.6	42	15	15	18	0.6
웬디스	1.6	43	10	1.1	26	8	8	12	0.2

정유

엑손	0.9	11	27	1.3	49	5	5	16	0.2
모빌	0.8	15	37	1.7	41	4	4	16	0.4

제약

릴리	0.9	2.4	73	0.5	71	21	21	25	0.4
머크	1.6	4.3	49	0.8	53	20	20	32	0.1

대안적 회계원칙과
절차 배우기

회계원칙 및 절차에는 다양한 대안들이 있으며, 완전히 합법적이고 널리 활용되고 있기도 하다. 그러나 기업의 재무 상태를 보고할 때 그 값이 상당 수준 달라질 수도 있다. 일부는 이와 같은 대안적 회계원칙 및 절차를 '창조적인 회계'라고도 일컫는다.

모든 재무제표는 GAAP에 따라 준비되어야만 한다. 하지만 이와 같은 원칙 아래에서 다양한 대안적인 절차 및 원칙들을 활용할 수 있다.

특정 원칙에 대한 선택은 경영진의 판단과 기업이 처한 환경을 토대로 한다. 재무제표는 어떤 회계원칙을 선택했느냐에 따라 사뭇 달라질 수 있다. 경영진은 재무보고서를 포장하기 위해 이들 대안적 회계원칙을 창조적인 방법으로 활용하기도 한다.

다음 표는 오늘날 사용되고 있는 주요 대안적 회계원칙들을 제시하고 있다. 기업들은 감사전문가의 도움을 받아 특정 기업 및 경영 철학에 가장 잘 들어맞는 회계원칙을 선택하게 된다. 일반적으로, 이와 같은 대안적 회계원칙은 크게 두 가지 범주로 구분해볼 수 있다. 재무적으로 '적극적' 원칙과 '보수적' 원칙이다.

대안적 회계원칙 및 절차

회계원칙	적극적인 적용	보수적인 적용
매출인식	판매시점 (일부 위험 존재)	판매이후 (구매자가 위험 감수)
매출원가 & 재고가치 평가방법	선입선출 (FIFO)	후입선출 (LIFO)
감가상각방법	정액법	가속법
충당금 (보증, 대손, 수익)	낮은 추정 (현재 이익을 높임)	높은 추정 (미래 이익을 높임)
불확정 책임	부차사항 (처리 지연)	인지하자마자 발생처리 (현재 시점에서 손실 처리)
광고 및 마케팅비용	자본화	비용화

보수적 원칙 보수적 회계원칙은 이익과 재고, 기타 자산가치를 낮춰 평가하는 경향이 있다. 많은 회계 전문가들은 이와 같은 경향을 기업을 보수적으로 평가하는 것이라고 본다. 비용을 대차대조표의 자산계정에 포함해 장기간에 걸쳐 상각해나가기보다는 당장의 비용으로 즉각 처리한다. 이런 이유로 단기적인 관점에서 보자면 비용은 높아지고 이익은 낮아지게 된다. 하지만 장기적인 관점에서는 더 건실한 또는 보수적인 재무 상태를 보이게 된다.

적극적 원칙 적극적 회계원칙은 이익을 과장하고 자산가치를 높이는 경향이 있다. 또 충당금이 낮기 때문에 이익이 높아진다. 이와 같은 회계원칙을 선택하면 실적 악화가 초래될 수도 있다.

보수적 원칙과 적극적 원칙 둘 중 어느 쪽이 옳거나 그르다고 말하기는 힘들다. 똑같은 재무정보를 다르게 보는 시각일 뿐이다. 하지만 기업의 재무 상태를 판단하기 위한 목적에서 재무제표를 검토할 때, 해당 기업이 회계장부를 적극적으로 작성하고 있는지, 아니면 보수적으로 작성하고 있는지를 이해하는 것이 도움이 된다.

보수적 회계원칙을 택하고 있다면 이익은 실제와 가까울 것이다. 하지만 적극적 회계원칙을 택하고 있다면 이익은 과장되어 있을 수도 있다. 또, 만약 어느 한 기업이 보수적 회계원칙 대신 적극적 회계원칙을 사용하기 시작했다면, 이를 주의 깊게 살펴봐야 한다. 앞으로 큰 문제가 닥칠 수도 있다는 신호이기 때문이다.

GAAP는 특정 회계원칙 및 절차를 선택하도록 하고 있다. 하지만 회계원칙을 일단 선정한 후에는 이를 일관되게 사용해야만 한다. 회계원칙이 다르다고 해도 연간 단위의 차이는 크지 않은 게 일반적이다. 그러나 인플레이션이 팽배한 시기에는 재고가치 평가법에 따른 차이가 커질 수도 있다.

재고가치 평가 및 원가산출 방법

FIFO는 회계 담당자들이 (1)손익계산서의 매출원가와 (2)대차대조표의 재고가치를 산출하기 위해 사용하는 세 가지 방법 중 하나다.

매출원가는 순이익에 영향을 미치는 매출에서 가장 비중이 큰 비용이다. 그렇다면 이러한 비용을 구성하는 재고가치를 어떻게 하면 가장 잘 평가할 수 있을까? GAAP는 세 가지 선택 사항을 제시하고 있다. 인플레이션이 심한 시기나, 원재료의 원가가 출렁일 때, 이 세 가지 중 어떤 선택을 하느냐에 따라 재고가치가 크게 달라질 수 있다.

다음은 대안이 되는 세 가지 평가 방법이다:

1. 평균원가법 평균원가법을 적용하면 재고로 분류된 개별상품의 원가를 모두 더해 재고가치를 구하고 이를 평균 내 매출원가를 산출한다. 평균원가법은 많이 사용하지 않는 방법이다. 편리하지 않거나, 정확성이 떨어지기 때문이다.

2. FIFO(선입선출)법 가장 먼저 매입한 재료의 원가를 매출원가로 할당하고, 이후 구매하는 재료의 원가를 더해가는 방법이다. 그리고 최종적으로 기말 재고가치를 산출한다. 이 방법은 실제 공장에서 제품이 유통되는 방법과 부합한다. 가장 최근에 구매한 제품은 진열대의 마지막에 놓이는 반면, 가장 먼저 구매한 제품은 부패나 훼손 방지를 위해 앞쪽에 놓이기 때문이다.

3. LIFO(후입선출)법 가장 최근의 구매내역이 매출원가가 되고, 가장

재고가치 및 매출원가 산출 방법이 대차대조표와 손익계산서에 미치는 영향

	단위	매입가	평균원가법	LIFO법	FIFO법
첫 번째로 구매한 재고	1,000	$1,000			
두 번째로 구매한 재고	1,000	1,050			
세 번째로 구매한 재고	1,000	1,100			
네 번째로 구매한 재고	1,000	1,150			
총재고	4,000	$4,300			
1,000개당 평균 원가		$1,075			
매출(1,000개/1.50달러)			$1,500	$1,500	$1,500
매출원가			1,075	1,150	1,000
매출총이익			$425	$350	$500
기초재고가치			$4,300	$4,300	$4,300
(−)매출원가			1,075	1,150	1,000
기말재고가치			$3,225	$3,150	$3,300

앞선 구매내역을 재고에 할당한다. 인플레이션 시기에 재고의 원가가 오를 때, FIFO를 사용하면 LIFO보다 더 높은 이익(세금)을 창출한다는 의미다.

LIFO와 FIFO가 재무제표에 미치는 영향 요약

	LIFO	FIFO
매출원가	↑	↓
재고가치	↓	↑
이익	↓	↑

앞서 '재고가치 및 매출원가 산출 방법이 대차대조표와 손익계산서에 미치는 영향'이라는 표에 따르면, 매출총이익은 어떤 방법을 사용하느냐에 따라 달라진다. LIFO를 적용했을 경우 350달러, FIFO는 이보다 높은 500달러다. 또 평균원가법을 적용했을 경우에는 이 두 방법을 통해 구한 값의 중간 정도인 425달러다.

모두 정확한 가치다. 다른 회계절차를 이용했기 때문에 결과가 달라졌을 뿐이다. 위의 표는 LIFO와 FIFO가 미치는 영향을 요약해 보여주고 있다.

★**노트**: 재무제표가 대부분 정확하고 필요한 정보를 제공하고 있기는 하지만, 그럼에도 어쩔 수 없는 제약을 가진다.

1. 정량화가 어려운 중요 기업자산(종업원 및 고객) 중 일부를 배제한다.

2. 유형자산의 현재 가치가 아닌 역사적 가치만 제시한다.

3. 외상매출금, 감가상각, 판매 가능한 재고와 같은 많은 중요 항목을 정확하게 측정하지 못할 수도 있다.

4. 손익계산서의 이익과 대차대조표의 재고가치는 회계방법의 선택에 따라 크게 영향을 받는다.

회계장부 조작을 통한
재무사기 찾아내는 법

감사를 거친 재무제표의 절대다수는 합법적으로 준비된 것들이다. GAAP에 따라 작성이 됐으며, 기업의 경영상태와 재무상태를 보여주는 튼튼한 증거를 제시하고 있다. 하지만 그렇지 못한 경우도 있다. 불법적인 비용 및 대금 지급, 잘못된 자산 사용, 손실의 은닉, 비용누락, 매출 과대포장과 같은 재무사기를 저지르는 것이다.

옥스퍼드 영어사전에 따르면 'cook'에는 두 가지 의미가 있다. 주방에서 하얀 모자를 쓰고 요리를 만드는 요리사가 첫 번째 뜻이고, 무언가를 위조하거나 날조하는 사람이 두 번째 뜻이다. 우스갯소리를 하자면 첫 번째 요리사는 점심을 만들어 접대하지만, 두 번째 요리사는 남의 점심을 먹어치운다.

'회계장부를 요리한다'는 기업의 재무상태 또는 실제 재무성과를 고의로 감추거나 또는 왜곡한다는 의미다.

이번 장은 이와 같은 회계장부 조작을 알아보는 데 목적을 두고 있다. 재무사기에 대한 단서를 파악하고, 이에 대한 주의를 소홀히 하지 않는 데 도움을 주기 위해서다.

경영자들은 대부분 개인적인 이득을 위해 회계장부를 요리한다. 보너스 지급을 정당화하고, 주가를 높이고, 기업의 성과 저하를 감추는 등의 목적에서다. 또 회계장부를 조작할 확률이 높은 기업들은 내부통제가 느슨하거나 성과에 대한 압력에 시달리고 있는 경우가 많다.

손익계산서에 위치해야 할 항목을 대차대조표로 옮기는 것 등이 회계장부를 조작하는 데 가장 빈번히 쓰이는 방법이다. 이익, 매출, 자산 및 부채를 증가시키거나 감소시키기 위해서도 다양한 특정 기법을 동원한다. 이를 통해 기업관계자가 원하는 위법적인 목표를 달성하기 위해서다. 가상의 거래를 만들거나, 필요한 거래를 무시하는 것 등이 가장 긴단히 쓸 수 있는 방법이다.

회계장부 조작은 '창조적 회계'와는 아주 많이 다르다. 창조적 회계란 기업의 재무 상태를 최대한 긍정적으로 나타내기 위해 회계원칙을 창조적으로 사용하는 것을 일컫는다. 이는 합법적이며 용인되는 방법이다. 반면 회계장부 조작은 사람을 속이기 위한 목적을 가졌으며 사기행위다.

> '회계장부를 요리한다'는 기업의 재무 상태 또는 실제 재무성과를 고의로 감추거나 또는 왜곡한다는 의미다.

손익계산서 손익계산서를 조작할 때 종종 쓰이는 방법의 하나는 이익을 개선해줄 매출을 거짓으로 만들어 보고하는 것이다. 다음 도표의 A 항목을 살펴보기 바란다.

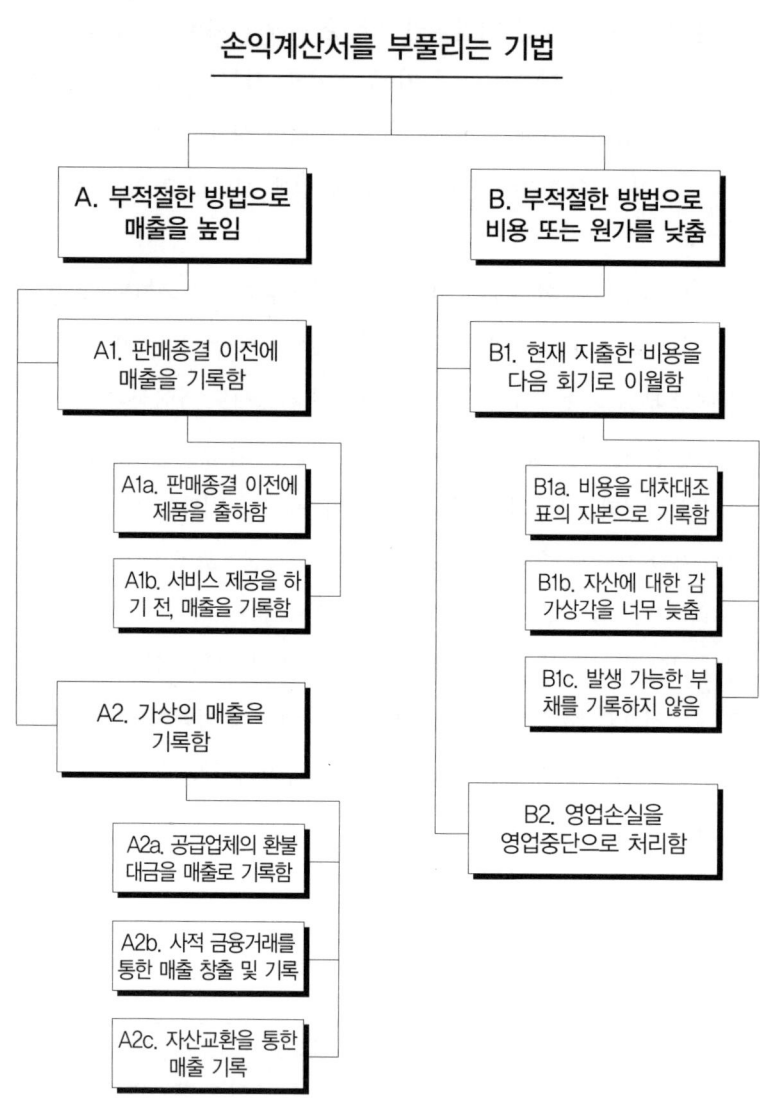

손익계산서를 부풀리는 기법

A. 부적절한 방법으로 매출을 높임

A1. 판매종결 이전에 매출을 기록함

A1a. 판매종결 이전에 제품을 출하함

A1b. 서비스 제공을 하기 전, 매출을 기록함

A2. 가상의 매출을 기록함

A2a. 공급업체의 환불 대금을 매출로 기록함

A2b. 사적 금융거래를 통한 매출 창출 및 기록

A2c. 자산교환을 통한 매출 기록

B. 부적절한 방법으로 비용 또는 원가를 낮춤

B1. 현재 지출한 비용을 다음 회기로 이월함

B1a. 비용을 대차대조표의 자본으로 기록함

B1b. 자산에 대한 감가상각을 너무 늦춤

B1c. 발생 가능한 부채를 기록하지 않음

B2. 영업손실을 영업중단으로 처리함

회계장부를 요리하는 가장 간단한 방법 중 하나는 매출 부풀리기다. 매출이 성립되기 위한 모든 조건을 충족하기 이전에 매출을 기록하는 방법이다. 목적은 매출과 이에 영향을 받는 이익을 높이기 위해서다. 무언가를 스스로에게 판매함으로써 매출을 높이는 사적 금융거래(self-dealing)를 예로 들 수 있다(상자 A2b).

다음의 조건들을 모두 충족해야만 매출을 기록할 수 있다:

1. 주문을 받는다.

2. 제품을 실제 출하한다.

3. 고객이 제품 수령을 거부할 확률이 아주 낮다.

4. 기업이 추가적인 후속조치를 필요로 하지 않는다.

5. 제품에 대한 권리가 이전되고, 구매자는 자신이 제품대금에 대한 지급책임을 지고 있다는 사실을 인정한다.

이익을 부당하게 부풀려 보고하는 또 다른 방법으로는 비용을 낮추거나 원가를 조작하는 방법이다(상자 B). 간단한 예를 들자면, 특정 회계 연도의 비용을 다음 회계연도로 이월하는 것 등이 있다. 당장의 이익을 높이기 위해서다. 다음 해에는 기업 실적이 나아질 것으로 기대하면서 말이다.

대차대조표 회계장부를 조작할 때 대부분의 경우 대차대조표와 손익계산서 모두를 대상으로 한다. 가장 간편한 조작 방법은 대차대조표를 부풀리기 위해, 그리고 손익계산서에 이익이 발생하도록 하기 위해 자산을 교체하는 것이다(상자 D1a).

이와 관련한 예를 제시해보겠다. 한 기업이 50만 달러에 상당하는 오래된 창고를 보유하고 있다고 가정해보자. 창고의 가치는 최초 구매 가격에서 감가상각누계액을 뺀 금액이다. 하지만 이 창고의 실제

가치는 장부가치의 10배인 500만 달러다. 이 기업은 창고를 매각해 장부상으로 450만 달러의 이익을 남길 수 있다. 그러고는 인접한 곳에 위치한 새 창고를 500만 달러에 구매한다.

실제 변한 건 없다. 기업은 여전히 창고를 보유하고 있기 때문이다. 하지만 새 창고의 장부가치는 기존 창고의 장부가치보다 높은 500만 달러가 됐다. 결국 이 기업은 장부상으로 450만 달러의 이익을 남겼다. 하지만 실제 손에 쥔 현금은 창고를 매각하기 전과 달라진 게 없다.

질문: 기업은 몇 권의 회계장부를 보관하고 있어야 하는가?

답: 일반적으로 세 권의 회계장부를 보관하며, 각각 개별적이고 합법적인 목적을 갖고 있다.

1. 외부와 기업의 주주들에게 보고하기 위한 완전한 형태의 회계장부.

2. 세금 관련 의무를 판단하고 방어하기 위한 변형된 형태의 재무제표로 이루어진 회계장부.

3. 사업 운영을 통제하기 위해 사용하는 경영을 위한 재무정보를 담고 있는 회계장부.

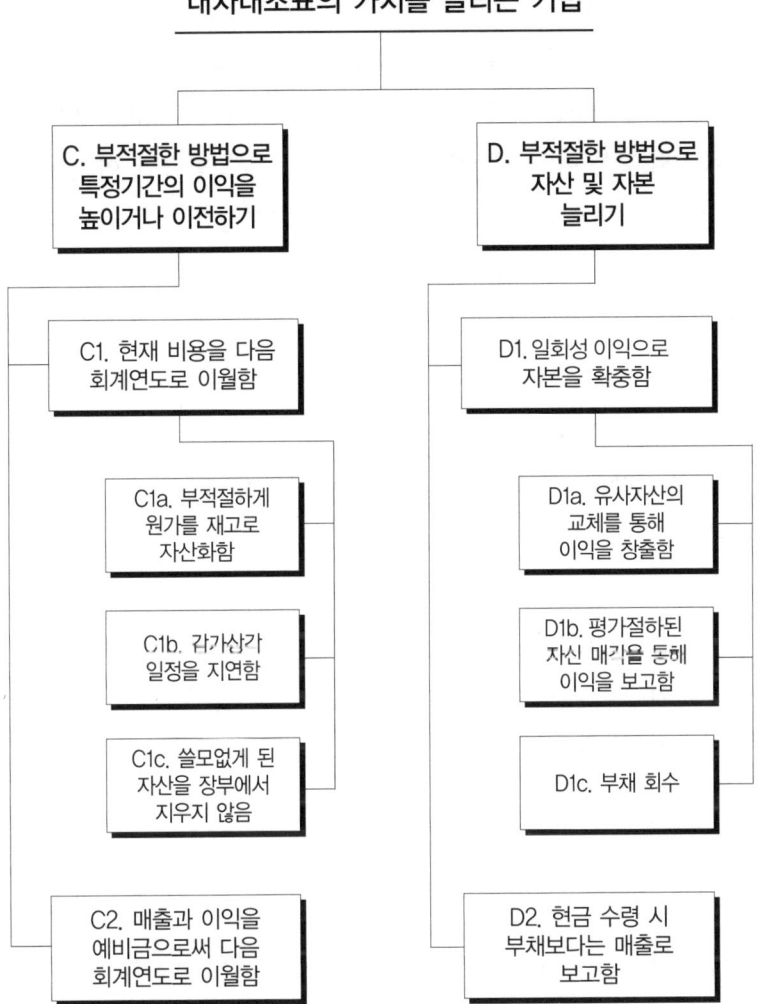

대차대조표의 가치를 늘리는 기법

- **C. 부적절한 방법으로 특정기간의 이익을 높이거나 이전하기**
  - **C1. 현재 비용을 다음 회계연도로 이월함**
    - C1a. 부적절하게 원가를 재고로 자산화함
    - C1b. 감가상각 일정을 지연함
    - C1c. 쓸모없게 된 자산을 장부에서 지우지 않음
  - **C2. 매출과 이익을 예비금으로써 다음 회계연도로 이월함**

- **D. 부적절한 방법으로 자산 및 자본 늘리기**
  - **D1. 일회성 이익으로 자본을 확충함**
    - D1a. 유사자산의 교체를 통해 이익을 창출함
    - D1b. 평가절하된 자신 매각을 통해 이익을 보고함
    - D1c. 부채 회수
  - **D2. 현금 수령 시 부채보다는 매출로 보고함**

기업이 특정 자산을 아주 유사한 다른 자산과 교체하는 이유는 뭘까? 특히 이를 위해 불필요하게 현금을 지출해야 하고 세금을 납부해야 하는데도 말이다. 장부상으로 평가절하된 자산을 매각함으로 일회성 이익을 창출하는 것이 이와 같은 거래의 유일한 효과이다. 만약 기업이 이와 같은 이익을 '영업이익'의 일환으로 보고한다면, 이는 이익을 부정한 방법으로 부풀린 것으로 장부를 조작한 것이다. 만약 기업이 이와 같은 일회성 자본이익을 지속적으로 이익이 창출되는 영업이익인 양 호도할 경우 해당 기업의 이익 창출 역량이 잘못 파악될 수 있기 때문이다.

일부 사람들이 들키지 않을 거라고 생각하며 세금을 속여서 보고하는 것처럼, 기업들 또한 감사자들이나 규제당국이 눈치채지 못하길 희망하면서 장부를 요리한다.

다른 사람의 책상 서랍에서 '나중에 갚아야지'라고 생각하며 20달러를 가져갔다가 이를 다시 가져다놓지 않으면 '절도'가 되듯이, 처음에는 사소한 불법행위가 눈덩이처럼 불어나 중대한 금융사기가 될 수 있다.

감사자는 기업의 회계 및 통제 절차를 구조적으로 평가하고, 기업 거래내역의 일부를 가져다 원칙과 절차를 적법하게 적용했는지를 평가하는 일만 한다. 따라서 부패한 경영진이 맘만 먹는다면 거래를 조작하고, 감사자를 속이는 것이 가능해진다.

기업이 현재 고속성장을 거듭하고 있다고 하더라도, 언젠가는 이와 같은 성장세가 주춤해지기 마련이다. 그리고 이러한 기업의 경영자는 성장세가 지속되고 있는 것처럼 보이도록 하기 위해 회계장부를 요리하고자 하는 유혹에 빠질 수도 있다. 또 실적악화에 시달리는 기업의 경영자는 기업에 부정적인 요소를 드러내지 않기를 바랄 수도 있다. 또 사임을 앞두고 마지막 보너스를 챙기려는 경영자가 있을 수도 있고, 대출을 받기 위해 회계장부를 조작할 수도 있다. 아니면 실수로 내부통제가 미흡해 회계장부를 조작한 것과 같은 결과가 초래되는 경우도 있다. 이와 같은 회계조작을 파악하기 위해서는 보수적인 회계원칙에서 덜 보수적인 회계원칙으로 바꿔 적용하는 등의 회계 관리상의 변화를 눈여겨 살펴보는 것이 도움된다. 예를 들면 재고가치 평가를 하는 데 있어 LIFO 대신 FIFO를 사용하기 시작하거나, 마케팅비용을 비용 대신 자본으로 처리하거나, 매출인식과 관련된 원칙을 완화하거나, 감가상각 일정을 지연하거나 하는 등의 변화다.

이러한 변화는 경고신호다. 물론 회계원칙을 바꾸게 된 합당한 이유가 있을 수도 있다. 하지만 대부분의 경우에는 해당되지 않기에 주의를 기울여야 한다.

사업 확장을 위한 경영 전략

🖍 4부 미리보기

애플시드는 신생 벤처로 성공적인 한 해를 보냈다. 투자자들 또한 지금까지의 실적에 만족해하고 있다. 애플시드는 이제 잘 알려진 브랜드로 발돋움했고, 제품에 대한 수요도 탄탄한 편이다.

위험이 많은 신생 벤처기업이 초기투자를 유치하기란 쉽지 않았다. 그럼에도 친척 한 명이 회사의 가능성을 보고 투자를 했다. 게다가 지금은 또 다른 투자자 한 명이 관심을 보이고 있다. 이 투자자는 애플시드의 미래에 반신반의했던 까닭에 적은 돈을 투자하는 데 그쳤지만, 지금까지의 실적에 무척 만족해하고 있기 때문이다. 회사 야유회 자리에서 이 투자자는 만약 사업 확장을 위해 돈이 필요하다면 자신에게 가장 먼저 연락하라고 귀띔을 했다.

우리는 애플시드를 창업한 이래 가장 좋은 시절을 맞고 있다. 이제 다음과 같은 질문을 던져야 할 때다: "사업 확장이 반드시 필요한

가?" 만약 그렇다면 "어떤 방식으로 확장할 것인가?" 이 책의 나머지 부분은 애플시드의 성장전략에 대해 다루고 있다.

사실 vs. 가정 재무제표

우리는 앞서 한 기업이 과거 시점에서의 재무성과를 어떻게 보고하는지를 살펴봤다. 하지만 지금부터는 미래의 재무성과를 예측해볼 예정이다. 투자대안을 분석해 선택하는 방법과, 기업의 미래에 성과를 일궈낼 수 있는 계획을 준비하는 것 등이 포함된다.

미래 투자대안을 분석하기 위해 우리는 가정(假定) 재무제표 (Proforma financial statement)를 준비할 것이다.

가정 재무제표는 앞서 살펴봤던 일반 재무제표와 똑같은 형태를 하고 있다. 하지만 기업의 미래성과를 예측한다는 점에서 목적에 차이가 있다. 가정 재무제표(특히 가정 현금흐름표)는 기업의 주요 자본투자기 미치는 영향을 평가하는 좋은 도구가 된다. "이번 투자를 하면 기업의 재무 상태는 어떻게 변하게 될 것인가?"라는 질문에 답을 제시해주기 때문이다.

정성적 & 정량적 방법

경영활동의 핵심은 자본(돈)을 동원해 이익(더 많은 돈)을 창출해내는 데 있다. 그리고 이의 성공은 얼마나 자본투자에 대한 결정을 잘했는지 여부에 달려 있는 경우가 많다.

이번 4부에서는 경영 관련 의사결정을 분석하는 데 있어 유용한 정성적 분석도구들을 소개할 예정이다. '의사결정나무(Decision tree)'를 구축하는 법, 전략계획을 이용하는 법, 위험과 불확실성을 이해하고 의사결정을 내리는 법 등이다.

어찌됐든 돈이 돈을 만든다. 따라서 4부의 마지막 장에서 애플시드 주식회사는 추가적으로 주식을 발행하고, 공격적인 확장을 지원하기 위해 더 많은 부채를 감당하게 된다.

5부는 투자대안을 선택할 때 도움을 주는 정량적 분석도구(NPV, IRR 등)들에 초점을 맞춘다.

그리고 마지막 장인 22장에서는 지금까지 배운 모든 지식을 애플시드의 기업 확장에 적용하게 될 것이다.

"기업의 미래에 대한 주요 결정 중 하나는 현 시점에서의 투자이다. 창의적인 투자를 제안하고, 이를 평가하는 과정을 금융전문가에게만 맡겨서는 안 된다. 너무 중요한 사항이기 때문이다. 기업의 모든 경영자가 지속적으로 책임을 지는 그런 일이 되어야 한다."

『재무 관리와 분석(Analysis for Financial Management)』
로버트 C. 히긴스(Robert C. Higgins)교수
워싱턴대학(University of Washington)

이제 시작해보자. 우리는 애플시드의 기업사명과 향후 비전을 재조명해볼 예정이다. 애플시드의 성장을 위한 여러 전략적 대안들을 평가하기 위해 의사결정나무에 대해 설명을 할 계획이다. 그리고 최선의 선택을 하게 될 것이다.

또, 한 기업이 성장을 위한 투자를 감행할 때 직면하게 되는 전략적 선택사항에 대해서도 알아보자. 기업행동과 전략을 실현시킬 전술을 마련하는 방법에 대해서 학습할 계획이다.

하지만 아무리 가정 재무제표가 그럴듯해 보인다 할지라도, 전략

에 허점이 많으면 실패를 하기가 십상이다. 따라서 위험과 불확실성의 차이를 이해하고, 특정 활동으로 부정적인 결과가 발생하는 상황에 대처하는 방법에 대해서도 살펴볼 예정이다.

마지막으로 우리는 애플시드의 대차대조표에 자본과 부채를 더하는 방식으로 자본을 유치하게 될 것이다.

재무적으로 튼튼한 사업 확장에
이르는 전략 세우기

**비즈니스 전략이란 기업이 특정한 영리적 또는 재무적 목표 달성을 위해
수립한 가장 높은 단계의 계획이고 명령이다.**

애플시드주식회사는 몇 가지 중요한 의사결정을 내릴 계획이다.
어렵지 않은 결정을 내릴 때도 있다. 계획도, 분석도, 상담도 필요로
하지 않는, "오늘 점심때 뭘 먹을까?" 하는 것과 같은 결정이다.

하지만, 사업적인 의사결정은 그럴 수 없다. 따라서 사려 깊고 신
중하게, 전략적으로 생각하는 게 바람직하다. 그렇다면 전략이란 뭘
까? 전략을 어떻게 개발할까?

좋은 전략의 개발은 프로세스에 있다. 우리는 몇 가지 질문을 던지
고, 몇몇 가설을 검증하고, 정보를 모은 후, 우리의 강점과 약점을 내부
적으로 살펴보고, 외부적으로는 고객과 경제 환경을 살펴봐야 한다.

프로세스는 전략적이다. 우리가 보유하고 있는 자원을 가지고 경쟁환경에 부응하는 최선의 길을 찾는 과정이기 때문이다. 이런 과정을 기획이라고 한다. 우리는 목표를 설정하고, 목표를 달성하기 위한 체계적인 방법을 개발하게 된다. 전략기획이란 기업의 목표를 달성하도록 만들어지고 유도된 기본적인 의사결정과 행동을 생산하기 위한 훈련된 노력이다.

- 전략은 기업의 목표를 달성하기 위한 창조적인 방법을 도출해내고자 하는 체계적인 사고이자 행동이다.
- 전략은 기업의 성공에 있어서 가장 중요한 역할을 한다. 또 이런 까닭에 고위 경영진이 책임을 져야 하는 부분이다.
- 전략은 행동을 수반해야 한다. 우리는 전략 도입을 위한 행동을 계획하고 실행에 옮겨나가게 된다. 전략은 측정 가능해야 하며, 따라서 전략이 들어맞을지 판단할 수 있어야 한다.
- 전략은 선견지명이다. 과거의 행동을 어떻게 하겠다는 것이 아니라 미래의 행동을 만들어가는 과정이다. 하지만 기업이 직면하고 있는 현재의 환경을 반영하고 있어야만 한다.
- 전략은 체계적이고 현실적이며 포괄적이다. 창조적이면서도 독창적인 전략일수록 더욱 강력해진다.
- 기업은 보유하고 있는 제한된 자원만으로 전략을 구사해야 한다. 하지만 이러한 가용자원을 최대한 효율적으로 활용해야 한다. 전략은 기업의 강점을 이용한다. 하지만 이러한 전략은 역으로 기업의 약점을 보강해주는 역할을 하기도 한다.

이제 애플시드주식회사가 행복한 미래를 꾸려갈 수 있도록 전략적 사고와 기획, 전략적 경영을 실제 적용해보도록 하자. 우리는 궁극적으로 "목표를 달성하기 위해 우리가 최선의 방법을 채택하고 있는가?"라는 중요한 질문에 답을 하게 될 것이다.

> "목적이 없으면, 계획이 어긋나게 된다. 어느 항구로 가야 하는지 모른다면, 불어오는 바람은 모두 역풍일 뿐이다."
>
> 『세네카(Seneca the Younger)』
> 로마 철학자, 극작가, 네로의 가정교사 및 조언자

전략적 계획의 피라미드 구조

- 기업의 **사명**과 **비전**, **목표**를 회사의 최종 목적지로 생각한다.
- 기업의 **전략**과 **행동**, **전술**을 최종 목적지에 도달하는 방법으로 생각한다.
- 전략 계획 피라미드는 목표와 전략, 활동과 전술이 지탱하는 구조로 되어 있다. 이는 기업의 사명과 비전을 충족하도록 만들어지고 통합되어 있다.

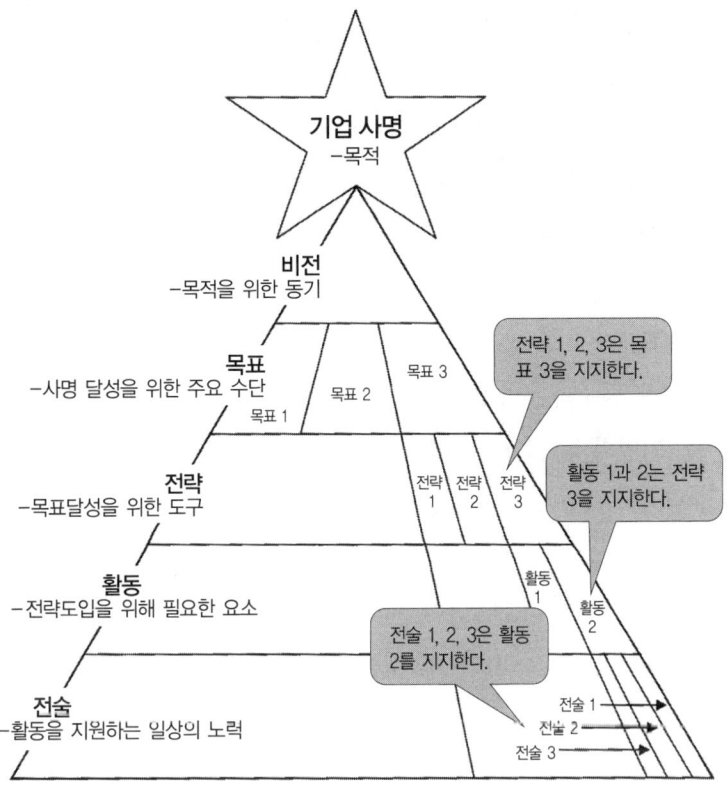

전략계획 용어

• **사명** 사명의 영어 단어 'Mission'은 라틴어 'missio'의 파생어다.
특정 집단을 '해외에 보내 집단의 이해관계를 위해 협상을 하도록
한다'는 의미를 갖고 있다.

　기업의 사명(강령)은 기업의 기본적인 존재 목적을 설명한다.

• **비전** 비전의 영어 단어 'Vision'은 고어 'witan'에 어원을 두고 있다. 무언가를 '알고 있다'는 뜻이다. 앞으로 일어날 예정인 또는 가능성 있는 무언가를 예측하는 힘이다.

기업의 비전은 기업이 앞으로 달성하고자 하는 목표에 대한 열망의 표현이다.

• **목표** 목표의 영어 단어 'Goal'의 어원은 중세어인 'gal'로, '경계, 제약, 경주의 종착점'이라는 의미다.

기업의 목표는 기업이 설정한 서너 가지의 광범위한 목적이며, 달성하고자 하는 주요 성과이다.

• **전략** 전략의 영어 단어 'strategy'는 고대 그리스어 'strategia'에 어원을 두고 있으며, '특정 행동을 이끄는 것, 명령자, 책임자, 통솔력' 등의 의미다.

기업의 전략이란 특정 목표를 달성하기 위해 수립한 장기적인 관점의 우선순위가 높은 계획이다. 각 기업은 목표마다 몇 가지의 전략을 갖게 된다.

• **활동** 활동의 영어 단어 'action'의 어원은 라틴어인 'acto'로 '행위'를 의미한다.

전략을 성공적으로 도입하기 위해서는 종종 여러 활동이 필요하다.

• **전술** 전술의 영어 단어 'tactic'은 그리스어 'taktikos'에 뿌리를 두고 있으며, '정렬 또는 배치에 잘 들어맞는'이라는 뜻이다.

전술이란 기업 구성원이 전략을 지원하는 행동을 수행하면서 일상적으로 하는 업무다.

이제 이와 같은 전략계획과 관련된 용어와 정의를 애플시드에 적용해보겠다. 그리고 이사회에 전략 계획을 보여주고, 향후 계획에 대한 조언과 동의를 받아내도록 한다.

몇 번의 회의와 시장조사, 브레인스토밍 과정을 거쳐 우리는 다음을 확정지었다:

사명 선언 애플시드는 고품질의 식품을 공급하는 시장 선두기업이 되고, 주주들에게 높은 수준의 투자수익을 돌려주는 데 기업의 사명을 둔다.

비전 애플시드의 기업 비전은 환경친화적인 방식으로 맛있으면서도 뛰어난 식품을 제조, 유통하는 기업으로 인정을 받는 것이다.

목표 1 현재의 지역시장에서 맛있는 애플소스를 공급하는 선두 공급업체로서의 지위를 유지한다.

목표 2 현재의 지역시장에서 여타의 식품을 공급하는 선두 공급업체로 새로이 자리매김을 한다.

이와 같이 별개의 목표를 달성하기 위해, 우리는 별개의 전략을 필요로 한다. 또한 이와 같은 전략은 기업 활동을, 기업 활동은 전술을 필요로 한다. 우리는 피라미드의 각 단계마다 책임자를 지정하고, 자원을 할당하고, 결과를 측정해나가게 될 것이다.

경영자가 경영환경을 이해하고 전략적으로 사고를 하는 데 도움을 주는 많은 기법들이 있다. **SWOT**(Strengths, Weaknesses, Opportunities, Threats)분석, **PEST**(Political, Economic, Social and Technological)분석, **STEER**(Sociocultural, Technological, Economic, Ecological and Regulatory) 분석 등을 예로 들 수 있다.

전략계획이란 미래를 예측하는 행위다. 그리고 미래를 예측한다는 건 본질적으로 위험할 뿐더러 불확실하다. 우리는 다음 장을 통해 이와 같은 위험과 불확실성에 대해 이야기해볼 계획이다.

Chapter 17
악재를 최소화하기 위한 위험과 불확실성 이해하기

애플시드주식회사는 사업 확장을 계획하고 있다. 우리는 수익을 기대하면서 상당한 투자를 할 예정이다. 하지만 일이 생각대로 잘 안 될 수도 있다. 이상적으로 말하자면, 위험을 파악하고 관리하면서 높은 수익을 달성해내야 한다.

위험

위험이란 뭘까? 리스크를 이해하고, 이를 낮출 조치를 취할 수 있을까? 간단히 정의를 내리자면, 위험은 '예상치 못한 부정적인 결과'를 초래할 수 있는 사건이다. 즉 위험이란 만약 실제로 발생한다면 우리가 후회할 수도 있는 그런 무언가다. 그리고 재무적 측면에서 위험이란 투자수익이 기대 이하로 떨어질 확률이다.

비즈니스 위험 관리를 시작하는 두 가지 길이 있다. '어떤 방식으로 잠재적인 재무 손실 또는 위험을 낮출 것인가?'와 '어떻게 하면 재무 위험이 발생할 확률을 낮출 것인가?'이다.

위험은 내재적(기업 내부)일 수도, 외재적(기업 외부)일 수도 있다. 예를 들어, 품질문제 때문에 상당량의 제품을 폐기하는 것은 내재적 위험으로, 막대한 손실을 초래할 수 있다. 한편 경쟁기업이 경쟁력 있는 제품을 출시함으로써 우리 기업의 매출이 급감하는 것은 외재적 위험이다.

만약 사업상의 손실을 초래할 수도 있는 위험이 있다면, 그 프로젝트는 고위험 프로젝트로 간주해야 한다. (1)어떤 규모로든 손실이 발생할 확률이 높고, (2)아무리 확률이 낮다 하더라도 대형 손실이 발생할 수 있기 때문이다. 어쨌든 모든 기업 활동에는 위험이 따른다. 그리고 고위험 활동은 세심한 관리가 필요하다. 기업에 상당한 정도의 부정적인 결과를 초래할 수 있기 때문이다.

불확실성

불확실성은 위험과 다르다. 불확실성이란 미래에 일어날 사건을 알지 못하는 것이다. 하지만 불확실성 속에 고위험이 도사리고 있을 수 있다. 따라서 불확실성을 낮추면, 위험 또한 낮아진다.

불확실성은 위험보다 더 위험할 수 있다. 위험은 그 이유를 알고 있는 경우가 많고, 위험에 대한 계획을 세울 수도 있고, 위험으로 인해 초래될 부정적인 결과를 경감할 조치를 취할 수 있기 때문이다. 하지만 불확실성의 경우, 이러지도 저러지도 못하는 상황에 빠져들곤 한다. 불확실한 것이 무엇인지 알지 못하기 때문에 불확실성을 낮추기도 어렵고, 낮추는 방법 또한 모른다.

> "우리의 행동이 가져올 결과는 너무나도 복잡하고 다양해서 미래를 예측한다는 것은 정말 어려운 일이 될 수밖에 없다."
>
> J.K. 롤링(J.K. Rowling)
> 영국 판타지 소설가, 해리포터 시리즈의 저자

> "미래를 예측하는 최선의 방법은 미래를 만들어내는 것뿐이다."
>
> 앨런 케이(Alan Kay)
> 객체기반 프로그래밍 및 윈도우그래픽 인터페이스 디자인의 개척자,
> 유명한 미국의 컴퓨터 과학자

> "무언가를 예측한다는 것은 힘든 일이다. 특히 미래의 사건이라면 더욱 그렇다."
>
> 요기 베라(Yogi Berra)
> 미국의 야구선수, 덴마크의 소설가인 닐 보어(Niels Bohr)의 말을 인용했다.

위협

위협은 발생확률은 아주 낮지만 부정적인 파급효과가 상당한 잠재적인 사건이다. 예를 들면, 사람들은 화재와 같은 위협으로부터 스스로를 보호하기 위해 보험에 가입한다. 기업 또한 화재보험을 구매할 수 있다. 하지만 가장 큰 고객의 사업 실패로 제품 대금을 회수하지 못하는 경우를 대비해 보험을 들 수는 없다.

물론 '신용부도스왑(Credit Default Swaps)'이라고 불리는 특별한 보험 상품이 있다. 채무자의 부도와 같은 예기치 못한 부정적인 재무적 상황으로 인한 신용위험을 회피할 수 있도록 금융기관들이 개발해 제공하고 있는 상품이다. 하지만 누구나가 짐작할 수 있듯, 이런 종류의

보험으로 앞에서 언급한 그런 종류의 문제들을 푼다는 게 쉽지만은 않다.

위험 몰입

가지고 있는 역량을 총동원해 위험을 감수하려고 해서는 안 된다. 그에 따라 발생할 수 있는 결과가 너무 크기 때문이다. 예를 들어, 위험도가 높은 신제품 개발에 기업이 가지고 있는 모든 자원을 쏟아붓는 것과 같은 것이다. 만약 개발이 지연되거나, 매출이 기대 이하라면, 그 기업은 실패할 수밖에 없게 된다.

하지만 신생기업의 경우 성공적인 창업과 성장을 위해 모든 역량을 다해 위험을 감수해야만 하는 경우가 일반적이다. 따라서 위험과 불확실성을 이해하고 관리하는 것이 이들 기업에 있어서는 특별히 중요하다. 신생기업은 혁신과 시장 대응성에 초점을 맞춰야 한다. 또, 생존을 위해서는 운도 따라줘야 한다. 하지만 대부분 그렇지 못한 기업들이 많다.

우리는 애플시드의 확장 전략을 계획할 때 미래는 불확실하고, 재무예측은 단순히 예측에 불과할 수밖에 없다는 사실을 깨달아야 한다. 미래에 일어날 수도 있는 사건에 대한 예측은 우리 스스로 내린 가정과 이를 수행하기 위한 역량을 토대로 하고 있다. 가정이 유효하지 않을 수도 있고, 계획대로 미래 성과를 달성해내지 못할 수도 있다.

애플시드의 미래를 위한 의사결정

이사회는 지금이 애플시드가 성공적으로 사업을 확장할만한 때라고 생각한다. 그리고 경영진으로 하여금 이사회가 검토할 수 있도록 몇 가지 확장 계획을 준비할 것을 요청한다.

가장 꼼꼼한 이사 한 명은 전략적으로 생각해야 한다는 것을 다시 일깨워줬다. 그녀는 전략계획을 작성해 보는 것이 어떻겠냐고 권했고, 필요한 자본과 어디에서 자본을 확충할지에 대해서도 조언을 해줬다. 어쨌든 가장 먼저 할 일은 몇 가지 결정을 내리는 일이다.

5년 또는 10년 후에 기업이 일궈내야 할 목표는? 목표를 달성하는 방법은? 감수해야 할 위험의 정도는? 확장을 위해 필요한 자본의 규모는? 출처는? 목표달성을 위한 계획은?

이제 아이디어를 내 보자. 신제품 개발 및 생산을 위한 설비를 확충하는 것이 방법이 될 수 있다. 현재 애플시드의 애플소스를 슈퍼마

켓까지 배달해주는 트럭이 있다. 트럭에 애플소스 외의 제품을 실어 함께 판매하면 비용도 최소화할 수 있을 뿐 아니라 간단하게 실행에 옮길 수 있는 계획이다. 감자칩은 어떨까? 매출을 확대하기에 적합한 제품이다. 우리는 인근의 저가 감자칩 제조 기업인 Chips—R—US주식회사를 매입해 새로이 브랜드 작업을 할 수도 있다. 그렇지 않다면 대안으로 아예 새로운 공장을 지을 수도 있다.

모든 것을 결정해야 한다. 주어진 질문은 어떤 방법으로 우리의 사업을 확장하느냐이다. 애플시드의 사업 확장 기회를 분석하는 몇몇 유용한 도구들을 살펴보겠다.

의사결정나무 분석

의사결정나무는 중요한 사업결정을 내릴 때 체계적이면서 세심한 분석법으로 활용이 가능하다. 의사결정나무는 가지가 여럿 달린 나무를 닮았다 해서 붙여진 이름이다. 여기서 각각의 가지는 의사결정의 경로를 나타낸다. 사업 결정에 있어서 모든 주요 대안들을 나열해 볼 수 있다는 점에서 아주 유용한 도구다. 가지들(대안)을 그려나가면서 종착점(결정)에 도달하면 그만이다.

왼쪽 아래에서 시작해 각각의 의사결정지점을 거쳐 종착점에 도달해보자. 첫째, 애플시드가 확장을 할 것이냐, 말 것이냐?(의사결정지점 a) 둘째, 확장을 한다면 제품을 애플소스 이외의 제품들로 다각화할 것이냐?(의사결정지점 b) 셋째, 제품 다각화 전략으로 감자칩을 생산하기로 결정했다면, 이를 위해 기존 기업을 인수할 것이냐? 아니면 새로운 생산 설비를 확충할 것이냐?(의사결정지점 c)

모든 대안들이 저마다의 이점과 위험, 비용, 원가, 매출과 관련된 문제들을 안고 있다. 어찌됐든, 의사결정나무는 이와 같은 의사결정의 각 단계마다 대안들의 장점과 단점을 체계적으로 검토할 수 있도록 도와 준다.

애플시드 확장을 위한 의사결정나무

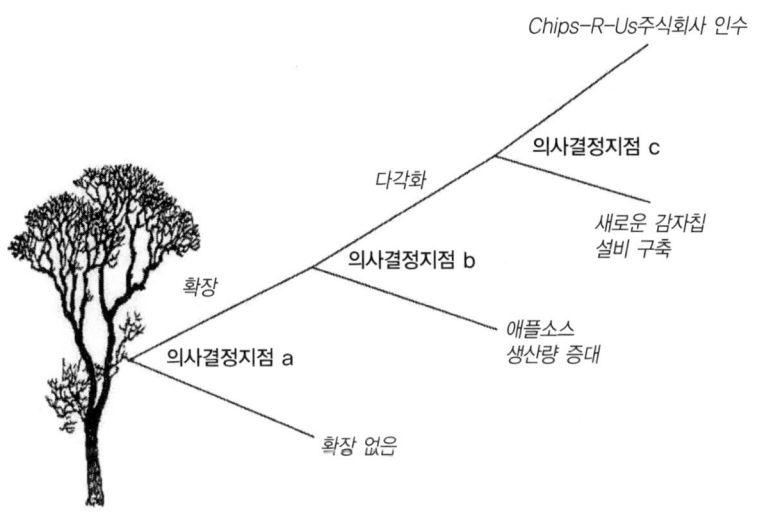

Chips-R-Us주식회사 인수

의사결정지점 c

다각화

새로운 감자칩 설비 구축

의사결정지점 b

확장

애플소스 생산량 증대

의사결정지점 a

확장 없음

전략적 대안

애플시드의 사업 확장과 관련된 의사결정을 분석하기 위해 사용해볼 수 있는 또 다른 도구는 전략적 대안 도표다. 애플시드는 신제품을 판매하는 방식으로, 또는 새로운 시장을 개척하는 방식으로, 아니면 둘 모두를 동시에 진행하는 방식으로 사업을 확장해나갈 수 있다. 즉, 다음 네 가지 전략의 선택이 가능한 것이다.

제품 라인 확대?

		NO	YES
시 장 확 대 ?	NO	**선택 1.** 기존제품/기존시장	**선택 2.** 신제품/기존시장
	YES	**선택 3.** 기존제품/신시장	**선택 4.** 신제품/신시장

선택 1. 기존제품/기존시장 현 상태를 유지, 기존시장에 더 많은 애플소스를 판매하는 방식으로 성장을 이루자는 전략이다. 빠른 사업 확장을 원하는 우리에게는 맞지 않는 전략이다.

선택 2. 신제품/기존시장 감자칩을 추가 생산해 기존시장을 대상으로 판매하자는 전략으로, 매력적이며 동시에 위험이 낮은 전략이다. 우리는 식품제조 전문기업이며, 기존 고객의 요구사항들을 잘 이해하고 있다. 또 기존 고객들은 애플시드의 브랜드에 신뢰감을 보이고 있기 때문에 우리의 신제품을 기꺼이 더 구매해줄 것으로 보인다.

선택 3. 기존제품/신시장 새로운 시장에 제품을 판매하기 위해서는 유통망을 개척해야 하기 때문에 적지 않은 투자를 해야 한다. 게다가 시장침투까지 많은 시간이 걸릴 수도 있다. 새로운 시장에는 위험이 많다. 새로운 고객에 대한 경험이 부족한 까닭이다.

선택 4. 신제품/신시장 네 가지 전략 중 가장 위험도가 높은 전략이다. 제품 개발 및 판매에 있어서 위험과 불확실성을 모두 수반하고 있다.

전반적으로 살펴봤을 때, 선택 2가 애플시드의 사업 확장 전략으로 가장 적합한 것으로 나타났다.

직접생산(설비신축) vs. 외부조달(기업인수)

새로운 제품을 생산하는 방식으로 사업을 확대하기로 결정을 했다. 우리는 아주 보편적인 선택을 해야 하는 갈림길에 다시금 놓이게 됐는데, 의사결정지점 c에서 설명한 '직접생산'이냐 '외부조달'이냐 중 하나를 선택하는 것이다. 풀어서 말하자면, 감자칩 공장을 새로 짓느냐, 설비를 갖춘 기존 기업 중 하나를 인수하느냐이다. 이와 관련 우리는 인근에 위치한 저가 감자칩 회사인 Chips—R—Us주식회사의 사업이 잘 안 되고 있으며, 싼 가격에 인수가 가능할 것이라는 이야기를 들었다.

기존 기업 인수 만약 기존 기업을 인수하면, 우리는 우리의 브랜드 이미지에 맞는 제품을 생산할 수 있도록 설비를 다시 조정할 필요가 있다. 하지만 그렇다 하더라도 그 비용은 새로운 설비를 확충하는 것에 비해서는 훨씬 저렴하다. Chips—R—Us의 생산 역량은 장기적인 관점에서 우리의 기대치를 충족시켜줄 정도는 아니다. 하지만 향후 몇 년간은 충분히 활용가능한 수준이다. 따라서 이후 추가적인 확장을 하면 된다.

설비신축 공장을 신축하고 새로운 기계를 들여와 감자칩을 생산하는 방법도 있다. Chips—R—Us를 인수하는 것에 비해서 시간은 더 오래 걸릴 것이다. 하지만 새로운 공장은 우리가 원하는 요건을 완벽하게 충족시켜줄 수 있다.

그렇다면 공장을 새로 짓는 것과 기존 기업을 인수하는 것 중 어떤 결정을 내려야 할까? 고려 중인 두 가지 제안의 향후 투자수익을 제공해주는 가정 손익계산서를 준비해보자. 우리는 현금투자에 따른 비용과 시간, 그리고 이런 투자로 인한 수익을 예측해 고려해볼 필요가 있다.

5부에서는 정량적 도구들을 이용해 기존기업 인수와 설비신축이라는 두 가지 전략적 대안들을 비교해 볼 예정이다. 다만 어떤 선택을 하든 애플시드는 사업 확장을 진행하기 위한 자본이 필요하다. 따라서 다음 장에는 이와 같은 자본의 출처와 비용에 대해 살펴볼 것이다.

> "당신은 성장을 위해 일보 전진하거나, 안전을 위해 일보 후퇴하게 된다."
>
> 에이브러험 매슬로(Abraham Maslow)
> '인간의 욕구단계 모형'으로 유명한 미국의 심리학자

Chapter 19 사업 확장에 필요한 자본을 확충하는 법

우리는 확장 전략을 선택했다. 하지만 애플시드는 기업을 인수하는 전략이든, 설비 신축을 통해 사업을 확장하는 전략이든, 이를 지원할 충분한 현금을 보유하고 있지 않다. 그러나 다행히도 애플시드의 대차대조표는 부채 대 자본비율이 0.5로 견실하다. 부채가 자본의 절반에 불과하다는 의미다(앞서 레버리지 비율 참조할 것).

현금흐름을 사전 분석한 결과에 따르면, 애플시드가 새로운 부지, 공장, 설비와 확장 전략을 지원할 운전자본으로 필요한 돈은 200만 달러다. 어떤 방법으로 이를 예측했는지는 22장에서 설명하기로 한다.

우리는 지역 금융기관과 좋은 관계를 유지하고 있기 때문에, 추가적인 대출을 받을 수 있을 것으로 판단하고 있다. 또 투자자들도 가격만 합당하다면 애플시드 주식을 더 매입하겠다고 의사를 표명하고 있다.

더 많은 부채?

은행은 대출을 받는 기업이 대출금을 갚을 능력이 된다고 확신하지 않는 한 대출을 해주지 않는다. 기업의 자기자본(주식)은 금융기관 입장에서는 안전쿠션이나 다름없다. 일반적으로 대출은 가장 저렴한 자본 확충 방법이다. 물론 얻을 수만 있다면 말이다.

그렇다면 애플시드가 새로이 대출을 받게 될 경우 비용은 얼마나 들까? 금융기관은 두 가지 요소를 결합해 이자율을 결정한다. '국채수익률'과 '위험 프리미엄'이다. 위험 프리미엄이란 금융기관이 특정 기업의 위험도를 판단해 정한 이율이다. 예를 들어보자. 국채수익률이 4%이고, 대출 담당자가 판단하기에 애플시드의 위험 프리미엄이 4%라면, 신규대출에 부가되는 이자율은 총 8%가 된다.

더 많은 자본?

우리는 앞서 '기업의 가치'에 대한 질문을 던지고, 이 개념을 설명한 바 있다. 그리고 지금이야말로 이와 같은 기업가치 평가가 중요하다. 애플시드의 확장 전략을 지원하기 위해 더 많은 주식을 매각하고자 하기 때문이다. 그렇다면 얼마나 많은 주식을 얼마의 가격에 팔아야 할까? 주식매각 대금은 애플시드의 대차대조표에 반영이 된다. 또 신규주식을 발행해야 한다.

우리는 추가로 주식매입에 관심을 보인 벤처투자가를 만났다. 그런데 이 투자가가 이런 말을 했다:

"지금까지의 성과에 만족하고 있으며, 사업 확장과 관련된 계획을 지원하고자 합니다. 우리는 추가로 주식을 살 준비를 마쳤습니다. 귀사의 pre-money 가치를 250만 달러로 판단하고 있고, 여기에 추가적으로 80만 달러를 투자할 계획입니다. 따라서 post-money 가치는 330만 달러가 됩니다."

무슨 말을 하고 있는 걸까? Pre-money? Post-money?

Pre-money 가치평가

알고 나면 간단하다. 애플시드가 현재 발행한 주식은 20만 주이다(거래 1 참조). 우리는 주당 1달러씩 5만 주의 창업 발기인 주식을 보유하고 있다. 또 벤처투자가들이 주당 10달러에 매입한 15만 주의 주식이 있다.

현재 보수적인 가치평가에 따르면, 기업의 가치는 300만 달러 또는 주당 15달러다(300만 달러를 총 발행주식의 수 20만으로 나눈 값). 이 300만 달러와 주당 15달러가 기업의 pre-money 가치, 즉 추가적인 주식매각 이전 기업의 예측 가치이다.

Post-money 가치평가

우리는 자기자본 80만 달러를 새로 확충할 방법을 찾고 있다. 그리고 이 금액을 유치한 후에는 대차대조표에 반영을 하게 된다. 기업의 post-money가치는 다음과 같다:

$3,000,000	기업의 pre-money 가치
+ 800,000	신규 투자
$3,800,000	기업의 post-money 가치

pre-money 및 post-money 가치는 직관적이다. 기업의 post-money 가치는 pre-money 가치에 새로이 유치한 투자 자본을 더한 값이다.

우리는 이제 벤처투자가들과의 협상 포인트를 찾아야 한다. 80만 달러에 주식 몇 주를 넘겨줘야 할까? 이보다 중요한 부분이 있다. 새로이 투자를 받고 난 이후 기업이 소유하게 되는 주식은 몇 주나 될까?

희석화(Dilution)

벤처투자가의 제안을 떠올려보자. pre-money 가치 250만 달러에 80만 달러의 신규 자본투자를 하겠다고 했다. 우리는 그녀의 가치평가가 낮다고 판단했다. 그래서 pre-money 가치 350만 달러로 주식을 발행하겠다고 역으로 제안했다. 이제 거래를 종료하기 위해 얼마나 많은 신규주식을 발행해야 하는지 계산해봐야 한다. 우리는 투자가의 이번 제안이 보유지분을 어느 정도 '희석'할지 판단해야 한다. 희석화란 신규주식을 발행한 후 기업의 보유지분이 줄어드는 것을 의미한다.

현재 우리는 애플시드의 총 발행주식 20만 주 중 5만 주를, 추가 투자를 제안한 벤처투자가들은 15만 주를 보유하고 있다. 따라서 우리는 25%의 지분을, 투자가들은 75%의 지분을 보유하고 있는 셈이다. 벤처 투자자들에게 새로 주식을 발행해도 우리는 여전히 5만 주를 보유하게 되고, 투자자들은 80만 달러에 상당하는 주식을 15만 주에 추가로 보유하게 된다.

새로 발행하게 될 주식의 가치를 산출하기 위해 사용할 pre-market 가치평가에 대한 협상을 종료했다. pre-market 가치와 신규 발행주식의 주가가 우리와 투자가들의 지분에 어떤 영향을 미치는지 다음 표를 참조하기 바란다(pre-money 주가와 post-money 주가는 항상 같

pre-money 가치에 따른 소유지분 및 희석화

	제안	거래 A	거래 B	거래 C	거래 D
기발행주식	200,000	200,000	200,000	200,000	200,000
pre-money 가치($)		2,500,000	3,000,000	3,500,000	4,000,000
주가(Pre & post-money, $)		12.50	15.00	17.50	20.00
유치 자본($)		800,000	800,000	800,000	800,000
신규 발행될 주식		64,000	53,333	45,714	40,000
+ 우리 주식 수	50,000	50,000	50,000	50,000	50,000
+ 투자자 주식 수	150,000	150,000	150,000	150,000	150,000
+ 신규 주식 수		64,000	53,333	45,714	40,000
= 총 주식 수		264,000	253,333	245,714	240,000
우리 지분(%)	25.0	18.9	19.7	20.3	20.8

다는 점에 유념한다).

우리는 pre-money 가치 300만 달러를 기준으로 주당 15달러에 주식을 발행하는 것으로 투자가들과 약정을 맺었다(거래 B 참조).

요약하자면, 애플시드는 보통주 5만 3,333주를 발행해 80만 달러의 신규자본을 확충하기로 계획했고, 벤처투자가들에게 이들 주식을 주당 15달러를 받고 매각했다. 또, 금융기관에서 연 이자율 8%에 80만 달러를 대출받았다. 총 160만 달러로, 확장 전략을 지원하기에 충분한 금액이다.

뒤에 나오는 거래 32를 통해서 우리는 주식을 발행하고 신용대출 계약을 맺게 된다.

자기자본비용

우리는 추가 대출을 받게 되면 연간 8%의 이자를 비용으로 지출해야 한다는 사실을 알고 있다. 하지만 주식을 발행하는 데서 비롯되는 비용도 있을까? 다들 알겠지만, 보통주에 이자가 붙지는 않는다. 하지만, 투자가들은 자신들의 투자에 따른 좋은 수익을 기대하기 마련이다. 우리는 벤처투자자와 자본 확대를 위한 거래를 마무리 짓기 전 어느 정도의 수익을 기대하냐고 물었다. 그리고 그녀는 창업 당시 투자를 했을 때 정도의 수익률을 기대한다고 대답했다. 벤처투자가는 최초 주당 10달러에 주식을 매입하는 방식으로 투자를 했다. 그리고 그 주식은 2년 동안 주당 15달러가 됐다. 대략 연 22.5%의 수익률이 발생한 것이다.

22.5%의 수익률은 은행이자 8%와 비교하면 상당히 높은 수준이다. 하지만 주식 투자자들은 더 높은 위험을 감수하고 있다. 또 한 가지 주목해야 할 것은 부채 대 자본비율을 낮게 유지하고 채무 불이행으로 인한 은행의 자본 손실 위험을 줄이기 위해 충분한 추가 자본을 확충하지 않았다면 은행은 대출을 해주지 않았을 거라는 점이다.

가중평균자본비용

대부분의 기업들에 있어서 자본의 출처와 종류는 하나만 있는 것이 아니다. 예를 들어 애플시드는 자기자본(주식)과 부채를 동시에 가지고 있다. 또 이들 자본과 부채의 비용도 다르다. 따라서 자본투자에 대한 결정을 내릴 때는 기업이 보유하고 있는 모든 종류의 자본을 고려해 '가중평균자본비용'을 산출해보는 것이 도움이 된다.

다음에 나오는 자본구조 관련 표를 참고해보기 바란다. 자본조달이 이루어진 직후, 애플시드 자본의 60%는 자기자본(주식)이며 자본비용은 22.5%이다. 그리고 나머지 40%는 부채인데, 이자율은 각각 연

애플시드주식회사의 자본조달 이전 및 이후의 자본구조

(단위: 달러, %)

	자본(거래 31)	신규자본	자본조달 이후 자본	비중
+ 주주자본	1,726,883	800,000	2,526,883	60
+ 부동산담보대출	900,000		900,000	21
+ 신용한도대출		800,000	800,000	19
= 총자본	2,626,883	1,600,000	4,226,883	100
부채 대 자본비율	0.5		0.7	

10%(거래 3 참조)와 연 8%(새로 차입한 신용한도)이다. 이자는 사업경비로 세제 혜택을 받는다. 즉, 부채자본의 비용은 34%까지 낮아져 10%의 이자는 실제 6.6%가 되고, 8%의 이자는 5.3%가 된다.

애플시드의 가중평균자본비용(WACC)은 각 자본의 비용을 기업의 전체자본에서 이들 개별자본이 차지하는 비율로 나누어 다음과 같이 산출한디:

60% × 22.5% = 13.5%   자기자본비용

21% × 6.6% = 1.3%   모기지(부동산 담보대출)비용

19% × 5.3% = 1.0%   신용한도대출비용

100%   15.8%   WACC

다음 장에서는 확장을 위한 이번 투자에 있어서 15.8%의 수익률이 최소목표가 되어야 하는 이유를 살펴볼 것이다.

특정일: 거래 1~(32)

		기초	+	거래	=	합
1	순매출	$3,055,560		–		$3,055,560
2	매출원가	2,005,830		–		2,005,830
1−2=3	매출총이익	1,049,730				1,049,730
4	영업 및 마케팅	328,523		–		328,523
5	연구 및 개발	26,000		–		26,000
6	일반 및 관리	203,520		–		203,520
4+5+6=7	영업비용	558,043				558,043
3−7=8	영업이익	491,687				491,687
9	이자수익	(100,000)		–		(100,000)
10	소득세	139,804		–		139,804
8+9−10=11	순이익	$251,883		0		$251,883

손익계산서 거래총계

특정일: 거래 1~(32)

		기초	+	거래	=	합
a	기초현금	$0				$0
b	현금수취	2,584,900		–		2,584,900
c	현금지출	2,796,438		–		2,796,438
b−c=d	영업활동으로 인한 현금흐름	(211,538)				(211,538)
e	고정자산 구매	1,750,000		–		1,750,000
f	순차입	900,000	**2B**	100,000		1,000,000
g	소득세 지급	0				0
h	신규 주식의 발행	1,550,000	**1B**	800,000		2,350,000
a+d−e+f−g+h=i	기말현금	$488,462		900,000		$1,388,462

현금흐름표 거래총계

거래(32) 기준

		기초	+	거래	=	합
A	현금	$488,462	**3**	900,000		$1,388,462
B	외상매출금	454,760		–		454,760
C	재고	414,770		–		414,770
D	선급비용	0		–		0
A+B+C+D=E	유동자산	1,357,992				2,257,992
F	기타자산	0		–		0
G	고정자산	1,750,000		–		1,750,000
H	감가상각누계액	78,573				78,573
G−H=I	순고정자산	1,671,427				1,671,427
E+F+I=J	총자산	$3,029,419		900,000		$3,929,419

자산총계

		기초	+	거래	=	합
K	외상매입금	$236,297		–		$236,297
L	미지급비용	26,435		–		26,435
M	유동성부채	100,000	**2A**	100,000		200,000
N	미지급법인세	139,804		–		139,804
K+L+M+N=O	유동부채	502,536				602,536
P	장기부채	800,000		–		800,000
Q	자본금	1,550,000	**1A**	800,000		2,350,000
R	이익잉여금	176,883		–		176,883
Q+R=S	자본총계	1,726,883				2,526,883
O+P+S=T	부채와 자본총계	$3,029,419		900,000		$3,929,419

부채와 자본총계

 **거래 32** 재정 확충! 액면가 1달러인 애플시드의 보통주 5만 3,333주를 주당 15달러에 매각하고 신규 신용한도대출로 10만 달러를 조달한다.

이번 주식매각 거래는 거래 1과 유사하다. 우리는 자본과 회사에 대한 지분을 교환한 것이다.

앞선 거래에서 주식 한 주의 가격은 10달러였다. 따라서 10만 달러의 자본을 확충하려면 1만 주의 주식과 소유지분 5%를 교환하면 됐다.

하지만 현재 주식 한 주의 가격은 15달러로 올랐다. 10만 달러를 조달하기 위해서는 6,666주만 매각하면 되는 것이다(회사지분의 2.6%). 우리는 또한 금융기관으로부터 신용한도대출을 받기 위해 협상을 벌였다.

신용한도대출(line of credit)이란 단기 기업대출로, 은행이 미리 약정한 최고 한도금액까지 필요할 때 돈을 대출받을 수 있게 되어 있는 상품이다. 한도 중 사용하지 않은 금액에 대해서는 이자를 부과하지 않으며, 대출 한도 내에서는 별도의 승인 없이 언제든지 돈을 꺼내 쓸 수 있다.

거래: 벤처투자가들은 감자칩을 생산하겠다는 우리의 확장 전략에 동의하고 자금을 댔다. 투자가들은 주당 15달러에 5만 3,333달러의 보통주를 매입했다. 총 79만 9,995달러다. 그리고 회계 처리의 편의를 위해 이 금액에 5달러를 더해줬다.

거래은행은 우리가 추가적으로 주식을 발행, 매각한 데 따라 80만 달

러에 달하는 신용한도대출을 제안했다. 이자율은 월 0.666%(연 8%)이
고, 우리는 거래를 마무리 짓기 위해 10만 달러를 인출했다.

1 (1A)주식을 발행하면 **자본금**이 발생한다. 따라서 대차대조표의 자
본금 항목에 80만 달러를 더한다. (1B)현금흐름표의 **신규 주식의 발행**
항목에 주식을 매각한 80만 달러를 더한다.

2 (2A)우리는 80만 달러의 신용한도대출을 받았다. 하지만 현재 시
점에서는 10만 달러만을 인출했다. 이 금액을 대차대조표의 **유동성부
채** 항목에 더한다. (2B)현금흐름표의 **순차입** 항목에 이 금액 10만 달
러를 더한다.

3 주식매각과 순차입을 통해 총 90만 달러의 현금이 발생했다. 이를
대차대조표의 **현금** 항목에 더한다.

PART 5

성공적인 자본투자를 위한
의사결정

🗄 5부 미리보기

자본투자는 경영진이 내릴 수 있는 가장 중요한 의사결정 중 하나다. 기업에 있어서 가장 중요한 자원이 자본인 경우가 많은데, 따라서 자본을 현명하게 활용해야만 기업이 성과를 거둘 수 있다. 기업은 더 나은 미래를 개척하기 위해 장기적인 관점에서 자본을 투자한다. 그리고 기업과 기업의 궁극적인 가치를 결정하는 데 있어서 다른 어떤 기업 활동보다도 큰 영향을 미치는 활동이 자본투자에 대한 의사결정이다.

경영진은 자본이라고 하는 자원이 부족하게 되면 어떤 종류의 자본 프로젝트가 경제적으로 실현 가능한지 세심하게 결정해야만 한다. 또한 기업의 가치를 가장 높게 끌어올리는 데 기여할 수 있는 프로젝트를 선택해야 한다. 이와 같이 각각의 프로젝트를 평가하고, 비교하고 선택하는 과정을 '자본예산(capital budgeting)'이라고 한다.

예산의 영어단어인 budget은 프랑스어 bougette에서 유래했으며, 계획된 모든 비용과 수익을 의미한다. 즉, 비용지출과 절감에 대한 계획이라고 할 수 있다.

자본예산은 기업이 계획 중인 주요 자본투자가 그만큼의 가치가 있는지 결정하는 데 도움을 주는 체계적인 방법이다. 그리고 자본지출이 합당한지를 살피도록 해주는 도구다. 또 자본예산 분석은 "어떤 대안적 프로젝트가 장기적인 관점에서 기업의 가치를 가장 높일 수 있는가?"라는 질문에 답을 줌으로써 여러 프로젝트 대안 중 하나를 합리적으로 선택할 수 있도록 도움을 준다.

이번 5부에서는, 자본투자와 관련해 올바른 의사결정을 내리는 데 필요한 정량적 분석도구에 대해 소개를 할 예정이다. 그런 후 이 책의 마지막인 22장에서 애플시드의 사업 확장계획과 자본예산을 평가하기 위해 이 분석도구를 적용해볼 계획이다.

장기 프로젝트는 보통 프로젝트 초기에 현금을 지출(부정적 현금흐름)하고, 프로젝트 후반에 그에 따른 수확(긍정적 현금흐름)을 거두어들인다. 프로젝트에 따라 현금흐름도 달라지는데, 규모와 시간적인 측면에서 모두 다르다. 우리는 프로젝트의 가치를 비교하기 위해 '화폐의 시간가치'와 관련이 있는 계량기법들을 사용할 예정이다.

분석을 위해서는 가장 먼저 프로젝트에서 비롯되는 증액 현금흐름의 크기와 타이밍을 측정해야 한다. 그리고 현재 가치(PV)를 예측하기 위해 미래 현금흐름을 할인하고, 현재의 순현재 가치(NPV)를 구하기 위해 현재 가치(투자와 수익)를 모두 더한다. NPV는 기업이 특정 프로젝트를 통해 창출해낼 수 있는 부가가치를 측정한 수치이다. 그리고 일반적으로 NPV가 가장 높은 프로젝트를 선택해 진행한다.

NPV 산출을 위해 할인율이라는 것을 쓴다. 할인율은 이자율과 유사하지만 반대되는 개념이다. 자본예산을 위한 할인율로 많이 쓰이는 게 가중평균자본비용(WACC)으로, 기업의 여러 재무요소를 모두 고려한 개념이다. 만약 특정 프로젝트의 위험이 높다고 한다면 그 비율이 증가하게 된다. 이와 같은 할인율을 '최저목표수익률(hurdle rate)'이라고도 부르는데, 말 그대로 한 기업이 기대하는 최저 수익률이다.

프로젝트 평가에 있어서 정량적 도구를 이용할 때는 이를 여러 유용한 의사결정도구 중 하나로 간주하는 게 최선이다. 또 자본예산과 관련한 의사결정을 내리는 데 있어서 NPV와 같은 정량적 측정도구와 함께 세심한 전략 결정, 경영적인 직관, 과거사례에 대한 연구 등이 병행되어야 한다.

필요한 입력 변수들을 정확하게 예측을 할 수 없는 경우에는 수치들을 눈대중으로 살피든, 정확히 계산을 해보든 비슷한 정도의 도움을 얻는다. 몇몇 학자들은 아무리 세부적으로 잘 산출된 정량적 분석이라 해도, 경영자의 판단이나 사려 깊은 전략과 비슷한 정도의 가치밖에는 갖지 못한다고 말한다.

따라서 기업이 미래에 대한 의사결정을 내릴 때는 정량적 방법과 정성적 방법 모두를 이용하는 것이 중요하다. 또 산출된 수치가 아무리 긍정적이라도 전략을 튼튼히 하는 것이 절대적으로 중요하다. NPV가 아무리 높다 하더라도 기업의 기본적인 전략에 허점이 많다면, 그 자본 프로젝트는 목표달성에 실패할 수밖에 없다.

주의! 의사결정을 평가하는 데 있어 정량적 분석을 이용하면 목적성을 가질 수 있다는 장점이 있다. 하지만, 분석을 약화시키는 가설이나 예측이 있을 수 있기 때문에 이와 같은 기법들에 지나치게 기대서는 안 된다. 산출된 결과 수치가 정확해 보인다고 해서 의미가 있는 것은 아니다.

Chapter 20 기업의 현금유동성을 분석하는 화폐의 시간가치

자본예산을 결정하기 위해서는 때때로 몇 년 동안 기업의 현금흐름을 분석해야 한다. 그리고 이와 같은 분식에서 중요한 개넘이 화폐의 시간가치에 대한 회계 처리다.

"(내일 내 수중에 들어올 수 있는) 남의 돈 천 냥보다 (지금 내가 쥐고 있는) 제 돈 한 냥이 낫다." 이 말을 이해한다면 화폐의 시간가치에 대해서도 대부분 이해한 것과 마찬가지다.

누구나 내일 1달러를 받는 것보다 당장 내 수중에 1달러를 갖는 쪽을 선호한다. 재무 전문가들도 현재 보유하고 있는 현금이 미래에 받게 될 현금보다 더 많은 가치를 갖는다고 말한다. 이번 장은 '현재 화폐가 더 가치 있는 이유는 뭔지', '그렇다면 얼마큼의 가치가 있는지'에 대해 소개한다.

가치가 달라지는 세 가지 주요 이유는 다음과 같다:

1. 인플레이션 인플레이션은 시간이 지날수록 구매력을 떨어뜨린다. 한 해 동안 5%의 인플레이션이 있다고 가정하면, 오늘 1달러는 1년 후에 95센트 가치의 물건을 구매할 수 있을 뿐이다.

2. 위험 화폐가치가 떨어질 수 있는 위험이 항시 존재한다. 또 말 그대로 운이 없을 수도 있다. 예를 들면 FDIC(미국 연방예금보험공사)가 발행한 양도성 예금증서(CD)의 금리가 폭락할 위험이 있을 수도 있고, 처남이 꿔간 돈을 안 갚을 수도 있다.

3. 기회비용 만약 누군가에게 돈을 빌려줬다면, 당신은 자신을 위해 이 돈을 이용할 기회를 잃어버린 것이다. 이러한 기회는 당신에게 있어서 가치다. 이 돈을 더 값지게 만들 수 있기 때문이다.

이 세 가지 개념은 자본예산에서 쓰이는 현재 가치와 미래가치의 계산에 토대가 된다.

현재 가치(PV)는 기업이 미래의 특정 시점에서 현금흐름을 비교할 때 사용한다. 기업은 현금흐름을 현재 가치로 바꿈으로써 각 시점별로 투자 수익을 예측하고, 자본예산 분석에 더 큰 의미를 부여할 수 있다. 그리고 이는 의사결정에도 도움이 된다.

현재 가치와 미래가치를 산출하는 것은 간단한 덧셈과 **뺄셈**만 할 줄 알면 되는 대차대조표, 손익계산서, 현금흐름표 작성보다는 조금 더 어려운 수준이다. 하지만, 개념만 제대로 이해한다면 95% 정도는 제대로 해낼 수 있다.

자본예산과 화폐의 시간가치를 설명할 때 사용하는 전문용어들이 있다. 세 가지 재무제표를 배울 때처럼 배워야 할 새로운 단어들, 또는 의미가 달라진 단어들이 있다는 이야기다. 어렵지도 복잡하지도 않으며, 필요한 단어들이다.

가치, 비율, 시간

가치를 측정할 때 사용하는 단위는 통화(돈)이다. 그리고 이 책에서는 편의상 미국 달러를 사용하고 있다. 현재 가치, 미래가치, 할인가치, 잔여가치, 순현재 가치 등에 관심을 기울일 필요가 있다.

하지만 기억해야 할 부분이 있다. 재무계산의 시점에서는 통화가치를 '명목화폐'와 '실질화폐'라는 두 가지 관점에서 바라볼 수 있다는 점이다.

명목화폐는 말 그대로 지출한 화폐의 액면가다. 반면 실질화폐는 액면가에 인플레이션을 적용한 것이다.

왜 번거롭게 두 값을 모두 계산해야 할까? 인플레이션을 적용하면 (즉, 명목화폐를 실질화폐로 바꾸면), 가격 차이에 대한 비교와 설명이 쉬워지기 때문이다.

이에 대해서는 뒤에 나오는 부록 B를 참조한다.

비율은 퍼센트와 기간으로 표시한다. 예를 들면 연 5%와 같은 식이다. 여기서 기간은 한 달, 하루, 아니면 지속적인 기간이 될 수도 있다. 이러한 비율에는 인플레이션 비율, 이자율, 할인율, 최저목표수익률 등이 있다. 내부수익률, 위험 프리미엄과 투자수익률 등은 특수한 목적을 갖고 있는 비율이다. 여기에 대해서는 자세한 설명이 있을 예정이다.

자본예산

자본예산에 있어서 프로젝트가 다르면 투자도 달라야 하고, 그에 따른 장기적인 수익도 달라진다. 유사한 프로젝트를 재무적으로 비교하기 위해 우리는 현금흐름을 공통적이며 비교 가능한 형태로 바꾸어야 할 필요가 있다. 그리고 이러한 형태가 현재 가치다.

간단히 말해 적은 돈을 투자해 짧은 시간 동안 많은 돈을 벌면 좋은 투자이고, 많은 돈을 투자했는데 적은 돈만 벌었다면 나쁜 투자이다.

자본예산분석은 이와 같이 간단하다. 복잡하다고 할 수 있는 순현재 가치나 내부수익률은 세부사항일 뿐이다. 하지만 세부사항이 중요할 수도 있기 때문에 살펴보도록 하자.

등식?! 다음 페이지에 나오는 등식들은 그렇게 어렵지 않다. 하지만 만약 어렵게 느껴진다면, 단어를 찬찬히 읽어보고 개념을 이해하겠다고 마음먹기 바란다.

현재 가치(PV)와 미래가치(FV)

• 화폐의 시간가치에 가장 많이 적용되는 모형은 복리다. 복리는 현재 화폐의 미래가치에 주어진 이자를 적용해 계산하는 과정이다. 만약 은행에 **PV**를 저축해 놓았고 연간 이자로 i를 받는다면 y년이 지난 후 **FV**가 얼마인지 산출하기 위해서는 다음 공식을 적용하면 된다.

$$FV = PV \times (1+i)^y$$

• 만약 **PV**가 100달러이고 이자율이 연간 4%이며, 7년 동안 은행에 저금을 해두었다고 한다면, 7년 후 찾을 수 있는 **FV**는 다음 공식에 따라 131.59달러가 된다.

$$FV = \$100.00 \times (1+0.04)^7 = \$131.59$$

★**노트:** 위 공식의 0.04는 이자율이다(4%=4/100=0.04). 또한, $(1+0.04)^7$ 은 $(1+0.04)\times(1+0.04)\times(1+0.04)\times(1+0.04)\times(1+0.04)\times(1+0.04)\times(1+0.04)=1.3159$임을 의미한다.

• 이제 y년 후에 받게 될 **FV**를 연간 할인율 d를 적용해 **PV**를 구해보자. 이의 산출을 위해서는 앞서 공식을 다음과 같이 다시 배열하면 된다.

318

$$PV = \frac{FV}{(1+d)^y}$$

- 할인이란 미래에 받게 될 화폐의 현재 가치를 계산하는 과정이다. 미래의 예상 현금흐름(미래가치)을 현재 가치로 할인하는 것은 여러 자본 프로젝트의 대안을 재무적으로 평가할 때 중요하다. 추후 이에 대해 설명하겠다.

이자와 이자율

- **이자**는 다른 사람에게 빌린 돈에 대해 지급해야 하는 대가다.
- **이자율**은 자동차 계기판의 시속으로 생각하면 된다. 이자와 시간은 특정 시간동안 적용되는 비율이기 때문이다.

시속 60km란 한 시간에 60km를 간다는 이야기다. 따라서 연간 4%의 이자란 100달러를 은행에 저축했을 때, 1년 후 104달러를 받는다는 뜻이다.

- 이자란 현재 화폐를 기준으로 미래에 받게 될 더 큰 금액의 화폐를 산출해내기 위해 사용하는 재무적 도구다. 둘 다 명목화폐, 즉 당시 시점에서의 화폐 액면가치를 기준으로 한다. 다음 그림은 현재 은행에 저금한 100달러가 연이율 4%를 적용했을 때 7년 후 어떻게 132달러가 되는지를 보여준다.

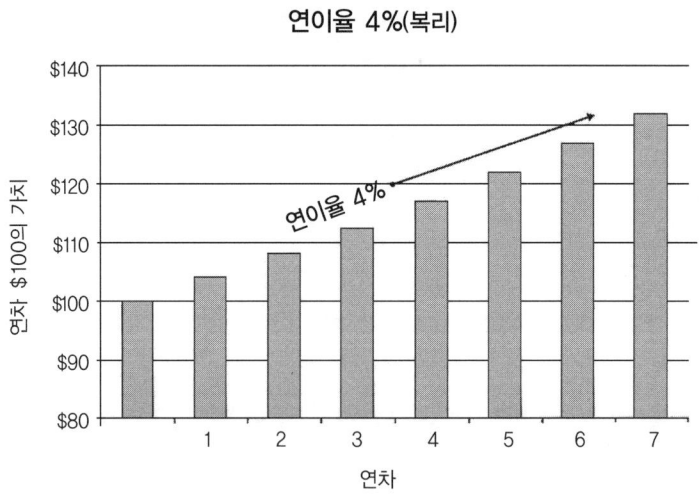

연이율 4%(복리)

할인과 할인율

• 할인은 미래의 특정 시점에 받게 될 현금의 현재 가치를 계산하는 과정이다. 즉 미래에 받게 될 것으로 예상하는 현금을 매년 할인율을 적용해 줄여나가는 과정이다.

할인은 이자를 계산하는 과정과 비슷하다. 단지 역순일 뿐이다. 할인에서는 이자율 대신 할인율을 사용한다는 데 차이가 있다. 미래의 수익을 할인하는 것은 자본예산에 있어서 아주 중요하다. NPV에 대한 설명을 참고하기 바란다.

• 아래의 그림은 7년 후 받게 될 것으로 예상되는 132달러에 연간 4%의 할인율을 적용했을 때 100달러로 떨어지는 과정을 보여주고 있다. 둘 다 명목화폐, 즉 당시 시점에서의 화폐의 액면가치를 기준으로 한다.

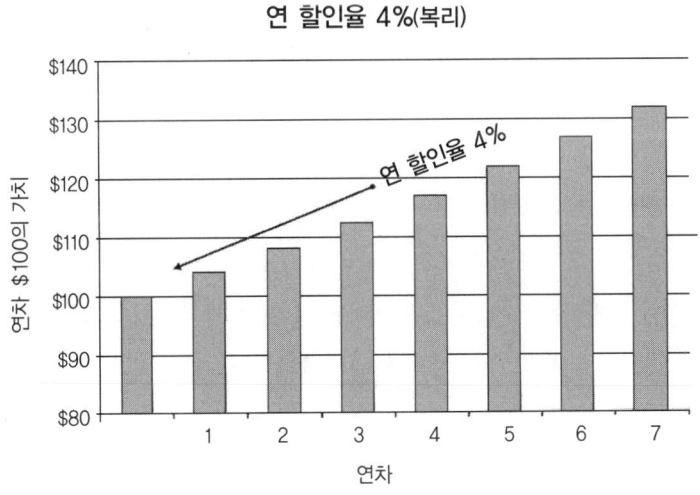

연 할인율 4%(복리)

할인 가치의 계산

미래 현금흐름의 할인가치를 계산할 때는 다음 페이지에 나오는 PV-FV 표를 이용한다.

예를 들어, 표를 보면 할인율 12%를 적용했을 때 7년 후 현재 가치는 0.452다. 현재 갖고 있는 1달러를 매년 12%로 할인했을 때(d), 7년 후(y) 받게 되는 돈은 45.2센트라는 의미다.

현재 가치와 미래가치의 관계를 다른 식으로 설명하자면, 지금 당신의 주머니에 들어 있는 45.2센트는 7년 후 1달러와 동등한 가치를 갖는다는 뜻이다(할인율 12%).

이와 같은 현재 가치 표는 앞서 설명한 PV공식을 이용해 작성한다:

$$PV = \frac{FV}{(1+d)^y}$$

$$PV = \frac{\$1.00}{(1+0.12)^7}$$

$$PV = \$0.452$$

현금흐름 예상치의 현재 가치를 계산하기 위해 현재 가치 표를 이용해보자. 다음의 표를 참조하기 바란다.

다음 장에서는 NPV 분석을 이해하기 위해 지금까지 배운 내용을 적용해볼 예정이다. NPV는 자본예산에서 가장 널리 사용되고 있는 분석기법이다.

현재 가치 표를 이용한 현재 가치 산출

	1년차	2년차	3년차	4년차	합계
A. 명목 현금흐름	($124)	$88	$225	$135	$324
B. PV표의 수치(할인율 14%)	0.877	0.769	0.675	0.592	
C. 명목 현금흐름의 PV(A×B)	($109)	$68	$152	$80	$191

행 A는 4년 동안의 현금흐름을 명목화폐로 나타낸 것이다.

행 B는 현재 가치 표에서 제시된 연간 할인율 14%를 적용했을 때의 할인 소수 값이다.

행 C는 A와 B를 곱해 산출한 현금흐름의 현재 가치다.

y년 후에 받게 될 1달러의 현재가치
연간 할인율 d

연간 할인율 (d)

(y)	2%	4%	6%	8%	10%	12%	14%	16%	18%	20%	22%	24%	26%	28%	30%	35%	40%	45%	50%
1	0.980	0.962	0.943	0.926	0.909	0.893	0.877	0.862	0.847	0.833	0.820	0.806	0.794	0.781	0.769	0.741	0.714	0.690	0.667
2	0.961	0.925	0.890	0.857	0.826	0.797	0.769	0.743	0.718	0.694	0.672	0.650	0.630	0.610	0.592	0.549	0.510	0.476	0.444
3	0.942	0.889	0.840	0.794	0.751	0.712	0.675	0.641	0.609	0.579	0.551	0.524	0.500	0.477	0.455	0.406	0.364	0.328	0.296
4	0.924	0.855	0.792	0.735	0.683	0.636	0.592	0.552	0.516	0.482	0.451	0.423	0.397	0.373	0.350	0.301	0.260	0.226	0.198
5	0.906	0.822	0.747	0.681	0.621	0.567	0.519	0.476	0.437	0.402	0.370	0.341	0.315	0.291	0.269	0.223	0.186	0.156	0.132
6	0.888	0.790	0.705	0.630	0.564	0.507	0.456	0.410	0.370	0.335	0.303	0.275	0.250	0.227	0.207	0.165	0.133	0.108	0.088
7	0.871	0.760	0.665	0.583	0.513	0.452	0.400	0.354	0.314	0.279	0.249	0.222	0.198	0.178	0.159	0.122	0.095	0.074	0.059
8	0.853	0.731	0.627	0.540	0.467	0.404	0.351	0.305	0.266	0.233	0.204	0.179	0.157	0.139	0.123	0.091	0.068	0.051	0.039
9	0.837	0.703	0.592	0.500	0.424	0.361	0.308	0.263	0.225	0.194	0.167	0.144	0.125	0.108	0.094	0.067	0.048	0.035	0.026
10	0.820	0.676	0.558	0.463	0.386	0.322	0.270	0.227	0.191	0.162	0.137	0.116	0.099	0.085	0.073	0.050	0.035	0.024	0.017
11	0.804	0.650	0.527	0.429	0.350	0.287	0.237	0.195	0.162	0.135	0.112	0.094	0.079	0.066	0.056	0.037	0.025	0.017	0.012
12	0.788	0.625	0.497	0.397	0.319	0.257	0.208	0.168	0.137	0.112	0.092	0.076	0.062	0.052	0.043	0.027	0.018	0.012	0.008
13	0.773	0.601	0.469	0.368	0.290	0.229	0.182	0.145	0.116	0.093	0.075	0.061	0.050	0.040	0.033	0.020	0.013	0.008	0.005
14	0.758	0.577	0.442	0.340	0.263	0.205	0.160	0.125	0.099	0.078	0.062	0.049	0.039	0.032	0.025	0.015	0.009	0.006	0.003
15	0.743	0.555	0.417	0.315	0.239	0.183	0.140	0.108	0.084	0.065	0.051	0.040	0.031	0.025	0.020	0.011	0.006	0.004	0.002
16	0.728	0.534	0.394	0.292	0.218	0.163	0.123	0.093	0.071	0.054	0.042	0.032	0.025	0.019	0.015	0.008	0.005	0.003	0.002
17	0.714	0.513	0.371	0.270	0.198	0.146	0.108	0.080	0.060	0.045	0.034	0.026	0.020	0.015	0.012	0.006	0.003	0.002	0.001
18	0.700	0.494	0.350	0.250	0.180	0.130	0.095	0.069	0.051	0.038	0.028	0.021	0.016	0.012	0.009	0.005	0.002	0.001	0.001
19	0.686	0.475	0.331	0.232	0.164	0.116	0.083	0.060	0.043	0.031	0.023	0.017	0.012	0.009	0.007	0.003	0.002	0.001	0.001
20	0.673	0.456	0.312	0.215	0.149	0.104	0.073	0.051	0.037	0.026	0.019	0.014	0.010	0.007	0.005	0.002	0.001	0.001	0.000
21	0.660	0.439	0.294	0.199	0.135	0.093	0.064	0.044	0.031	0.022	0.015	0.011	0.008	0.006	0.004	0.002	0.001	0.000	0.000
22	0.647	0.422	0.278	0.184	0.123	0.083	0.056	0.038	0.026	0.018	0.013	0.009	0.006	0.004	0.003	0.001	0.001	0.000	0.000
23	0.634	0.406	0.262	0.170	0.112	0.074	0.049	0.033	0.022	0.015	0.010	0.007	0.005	0.003	0.002	0.001	0.000	0.000	0.000
24	0.622	0.390	0.247	0.158	0.102	0.066	0.043	0.028	0.019	0.013	0.008	0.006	0.004	0.003	0.002	0.001	0.000	0.000	0.000
25	0.610	0.375	0.233	0.146	0.092	0.059	0.038	0.024	0.016	0.010	0.007	0.005	0.003	0.002	0.001	0.000	0.000	0.000	0.000
26	0.598	0.361	0.220	0.135	0.084	0.053	0.033	0.021	0.014	0.009	0.006	0.004	0.002	0.002	0.001	0.000	0.000	0.000	0.000
27	0.586	0.347	0.207	0.125	0.076	0.047	0.029	0.018	0.011	0.007	0.005	0.003	0.002	0.001	0.001	0.000	0.000	0.000	0.000
28	0.574	0.333	0.196	0.116	0.069	0.042	0.026	0.016	0.010	0.006	0.004	0.002	0.002	0.001	0.001	0.000	0.000	0.000	0.000
29	0.563	0.321	0.185	0.107	0.063	0.037	0.022	0.014	0.008	0.005	0.003	0.002	0.001	0.001	0.001	0.000	0.000	0.000	0.000
30	0.552	0.308	0.174	0.099	0.057	0.033	0.020	0.012	0.007	0.004	0.003	0.002	0.001	0.001	0.000	0.000	0.000	0.000	0.000

연차

Chapter 21

자본예산계획 수립에 필수적인 순현재 가치

우리는 높은 수익을 기대하면서 현금을 투자할 계획이다. 하지만 위험이 크다는 점을 고려할 때, 이와 같은 수익이 초기투자를 상쇄해 줄 수 있을지가 의문이다. 또 더 나은 수익을 창출해줄 대안이 있는지도 고려해야 한다. 이와 같은 질문에 대한 답을 모색하는 것이야말로 자본 예산의 핵심이다. 그리고 순현재 가치 분석은 이에 대한 답을 찾는 데 큰 도움을 준다.

특정 프로젝트의 NPV란 미래에 얻게 될 현금가치에서 비용을 뺀 가치로, 현재의 명목화폐를 기준으로 한다. NPV 분석에서는 관련 유입 현금 및 유출현금을 할인해 각각의 현재 가치를 산출한 후, 이를 모두 더하게 된다. NPV란 해당 프로젝트가 기업의 부를 얼마나 증대시켜 줄 것인지를 예측하는 기법이다.

NPV의 값이 양수라면, 해당 프로젝트는 가치를 더해줄 것이다. NPV가 음수라면, 이 프로젝트를 진행해서는 안 된다. 몇몇 대안을 놓고 선택해야만 하는 경우 가장 큰 NPV일수록 가장 큰 가치를 창출한다. 즉 NPV값은 크면 클수록 바람직하다는 이야기다.

NPV의 계산은 어렵지 않다. 복잡한 계산은 엑셀 같은 스프레드시트 프로그램을 이용하면 된다. NPV 분석에서 가장 복잡한 부분은 이와 같은 계산보다는 공식에서 이용하는 현금흐름을 제대로 예측하는 것이다.

NPV 분석은 자본 프로젝트와 관련된 현금흐름을 예측하는 아주 정확한 도구다. 그리고 이와 같은 현금흐름 예측을 통해 "프로젝트의 초기 투자금으로 얼마가 필요한지?", "프로젝트가 기업의 미래 현금흐름에 어떤 영향을 미치는지?"와 같은 질문에 답을 할 수 있게 된다.

하지만 주의해야 할 부분이 있다. 이와 같은 개념과 공식을 적용하더라도 그 한계를 분명히 이해해야 한다. 종종 예측과는 다른 결과가 초래될 수도 있기 때문이다. 또 산출된 결과에 지나치게 의존해 프로젝트를 너무 자신 있게 예측해서도 안 된다. 그리고 전략을 간과해서는 안 된다. NPV값이 아무리 높다 하더라도, 기업의 전략에 허점이 많다면 자본투자 프로젝트는 실패할 확률이 높다.

우리는 이번 장의 마지막 부분에서 자본예산을 위해 사용하는 IRR, ROI, 투자회수기간과 같은 다른 분석기법에 대해서도 설명할 예정이다. 하지만 가장 많이 사용하는 분석기법은 NPV다. 따라서 다음 장에서는 애플시드의 사업 확장 전략에 이와 같은 NPV 분석을 실제 적용해 보게 된다.

자본 프로젝트마다 현금흐름의 금액과 시간이 모두 다르다. 그리고 NPV 자본예산 분석은 "이들 프로젝트의 가치가 현재의 명목화폐로 얼마나 되느냐?"라는 질문에 대한 답을 찾는 데 도움을 준다.

NPV는 여러 자본 프로젝트 대안들을 비교하도록 해주는 도구다. NPV는 특정 프로젝트의 미래 현금흐름을 산출함으로써 화폐의 시간가치를 보여준다. 또 기업이 특정 프로젝트를 시행함으로 얻게 될 것으로 기대되는 부가가치를 측정해준다.

순현재 가치 공식

• 특정 프로젝트의 순현재 가치는 해당 프로젝트 동안 순차적으로 발생할 것으로 예상되는 모든 현금흐름을 현재 가치를 도출해 낼 수 있는 적절한 비율로 할인해 더한 값이다. 그리고 프로젝트의 NPV가 양수이면, 그 프로젝트는 그 값만큼 예상 부가가치를 창출한다.

• 다음은 **순현재 가치**의 표준 공식을 간략하게 나타내본 것이다. 개념을 이해하고 몇 가지 사례를 통해 실습을 해보면 어렵지 않게 NPV를 구할 수 있다. 또 복잡한 계산은 스프레드시트를 이용하면 된다.

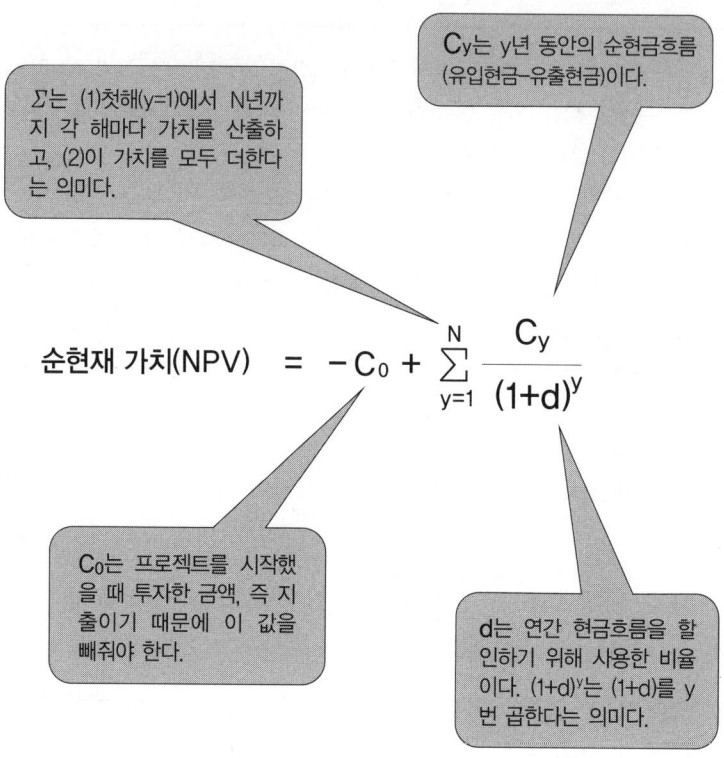

$$\text{순현재 가치(NPV)} \ = \ -C_0 + \sum_{y=1}^{N} \frac{C_y}{(1+d)^y}$$

Σ는 (1)첫해(y=1)에서 N년까지 각 해마다 가치를 산출하고, (2)이 가치를 모두 더한다는 의미다.

C_y는 y년 동안의 순현금흐름(유입현금−유출현금)이다.

C_0는 프로젝트를 시작했을 때 투자한 금액, 즉 지출이기 때문에 이 값을 빼줘야 한다.

d는 연간 현금흐름을 할인하기 위해 사용한 비율이다. $(1+d)^y$는 $(1+d)$를 y번 곱한다는 의미다.

순현재 가치(NPV) 예제

• 우리는 동일한 자본 프로젝트의 현금흐름을 이용해 해당 프로젝트의 NPV를 산출한다.

현금흐름	시작	1년차	2년차	3년차
-초기투자(C0)	$C_0 = \$725$			
+현금유입		$500	$800	$950
-현금유출		$200	$350	$450
= 순현금흐름	($725)	$C_1 = \$300$	$C_2 = \$450$	$C_3 = \$500$

328

표준 NPV 공식을 이용한다:

$$NPV = -C_0 + \sum_{y=1}^{N} \frac{C_y}{(1+d)^y}$$

초기 투자(C_0)를 포함해 3년 동안 이 공식을 적용한다.

$$NPV = -C_0 + \frac{C_1}{(1+d)^1} + \frac{C_2}{(1+d)^2} + \frac{C_3}{(1+d)^3}$$

현금흐름의 실제 금액과 12%의 할인율을 적용한다.

$$NPV = -\$725 + \frac{\$300}{(1+0.12)} + \frac{\$450}{(1+0.12)(1+0.12)} + \frac{\$500}{(1+0.12)(1+0.12)(1+0.12)}$$

다음의 값을 구할 수 있다.

$$NPV = -\$725 + \frac{\$300}{1.120} + \frac{\$450}{1.254} + \frac{\$500}{1.405}$$

$$NPV = -\$725 + \$268 + \$359 + \$356$$

$$NPV = \$258$$

• 다음 페이지에 나오는 그래프는 위의 현금흐름 예제를 이용해 산출한 NPV다. 대신 할인율을 5%에서 35%까지 달리 적용해봤다.

내부수익률(IRR)

• 프로젝트의 내부수익률은 미래 현금흐름의 현재 가치가 초기 투자비와 같은 값을 갖도록 만드는 할인율이다. 따라서 IRR은 NPV=$0이 되는 지점이다.

• 할인율을 낮춰 적용하면 프로젝트의 NPV값이 커진다. 할인율이 낮으면 미래 현금흐름의 값이 크게 산출되기 때문이다. 반대로 높은 할인율을 적용하면, 프로젝트의 NPV값은 작아진다.

• 다음 그래프를 보기 바란다. 12%의 할인율을 적용했을 때, 프로젝트의 NPV는 258달러다. 그리고 5%의 할인율을 적용하면 NPV는 400달러가 넘게 된다. 반면 35%의 할인율을 적용하면, NPV는 손실로 돌아선다. 수익이 투자비를 상쇄하지 못한다는 의미다. 여기서 IRR, 즉 NPV=0달러가 되는 지점의 할인율은 30%가 된다.

• IRR을 특정 프로젝트에 투자함으로써 창출되는 연간 수익성으

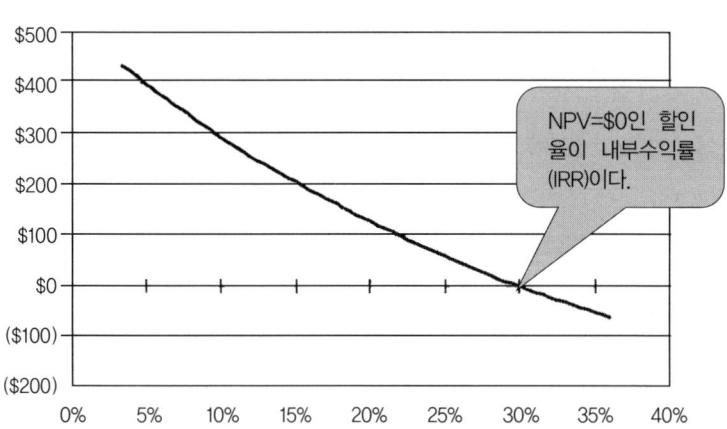

할인율 차이에 따른 순현재가치

NPV=$0인 할인율이 내부수익률(IRR)이다.

로 잘못 이해하는 경우가 많다. 하지만 프로젝트에서 비롯된 현금 흐름을 IRR과 같은 비율로 투자할 수 있을 때 이와 같은 수익이 창출된다. 그리고 이런 경우는 많지 않다.

순현재 가치 vs. 내부수익률?

• NPV와 IRR은 자본활용의 두 가지 다른 측면을 각기 측정하지만 상호보완적이다. 자본투자를 평가하는 이 두 가지 방법에는 각각 장단점이 있다. 다음 표를 참조해보자.

순현재 가치 vs. 내부수익률

	NPV	IRR
장점	-NPV는 기업이 특정 프로젝트를 수행함으로써 기대하는 부가가치를 직접적으로 측정한다. -NPV 분석을 이용하면 프로젝트의 대안별로 그 가치를 쉽게 비교할 수 있다. 그리고 NPV값이 높은 프로젝트를 선택하면 된다.	-IRR은 많이 활용되는 자본예산 도구다. 자본활용의 효율성을 이해하기 쉽게 수익비율로 제시하기 때문에 그렇다. -IRR은 할인율 예측 없이도 산출이 가능하다.
단점	-NPV 분석을 위해서는 할인율을 가정해 입력해야 한다(자본비용+위험 프리미엄). 하지만 이를 측정한다는 것이 쉽지만은 않다.	-IRR은 투자에 따른 수익의 가치가 아닌 비율을 계산해줄 뿐이다. 따라서 프로젝트의 규모를 간과하기 쉽고, 기업의 궁극적인 가치를 측정하는 도구로는 적합하지 않을 수도 있다. -IRR을 적용하면 대형 프로젝트보다 소형 프로젝트가 더 매혹적으로 보이는 경향이 있다. 실제로 소형 프로젝트의 IRR이 아주 높기 때문이다. 하지만 이러한 프로젝트의 NPV는 부정적인 경우가 많다. -IRR은 현금흐름 수익을 아주 높은 IRR에 투자한다고 가정한다. 단, MIRR(수정IRR) 분석은 이와 같은 문제를 해소해준다.

현금흐름 예측

모든 프로젝트의 현금유입과 유출을 정확하게 예측하기란 아주 어렵다. 현금흐름을 예측하기 위해서는 사업을 세부적으로 이해하고 있어야 하고, 프로젝트를 구체적으로 분석해 투입변수와 이에 따른 기대치를 파악해야만 한다.

현금흐름 예측 NPV 분석에 쓰이는 현금흐름은 해당 프로젝트를 위해 준비한 가정 재무제표에서 가져온다. 특정 기간 동안의 예상 현금흐름 총계는 다음과 같이 산출해볼 수 있다:

영업이익

+ 감가상각

− 세금

− 자본지출

− 운전자본의 증가분

―――――――――――

= 현금흐름 총계

영업이익은 매출에서 원가와 비용을 뺀 값으로 현금의 주요 원천이다. 하지만 실제 현금흐름을 얻기 위해서는 두 부분에서 조정을 해야만 한다: (1)영업이익이란 세금을 공제하기 이전의 금액이다. 따라서 정확한 현금흐름을 산출하기 위해서는 세금을 빼야 한다. (2)또 영업이익에는 감가상각비용이 포함되어 있다. 따라서 정확한 현금흐름을 산출하기 위해서는 감가상각비를 더해야만 한다. 마지막으로 현금흐름을 계산할 때 포함해야 하는 부분은 해당 기간 동안 운전자본(재고, 외상매입금, 외상매출금 등)에 있어서의 변화다. 만약 운전자본이 늘어났다면 현금이 필요하고, 우리는 현금흐름 총계에서 이 금액을 뺄 필요가 있다.

우리는 최초 투자의 양과 시기, 운전자본의 변화, 그리고 원가와 비용을 예측해야만 한다. 또 고객의 요구와 시장 환경을 파악해 매출을 예측해야 한다. 여기에 더해 현재는 물론 미래의 재무환경과 인플레이션, 프로젝트의 위험도, 세금 관련 문제들을 고려해야 한다. 이것들은 모두 NPV 계산에 큰 영향을 미치기 때문이다. 더 나아가 현금흐름의 각 요소를 순차적으로 배열해야 하는데, NPV 분석을 통해 화폐의 시간가치를 적절하게 도출해내기 위해서다. 상자 내용을 참고하기 바란다.

할인율의 선택

적절한 할인율을 선택하는 것 또한 어렵다. 최소 할인율은 기업의 가중평균자본비용이다. 모든 프로젝트는 이 금액에 해당하는 수익을 창출해내야 한다. 그렇지 않을 경우 기업가치가 희석되기 때문이다. 그리고 프로젝트의 위험도가 높아지면 위험 프리미엄을 더해야만 한다.

벤처투자가들은 신생기업에 투자할 때 30% 이상의 위험 프리미엄을 책정한다. 그리고 기존 기업이 사업 확장을 할 때 적절한 위험 프리미엄은 5~15% 선이다. NPV와 할인율을 비교하는 도표를 그려보면 도움이 될 것이다.

민감도 분석

자본예산 분석에 있어서 투입요소의 중요도는 각기 다르다. 예를 들어, 매출예측은 아주 중요한 요소이다. 하지만 매출총이익에 10% 내외의 금액이 더해지는 것은 그다지 중요하지 않을 수도 있다.

민감도 분석을 하면 자본예산 분석에서 중요한 요소들을 파악하는 데 도움이 된다. 민감도 분석에서 이와 같은 요소들은 체계적으로 변화하며, NPV나 IRR이 어떤 식으로 영향을 받아 변하는지를 보여주게 된다. 요소와 관련해 가설을 바꿨는데, 산출한 프로젝트의 가치가 크게 변했다면 이러한 요소는 아주 중요하다. 따라서 바로잡아야 한다. 반면 가설을 바꿔도 그다지 큰 변화가 없다면 이러한 요소는 중요하지 않다고 할 수 있다.

시나리오 분석은 모든 재무적 가정을 보수적 관점에서 고찰하고, 현금흐름이 어떻게 영향을 받는지 파악할 수 있게 해준다. 예를 들어, 최초 예측했던 것에 비해 비용이 더 들고, 시간이 더 걸린다고 가정하는 것이다. 경우에 따라서는 세 가지 형태의 가정 재무제표를 준비해보는 것도 도움이 된다. 보수적인(비관적인) 재무제표, 현실적인 가정을 바탕으로 한 재무제표 그리고 낙관적인 재무제표다.

NPV 가이드라인

다음은 현금흐름을 예측하고 NPV 분석을 할 때 도움이 되는 가이드라인이다.

1. 현금흐름이 늘어날 수 있는 모든 요소를 고려한다. 프로젝트의 현금흐름은 매출, 원가, 비용, 자본투자, 운전자본의 증가 등을 통해 커질 수 있다.

기회비용 또한 고려해야 한다. 기존 자산이나 노동력을 프로젝트에 포함시킨다면 이와 관련한 비용을 해당 프로젝트의 현금흐름에 포함해야 한다.

2. 오직 현금흐름의 증가만을 고려한다. 기존비용을 포함해서는 안 된다. 이미 사용한 비용이 미래를 위한 의사결정 프로세스의 일부가 될 수는 없기 때문이다.

대차대조표와 손익계산서를 작성할 때 참고한 회계원칙들은 프로젝트의 가치를 오도할 수 있다. 현금흐름과 이익은 다르다. 프로젝트의 현금흐름이 긍정적이 되기 위해 반드시 이익이 필요한 건 아니다.

3. 현금흐름을 예측할 때는 명목화폐를 기준으로 한다. NPV 계산에 이용한 할인율의 일정 부분은 인플레이션이다. 우리는 이를 이중으로 고려하는 것을 방지하기 위해 명목화폐를 이용해 예측해야 한다.

명목화폐와 실질화폐의 차이에 대해서는 부록 B를 참조하기 바란다.

4. 시점을 고려한다. 자본예산은 최초의 현금유출(투자)과 미래의 현금유입(수익)을 보여준다. 따라서 현금흐름을 분석할 때, 오늘 지출한 현금이 앞으로 받게 될 현금보다 더 가치가 있는지 고려해야만 한다.

그리고 현금흐름에 대한 가치를 책정한 때와 현금흐름이 실제 발생하는 미래시점 사이의 특정 기간 동안, 적절한 할인율을 적용해 가치를 줄이는 방식으로 미래 현금흐름의 할인가치를 결정한다.

5. 자본조달비용을 포함하지 않는다. 자본예산에 있어서, 자본소달비용을 현금흐름 예측에 포함해서는 안 된다. NPV 계산을 위해 사용한 할인율의 일부는 예상되는 자본비용을 포함하고 있기 때문이다.

6. 위험을 고려한다. 위험도는 프로젝트마다 다르다. 위험도가 높은 프로젝트는 그만큼의 높은 수익을 창출해내야만 한다. NPV 계산에 활용한 할인율은 이와 같은 위험도를 반영하고 있다.

7. 가설을 이해한다. 자본 프로젝트를 평가하기 위해 사용하는 정량화 분석도구는 가치 있는 통찰력을 제공해준다. 하지만 이를 잘못 적용하면 다 소용이 없다. 따라서 이들 도구를 이용해 결과를 산출할 때 세웠던 가설을 이해할 필요가 있다.

마이크로소프트의 엑셀을 이용하면 NPV와 IRR을 쉽게 계산할 수 있다. 하지만 그렇다 하더라도 NPV 할인율과 현금흐름을 예측하는 데에는 문제가 있다. 어찌 됐든, 스프레드시트를 이용해 주요 요소에 대한 빠른 민감도 분석을 수행함으로써 분석의 가치를 더 높일 수 있다.

스프레드시트의 활용

NPV와 IRR을 계산하기 위해서는, 현금흐름표 항목을 스프레드시트셀의 순서대로 입력한다. 그리고 여기 나와 있는 공식을 사용하는 함수 마법사의 재무 기능을 이용한다. 먼저 도움말 화면을 모두 읽어보고 각 기능을 이해해두기 바란다.

NPV(rate, value1, value2⋯) Rate란 한 기간 동안 적용하게 될 할인율을 의미한다. Value는 그 기간 동안의 현금 유출 또는 유입 금액이다.

IRR(values, guess) Values는 IRR을 계산할 수를 포함하는 셀의 영역이다. Guess는 IRR 결과의 근삿값이라고 추정하는 수이다. 스프레드시트는 IRR을 계산하기 위해 Guess값으로 시작해 이를 반복하는 기법을 이용한다.

스프레드시트의 기능을 이용해 낮은 할인율로 현금 유입을 계산하는 MIRR(Modified internal rate of return: 수정 내부 수익률)을 구할 수도 있다. 또 XNPV와 XIRR같이 불규칙한 현금흐름을 예측하는 값을 계산할 수도 있다.

기타 분석도구

재무 전문가들은 자본 프로젝트의 부가가치를 측정하는 데 가장 적합한 도구는 NPV라고 생각한다. 하지만 자본을 얼마나 효율적으로 활용하는지를 측정해준다는 점에서 IRR도 유용한 도구다. NPV와

IRR은 자본활용의 다른 측면을 보완적으로 측정해주는 도구다. 따라서 자본 예산과 관련한 의사결정을 내릴 때, 이 두 가지 도구를 병행해 이용할 수 있다.

다음은 NPV와 IRR 외의 자본예산 분석기법들이다. 단점이 있는 기법들도 있고, 유용하지만 이용하기가 복잡한 기법들도 있다.

투자수익률 ROI를 산출하는 방법은 다양하다. 많은 기업들이 다양한 측면의 분석을 위해 ROI를 이용하고 있다. 즉 ROI는 유연한 도구다. 하지만 혼동을 초래할 수도 있다. ROI보다는 잘 정립된 NPV와 IRR을 이용하는 게 낫다.

투자회수기간 투자회수기간은 투자에 따른 수익이 최초 투자를 상쇄하기까지 걸린 시간을 의미한다. 두말할 나위 없이 투자회수기간이 짧을수록 좋다.

투자회수기간은 계산이 편리하고, 직관적으로 이해하기도 좋다. 하지만 투자회수기간은 화폐의 시간가치와 투자회수기간 이후에 발생하는 현금흐름을 무시한다는 단점이 있다. 따라서 자본예산의 분석 도구로 투자회수기간은 치명적인 한계를 갖는다. 이러한 목적으로는 이 도구를 이용해서는 안 된다.

리얼옵션 분석 리얼옵션 분석은 프로젝트를 진행해 나가는 동안 이를 계속 진행할지 중단할지 의사결정을 내릴 수 있도록 해주는 도구다. 필요에 따라 프로젝트를 늦추거나 중단함으로써 기업이 감당해야 하는 위험을 낮출 수 있다. 리얼옵션 분석은 꽤 복잡하기는 하지만, 대형 자본 프로젝트에는 아주 유용한 도구가 될 수 있다.

몬테카를로 분석 몬테카를로 분석은 복잡한 형태의 NPV다. 다양한 확률값을 자본 프로젝트의 변수에 할당하고, 이를 계산해 결과를 시뮬레이션해낸다. 그 결과 확률 분포도를 산출한다. 그리고 이러한 분포도는 해당 프로젝트의 NPR 민감도와 가변성을 제시해준다. 매우 강력한 분석도구이긴 하지만, 적용이 복잡하다는 단점이 있다.

요약

각각의 프로젝트는 투자 금액도 상이하고, 투자 시점도 다르다. 또 창출되는 수익과 수익이 창출되는 시점도 다양하다.

프로젝트의 NPV값은 프로젝트의 모든 예상 현금흐름을 적절한 비율로 할인한 현재 가치를 합한 금액이다. 물론 이와 같은 현금흐름은 현재 가치에 비례해 할인한 금액이다. 일반적으로 NPV값이 클수록 프로젝트가 유망하다고 할 수 있다.

프로젝트의 IRR은 NPV값이 0이 되고, 할인된 프로젝트 비용이 할인된 수익과 같은 값을 가지는 할인율이다. 일반적으로 기업의 최소 수익률보다 IRR의 값이 클 경우, 프로젝트를 진행하게 된다.

경영진은 NPV와 IRR을 이용해 자본예산을 수행함으로써 다양한 초기 투자 비용과 미래 현금흐름을 예측해가면서 여러 프로젝트 대안 중 하나 또는 그 이상을 합리적으로 선택할 수 있다.

우리는 이 책의 마지막 장을 통해, 지금까지 배운 자본예산과 관련한 도구를 이용해 애플시드의 사업 확장과 관련한 대안, 즉 (1)신규 설비를 구축할 것이냐, (2)기존의 사업체를 인수할 것이냐 중 하나를 선택하게 될 것이다.

> "온갖 숫자와 공식으로 치장된 것과 그것들을 다루는 사람을 조심하라."
>
> 워런 버핏(Warren Buffet)
> 2008년, 금융 붕괴와 금융 모델에 대한 언급 중 일부

분석도구를 이용하여 올바른 의사결정 내리기

애플시드 이사회의 이사들은 감자칩 생산을 위해 생산설비를 확충하는 애플시드의 사업 확장 전략을 승인했다. 이제 우리는 목표를 달성하기 위해 (1)신규 설비 건축, (2)기존 사업체(Chips—R—Us) 인수라는 두 가지 자본 프로젝트 대안 중 하나를 결정해야만 한다. 우리는 이번 장을 통해 각각의 대안별로 현금흐름을 예측하고, 애플시드의 확장 전략을 위한 최선의 자본 프로젝트를 선택하기 위해 NPV 분석을 하게 된다.

매출 예측

현금흐름을 예측하기 위한 출발점이 되는 작업이 매출 예측이다. 다음의 그래프를 참조하기 바란다.

가정 매출 예측

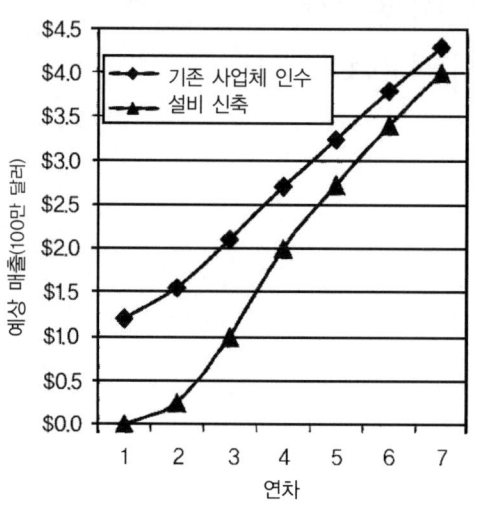

Chips—R—Us를 인수하면, 애플시드는 우리가 계획한 고가 감자칩 생산을 준비하면서 Chips—R—Us의 기존제품을 계속 판매할 수 있다. 반면 감자칩 설비를 신축하는 대안을 선택하면, 생산준비를 하는 1년 또는 그 이상 동안 관련 매출을 올릴 수 없게 된다. Chips—R—Us의 제품을 판매함으로 얻는 수익은 우리가 새로운 감자칩을 판매함으로 얻게 될 것으로 기대하는 수익보다 현저하게 낮다. 하지만 어찌됐든 새로운 제품의 출시를 준비하는 동안 일정 부분 수익을 창출할 수 있다는 장점이 있다.

매출을 예측해 봤다. 이제 두 가지 자본 프로젝트 대안의 현금흐름을 예측해보자. 다음 페이지에 나온 표를 참조하기 바란다.

애플시드주식회사의 확장 전략 대안 | 기존 사업체 인수
현금흐름 분석(1,000$)

옵션: 기존 사업체 인수	최초	1년차	2년차	3년차	4년차	5년차	6년차	7년차
1.영업 활동으로 인한 현금흐름(현금흐름표에 추가)		$120	$230	$465	$656	$788	$920	$1,035
감가상각(현금흐름표에 추가)		131	150	160	198	195	182	168
세금(현금흐름표에서 뺌)		(24)	(58)	(140)	(223)	(268)	(313)	(352)
2.자본지출								
기존공장 건물 및 설비를 포함 Chips-R-Us의 자산 인수	(1,125)	0	0	0	0	0	0	0
오래된 Chips-R-Us 공장 수리		(275)	(150)	(50)	(50)	(10)	(10)	(10)
오래된 Chips-R-Us 설비 개조		(200)	(75)	(5)	(5)	(5)	(5)	(5)
새로운 포장 기계 구입 및 설치		(75)	0	0	0	0	0	(0)
최첨단 QC 설비 구입 및 설치		(50)	0	0	0	0	0	(0)
기존의 운송 차량 수리 및 장식		(25)	(25)	(5)	(5)	(5)	(5)	(5)
생산량 확대를 위한 공장 확대		0	0	(200)	(100)	0	0	0
포테이토 칩 생산 확대를 위한 기계 구입 및 설치		0	0	0	(500)	(100)	0	0
3.운전자본 증가(현금흐름표에서 뺌)		(300)	(88)	(138)	(156)	(131)	(138)	(125)
4.기업의 잔여가치(주정치 8x 현금흐름)		0	0	0	0	0	0	5,813
현금흐름과 잔여가치 총계	($1,125)	($698)	($15)	$88	($185)	$463	$631	$6,519
연간 현금흐름의 PV(할인율 15.8%)	($1,125)	($603)	($11)	$56	($103)	$223	$262	$2,335
누적 현금흐름	($1,125)	($1,823)	($1,838)	($1,750)	($1,935)	($1,472)	($841)	$5,679

기존 사업체 인수 시 NPV(할인율 15.8%)= $1,034

누적 현금흐름 최소치(4년차)= ($1,935)

자본지출 총계= ($3,080)

애플사이드주식회사의 확장 전략 대안 | 설비 신축
현금흐름 분석(1,000$)

옵션: 설비 신축

	최초	1년차	2년차	3년차	4년차	5년차	6년차	7년차
1.영업 활동으로 인한 현금흐름(현금흐름표에 추가)		$0	$50	$250	$400	$681	$850	$1,000
감가상각(현금흐름표에 추가)		216	238	235	219	201	185	170
세금(현금흐름표에서 뺌)		0	(13)	(75)	(136)	(232)	(289)	(340)
2.자본지출								
포테이토 칩 가공을 위해 설계된 공장 건물 신규 매입	(2,150)	0	0	0	0	0	0	0
고용량의 포테이토 칩 기공기계 구입 및 설치		(600)	(250)	(100)	0	0	0	0
새로운 포장기계 구입 및 설치		(75)	0	0	0	0	0	0
첨단 QC 설비 신규 구입 및 설치		(50)	0	0	0	0	0	0
운송 차량 신규 구입 및 장식		0	(50)	(75)	(25)	0	0	0
3.운전자본 증가(현금흐름표에서 뺌)		0	(63)	(188)	(250)	(181)	(169)	(150)
4.기업의 잔여가치(추정치 8x 현금흐름)		0	0	0	0	0	0	5,439
현금흐름과 잔여가치 총계	($2,150)	($509)	($87)	$48	$208	$470	$577	$6,119
연간 현금흐름의 PV(할인율 15.8%)	($2,150)	($440)	($65)	$31	$116	$226	$239	$2,191
누적 현금흐름	($2,150)	($2,659)	($2,746)	($2,699)	($2,491)	($2,021)	($1,443)	$4,676

설비 신축 시 NPV(할인율 15.8%)= $148
누적 현금흐름 최소치(2년차)= ($2,746)
자본지출 총계= ($3,375)

현금흐름 예측

현금흐름은 '현금사용' 및 '현금창출'과 관련이 있는 세 가지 기업 활동 요소, 즉 (1)영업활동으로 인한 현금흐름, (2)자본지출, (3)운전자본의 증가를 예측해 전망한다. 애플시드의 확장 전략 대안별 현금흐름 분석이라는 표를 참조하기 바란다.

여기 나온 값들은 다음과 같은 절차를 통해 구한 것들이다.

영업활동으로 인한 현금흐름 연도별로 가정 재무제표를 준비하는 것으로 영업활동으로 인한 현금흐름을 예측한다. 자본 프로젝트를 도입했을 때 기대하는 매출 증가분과, 이 매출을 달성하기 위해 필요한 원가와 비용을 산정한다. 그리고 예상 매출에서 이들 원가와 비용을 뺀다(★노트: 감가상각비를 다시 더해야 한다. 손익계산서에 이미 포함되어 있지만, 해당기간의 현금을 낮추지 않는 비용이기 때문이다). 그리고 마지막으로 납부해야 할 세금을 제하면, 해당연도의 영업활동으로 인한 현금흐름을 세산해낼 수 있다.

자본지출 다음 단계로 고정자산에 투자할 자본과 자본투자 시점을 프로젝트 대안별로 예측해야 한다. 설비를 신축하는 대안을 선택하게 된다면, 토지와 건물, 기계에 대한 자본지출이 많아질 것이다. 반면, Chips—R—Us를 인수하는 경우라면 오래된 기계와 공장을 개선하기 위한 자본이 필요하다. 또 기존의 생산량을 늘려야 하기 때문에 새로운 감자칩 생산 기계를 구매하는 데도 자본을 투자해야 한다.

그리고 설비신축을 위해 토지와 건물을 구매하는 데 드는 비용이 증가할 수밖에 없다. Chips—R—Us를 인수하는 비용은 더 적게 들지만, 그렇다 하더라도 기존 설비를 개선하기 위해 자본을 지출해야 한다.

운전자본의 증가 이제 사업 확장을 수용하기 위해 운전자본(외상매출금 및 재고)이 얼마나 더 필요한지를 예측해야 한다. 돈이 돈을 만드는 법이다. 제품을 더 많이 팔기 위해서는 그만큼의 운전자본이 더 필요하다는 이야기다.

Chips—R—Us를 인수하는 경우, 설비를 신축하는 경우보다 더 빨리 매출이 발생한다. 즉 설비를 신축하는 대안에 비해 초기에 더 많은 운전자본이 필요하다는 뜻이다.

NPV를 계산하기에 앞서 반드시 예측해야 하는 중요한 요소가 있다. 각 대안별로 잔여가치를 전망하는 것이다.

잔여가치 특정기간 이상으로 현금흐름을 전망하기란 너무나도 불확실할 뿐더러, NPV 분석에도 도움이 되지 않는다. 따라서 영속적으로 사업을 진행해간다는 전제하에 자본 프로젝트의 장기적 가치를 설명하고 예측하기 위해 마지막 해의 현금흐름 전망에 잔여가치를 더하게 된다.

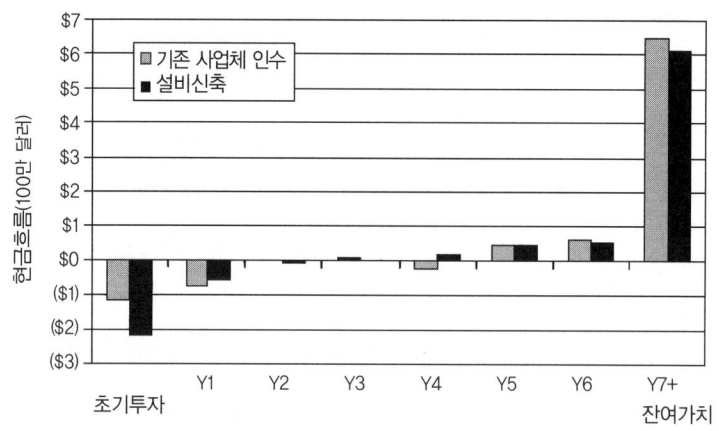

애플시드 설비 신축 vs. 사업체 인수 대안별 예상 현금흐름

잔여가치란 자본 프로젝트의 해당사업을 팔았을 때 발생하는 가치다. 상당수 프로젝트에서 잔여가치는 해당 프로젝트가 창출하는 부가가치에서 중요한 위치를 차지한다. 특히 새로 사업을 시작했거나, 주요 사업을 확장한 경우일수록 더욱 그렇다.

우리는 NPV를 비교하면서 이와 같은 잔여가치를 보수적으로 산정했다. 예상되는 세후 매출의 8배이다. 두 가지 대안 모두에 있어서 잔여가치가 상당하다고 할지라도, 이 잔여가치를 받는 시점은 우리의 분석을 적용하면 7년 후다. 따라서 상당 수준 할인해야 한다.

예를 들어, 1달러의 현재 가치는 할인율 16%를 적용했을 때 7년 후에는 35센트로 떨어진다.

애플시드의 확장 전략 대안별 재무 비교

√ 표시 부분은 보다 나은 대안을 의미함

	Chips-R-Us주식회사 인수	설비 신축
순현재 가치(NPV, $)	√ 1,034,000	148,000
내부수익률(IRR, %)	√ 25	17
현금(최소치, $)	√ (1,935,000)	(2,746,000)
자본지출 총계($)	√ (3,080,000)	(3,375,000)

NPV와 IRR 계산

애플시드의 확장 전략 대안별로 현금흐름을 예측해봤다. 세부적인 예측치는 앞서 제시한 표를 참조하기 바란다.

이제 NPV를 계산하기에 앞서 할인율을 정해야 한다. 두 가지 모두 위험도는 같아 보인다. 따라서 애플시드의 기존 사업에 추가적인 위험프리미엄은 필요하지 않을 듯싶다. 이런 이유로 NPV 계산을 위해 애플시드의 가중평균자본비용(WACC)인 15.8%를 적용했다.

기존 사업 인수 vs. 설비 신축의 IRR

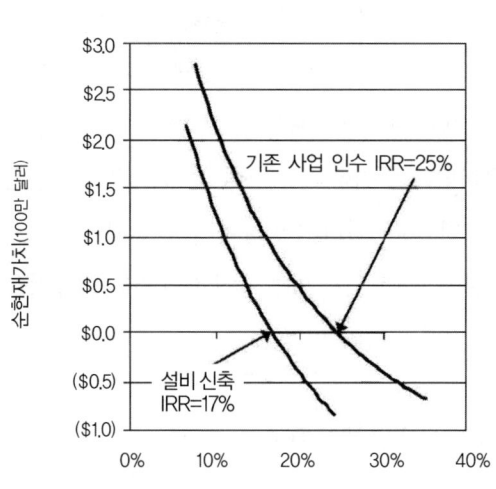

다음 단계는 계산이다. 엑셀 스프레드시트에 수치를 집어넣기만 하면 된다.

343페이지의 표는 대안별 NPV값과 현금흐름 예측을 보여주고 있다. 기존사업을 인수하는 대안의 NPV가 새로 설비를 신축하는 대안의 NPV에 비해 현저하게 높다. IRR 역시 마찬가지다. 또한 당장 필요로 하는 현금 또한 기존 사업을 인수하는 쪽이 훨씬 적다. 자본지출은 같다. 모두 10% 내외이다.

따라서 애플시드가 감자칩 시장으로 사업을 확대하는 전략을 전개해 나가는 데 있어서, 더 매혹적인 대안은 Chips—R—Us를 인수하는 것이다. 명심할 부분은 설비를 신축하는 대안의 NPV가 14만 8,000 달러이긴 하지만, 애플시드에 수익을 창출해 준다는 점에서 역시 장점이 많은 프로젝트이다. 하지만 어찌됐든 기존 사업을 인수하는 대안의 NPV가 103만 4,000달러로 더 높기 때문에 이 대안을 선택하는 것이 합리적이다.

우리는 애플시드의 이사회에 NPV 및 IRR의 분석결과를 제시했고, Chips—R—Us를 인수하는 것으로 승인을 받았다. 나는 Chips—R—Us의 소유주에게 전화를 걸어 저녁식사에 초대를 했다. 협상을 마무리 짓기 위해서다. 고급 레스토랑에는 가지 않을 생각이다. 우리가 돈이 많다고 생각해서는 곤란하기 때문이다.

그리고 저녁식사를 하면서 125만 달러에 Chips—R—Us를 인수하기로 약정을 맺었다. NPV 분석을 통해 예측한 딱 그 금액이다. 우리는 자산만을 구매할 예정이다. 부채는 Chips—R—Us에서 정산하게 된다. 나는 변호사에게 전화를 걸어 기업 인수 계약 업무를 시작하라고 요청했다. 또 회계사에게 애플시드의 기업 인수를 회계 처리하는 최선의 방법이 무엇인지 물었다. 회계사는 FASB 141(R)이라는 새로운 규정이 등장했기에 이를 검토해본 후 방법을 알려주겠다고 대답했다.

기업 인수에 따른 회계 처리
FASB는 이번 경우와 같이 기업 합병이 일어났을 때 적용해야 할 새로운 회계규정을 수립했다. 2001년 이전에는 기업이 합병을 하게 됐을 경우 두 가지 원칙 중 하나를 적용했다. 지분통합(pooling) 원칙과 매수(purchase) 원칙이다. 그리고 이 두 가지 상이한 원칙 중 어떤 원칙을 적용하느냐에 따라 회계 처리가 크게 달라졌다. 따라서 FASB는 이러한 혼란을 없애기 위해 2009년 새로운 원칙을 도입했다. 기업 합병 시 적용되는 인수(acquisition) 원칙이다. 우리는 애플시드의 Chips—R—Us 인수에 따른 회계 처리를 하는 데 이 원칙을 사용할 계획이다.

이 원칙을 이용하면, 애플시드는 Chips—R—Us가 보유한 모든 유형 자산을 인수 시점에서의 공정시장가치로 회계기록을 해야 한다. FASB의 정의에 따르면, 공정시장가치란 '특정일을 기점으로 시장 참여자가 자산을 매각하거나 부채를 이전하는 데에 따라 받게 되는 가격'이다.

우리는 감정인을 불러 애플시드가 구매하는 토지와 공장, 설비의 가격을 감정하도록 해야 한다. 재고가치의 경우에는 우리가 판단할 것이다. 또 기업 인수를 하면 법률처리와 회계 처리와 관련해 상당한 비용이 발생하게 된다. 이와 같은 기업 인수에 따른 비용은 손익계산서에 자본이 아닌 비용으로 기록될 것이다. 참고로 과거의 회계원칙에 따르면 자본으로 기록할 수도 있었다.

우리가 Chips—R—Us로부터 구매한 자산의 대부분은 유형자산으로 가치평가가 용이하다. 하지만 우리는 가치평가가 어려운 무형자산 또한 인수했다. 고객 명부, 상호, 공급계약서, 거래상의 비밀(감자칩 레시피) 등이다.

대차대조표에 기록하는 순자산의 공정시장가치 외에 지급하는 추가적인 경비는 영업권(goodwill)이다. 이와 같은 영업권은 추후 손익계산서를 통해 상각한 후, 손실로 처리하게 된다.

무형자산의 감가상각 절차는 유형자산의 감가상각 절차와 유사하다. 일정에 따라 매년 상각을 해나가는 것이다.

우리는 거래 33을 통해 Chips—R—Us의 인수 절차를 종결하고, 애플시드의 새로운 사업을 전개해 나가게 된다.

애플소스 외에도 감자칩을 판매하게 됐기 때문에, 어쩌면 애플시드주식회사라는 회사명을 바꿔야 할지도 모른다. 어떻게 생각하는가?

손익계산서

특정일: 거래 1~(33)

		기초	+ 거래	= 합
1	순매출	$3,055,560	−	$3,055,560
2	매출원가	2,005,830	−	2,005,830
1−2=3	매출총이익	1,049,730		1,049,730
4	영업 및 마케팅	328,523	−	328,523
5	연구 및 개발	26,000	−	26,000
6	일반 및 관리	203,520	**2A** 35,000	238,520
4+5+6=7	영업비용	558,043		593,043
3−7=8	영업이익	491,687		456,687
9	이자수익	(100,000)	−	(100,000)
10	소득세	139,804	−	139,804
8+9−10=11	순이익	$251,883	(35,000)	$216,883

손익계산서 거래총계

현금흐름표

특정일: 거래 1~(33)

		기초	+ 거래	= 합
a	기초현금	$0		$0
b	현금수취	2,584,900	−	2,584,900
c	현금지출	2,796,438	−	2,796,438
b−c=d	영업활동으로 인한 현금흐름	(211,538)		(211,538)
e	고정자산 구매	1,750,000	**1A** 1,250,000	3,000,000
f	순차입	1,000,000		1,000,000
g	소득세 지급	0		0
h	신규 주식의 발행	2,350,000		2,350,000
a+d−e+f−g+h=i	기말현금	$1,388,462	(1,250,000)	$138,462

현금흐름표 거래총계

대차대조표

거래(33) 기준

		기초	+ 거래	= 합
A	현금	$1,388,462	**1B** (1,250,000)	$138,462
B	외상매출금	454,760	−	454,760
C	재고	414,770	−	414,770
D	선급비용	0	−	0
A+B+C+D=E	유동자산	2,257,992		1,007,992
F	기타자산	0	**1D** 50,000	50,000
G	고정자산	1,750,000	**1C** 1,200,000	2,950,000
H	감가상각누계액	78,573		78,573
G−H=I	순고정자산	1,671,427		2,871,427
E+F+I=J	총자산	$3,929,419	0	$3,929,419

자산총계

		기초	+ 거래	= 합
K	외상매입금	$236,297	**2B** 35,000	$271,297
L	미지급비용	26,435	−	26,435
M	유동성부채	200,000	−	200,000
N	미지급법인세	139,804		139,804
K+L+M+N=O	유동부채	602,536		637,536
P	장기부채	800,000	−	800,000
Q	자본금	2,350,000		2,350,000
R	이익잉여금	176,883	**2C** (35,000)	141,883
Q+R=S	자본총계	2,526,883		2,491,883
O+P+S=T	부채와 자본총계	$3,929,419	0	$3,929,419

부채와 자본총계

거래 33 Chips-R-Us의 자산을 인수하고, 이와 같은 기업합병을 FASB 141(R)에 따라 회계 처리한다.

드디어 우리가 해냈다! 이제 Chips—R—Us는 우리 회사다! 하지만 해야 할 일이 많다.

물론 가장 먼저 해야 하는 일은 이 역사적인 기업 인수 전략을 회계 처리하는 것이다. 그런 후, 새로 인수한 공장으로 달려가 어떻게 하면 세계 제일의 감자칩을 만들지 연구를 시작해야 할 것이다.

거래: Chips—R—Us의 자산을 125만 달러에 매입하고, FASB 141(R) 규정에 따라 기업 인수에 따른 거래내역을 재무제표에 기록한다. 인수 자산의 공정시장가치는 감정결과에 따르면 120만 달러다. 따라서 실제 인수대금과의 차이인 잔액 5만 달러는 무형자산인 '영업권'으로 처리한다. 그리고 감정인, 변호사, 회계사에게 지급해야 할 서비스 비용은 총 3만 5,000달러다.

1 Chips—R—Us의 소유주에게 125만 달러를 지급한다. (1A)현금흐름표의 **고정자산 구매** 항목에 이 금액을 기록한다. (1B)대차대조표의 **현금** 항목에서 이 금액을 제한다. (1C)대차대조표의 **고정자산** 항목에 구매자산의 감정가 120만 달러를 더한다. (1D)마지막으로 '영업권'으로 간주한 잔액 5만 달러를 대차대조표의 **기타자산**으로 기록한다.

2 (2A)손익계산서의 **일반 및 관리비용** 항목에 감정인, 회계사, 변호사에게 지급한 3만 5,000달러를 기록한다. (2B)대차대조표의 **외상매입**

금 항목에 이 금액을 더한다. (2C)이와 같은 비용지출은 순이익을 낮춘다. 따라서 **이익잉여금** 항목에서 해당 금액을 뺀다.

요약 및 결론

오랜 여정이었다. 회계 및 재무보고와 관련한 두려움이 사라졌으리라 믿는다. 우리는 용어를 배웠고, 재무제표를 어떻게 구성하는지를 터득했다. FASB가 무얼 뜻하는지를 알게 됐고, GAAP의 중요성에 대해서도 이해를 했다.

우리가 배운 것을 요약하자면 다음과 같다:

- 회계의 발생주의 원칙
- 부정적 현금흐름이 좋은 일의 징조가 될 때와 임박한 대참사의 징조가 될 때
- 할인이 수익에 직접적으로 미치는 영향
- 유동성과 수익성의 중요한 차이
- 원가로서의 지출, 비용으로서의 지출
- 현금과 이익에 상이한 영향을 미치는 감가상각

- 생산량에 따라 제품원가가 달라지는 이유
- 기업의 가치를 측정하는 세 가지 방법
- 대차대조표에서 자산이 부채와 자본총계의 합과 같아야만 하는 이유
- 운전자본이 중요한 이유와 운전자본의 증가 또는 감소를 초래하는 기업 활동
- 보유현금과 이익의 차이 그리고 이들의 상관관계
- 기업이 실제 유지·관리하는 회계장부의 수와 종류
- 정성적 분석도구가 정량적 분석도구만큼 중요한 이유
- 위험과 불확실성의 차이
- 주식매각 시 pre—money 및 post— money 가치평가의 차이
- 자본과 부채의 자본조달비용
- 미래가치를 현재 가치로 산출하는 방법
- NPV 분석을 적용해야 하는 경우, IRR을 사용해야 하는 경우와 그 이유
- 기타 등등

우리는 오랜 여정을 함께 걸어왔다. 나의 젊은 회계사 친구의 다음과 같은 낭만적인 의견에 감사를 표하고 싶다.

"재무제표는 너무나 균형이 잘 잡혀 있고 논리적인 동시에 아름다우며, 항상 제자리에서 튀어나온다."

부록 A. 비즈니스 사기와 투기적 버블의 짧은 역사

스페인 출생의 미국 철학가인 조지 산타아나는 "과거를 기억하지 못하는 사람은 다시 그 과거의 상황에 처하게 된다."고 말했다. 지금부터 당신이 주의해야 할 금융사기의 종류와 사례를 알려주고자 한다. 먼저 금융사기의 피해자가 되지 않기 위한 몇 가지 투자 원칙을 소개한다.

1. 미심쩍은 투자는 하지 않는다. 투자수익이 어디에서 창출되는지, 투자위험은 어느 정도 되는지를 확실히 이해하고 투자한다.

2. '빠른 시간 내에 돈 버는 법' 또는 '조금만 투자해도 큰돈을 버는 법'과 같은 것을 조심해야 한다. 말이 안 될 정도로 수익이 많은 투자란 있을 수 없다.

3. 투자하기에 앞서 반드시 사실 여부를 확인해야 한다. 사기꾼들은 겉보기에 그럴싸해 보이고 합법적으로 보이려고 많은 시간과 돈, 노력을 투자한다. 따라서 이런 고도의 속임수에 속지 않도록 주의해야 한다.

불행히도 이 세 가지 원칙에 충실하다고 해서 금융사기의 마수에서 완전히 벗어날 수 있는 건 아니다. 따라서 자신이 가진 모든 것을 한꺼번에 투자하는 우를 범하지 않도록 한다. 만에 하나 무슨 일이 생기더라도 가진 것 모두를 잃는 경우는 피할 수 있기 때문이다. 분산투자를 해야 한다는 이야기다.

폰지(Ponzi) 사기 사건

폰지 사기 사건의 경우, 환상적인 투자 상품이 있다며 어수룩한 투자자들을 꾀어 이를 구매하도록 한다. 초기에는 수익을 돌려받는다. 하지만 이 돈은 나중에 투자 상품을 구매한 투자자들에게서 나온 것일 뿐이다. 그리고 더 이상 투자자가 없는 상황이 되면 받을 수 있는 돈도 없다.

폰지 사기는 결국에는 휴짓조각이 될 수밖에 없다. 기본 수익이 없기 때문이다. 그냥 돈이 돌고 돌 뿐이다. 하지만 모든 투자자가 자신이 투자한 돈을 잃는 것은 아니다. 먼저 투자한 투자가들은 제때에 빠져나올 수만 있다면 수익을 남길 수 있다.

찰스 폰지(Charles Ponzi, 1919) 폰지 사기는 찰스 폰지라는 사람의 이름을 딴 것이다. 그는 1919년 크리스마스 다음 날에 빌린 돈 200달러를 밑천으로 보스턴 27스쿨스트리트에 증권 거래 회사를 설립했다.

폰지는 국제우편쿠폰의 차익거래를 통해 45일 안에 50%, 90일 안에 100%의 투자수익을 보장하겠다고 주장하며 투자자를 모집했다. 그리고 처음에 투자한 사람들은 실제로 경이적인 수익을 챙길 수 있었다. 하지만 나중에 투자한 사람들의 돈을 초기 투자가들에게 돌린 데 불과했다.

당시 폰지는 북동부 지역에서 이름을 떨쳤다. 또 그가 설립한 투자회사 또한 큰 성공을 거뒀다. 그는 1920년 보스턴 외곽의 부촌인 렉싱턴에 대저택을 구매하고, 하노버 트러스트 뱅크라는 지역 은행 한 곳을 인수할 정도로 큰돈을 벌었다.

하지만 1920년 8월, 지역 언론의 보도를 계기로 연방 수사기관이 폰지 본사를 수색하면서 종말을 맞았다. 이후 매사추세츠주 연방 검찰은 폰지에게 징역형을 선고했다. 폰지는 8개월이 조금 넘는 동안 1만여 명의 투자가들로부터 1,000만 달러를 거두어들였다. 하지만 그의 회사가 파산했을 때, 투자자들이 받을 수 있었던 돈은 37센트 정도에 불과했다.

폰지는 연방정부의 재판과정에서 사기혐의에 대해 유죄를 인정했고, 5년의 징역형 선고를 받았으며 3년간 복역했다. 그리고 연방정부의 감옥에서 풀려났을 때, 이번에는 매사추세츠주 정부가 그를 기소했다. 폰지는 보석을 신청하고 플로리다로 날아가 이번에는 부동산 회사를 세웠다. 그리고 다시 한번 어수룩한 투자자들을 상대로 '프라임 플로리다 프로퍼티'라는 상품을 팔기 시작했다. 플로리다에 많은 습지와 늪지대에 투자를 하는 부동산 상품이었다. 이후의 일을 말하자면 폰지는 결국 매사추세츠주 형무소에서 9년을 복역한 후, 이탈리아로 강제 추방당했다.

버니 매도프(Bernie Madoff, 2008) 버니 매도프는 2008년 12월 폰지 사기 혐의로 기소되어 법정 구속될 때까지만 하더라도 나스닥 증권거래소 회장을 지내기도 한 월스트리트에서 가장 존경받는 금융 전문가 중 한 명이었다. 미국 연방검찰의 기소장에 따르면 매도프는 "모두 거짓말이다. 폰지 사기일 뿐이다. 투자자에게 지급한 돈은 수익에서 나온 것이 아니다."라고 혐의를 인정했다. 투자자들이 잃은 돈은 500억 달러가 넘을 것으로 추정됐다. 역사상 가장 규모가 큰 투자 스캔들이었다. 그리고 2009년 3월 매도프는 유죄 선고를 받았다.

매도프는 꽤 명망 있는 투자회사를 경영하는 것 외에, 부수적인 사업으로 돈 많은 투자가들을 대상으로 대형 헤지펀드를 운용했었다. 매도프의 헤지펀드는 비정상적일 정도로 상당한 수익을 돌려줬다. 하지만 투자전략은 모호했고, 잘 알려지지 않은 구멍가게 수준의 회계 회사가 감사를 하고 있었다. 어찌됐든 이상하게 생각하는 사람은 없었다. 투자수익이 꾸준했기 때문이다.

그러다 2008년 초, 경제위기로 많은 투자자가 돈을 돌려받기를 원하면서 사기행각이 들통났다. 이들 투자자가 매도프의 펀드에서 빼내려고 했던 돈은 수십억 달러에 달했는데, 그는 그만한 돈을 가지고 있지 않았다. 폰지 사기의 대부분은 투자자가 일시에 투자자금을 회수하고자 하고, 상품 운용자는 투자자에게 돌려줄 돈을 갖고 있지 않을 때 종말을 고하는 법이다.

찰스 폰지는 보스턴에 있는 보통 서민들을 속였고, 버니 매도프는 부자들과 지적이며 세련된 뉴욕 주민을 사취했다. 이 두 종류의 사람들은 모두 돈을 쉽게 벌고자 하는 유혹 때문에 속임수에 걸려들었고, 큰돈을 잃어버리고 말았다.

피라미드 사기는 개인 대 개인 간의 폰지 사기라고 생각하면 된다. 누군가 한 사람에게 돈을 내는 대신, 특정 집단 안에서 투자자끼리 돈을 교환하는 식이다. 피라미드 사기 거래가 계속 성립되려면, 참여자들 각각은 누군가 다른 투자자 몇 명을 끌어들여야 한다. 이와 같은 피라미드 사기 거래는 새로운 희생자를 찾기가 힘들어지게 되면 결국 종말을 고하게 된다.

피라미드 사기와 암웨이 코퍼레이션(Amay Corporation), 에이본(Avon Products), 마리케이 코스메틱스(Mary Kay Cosmetics), 프리메리카 파이낸셜 서비스(Primerica Financial Service) 등의 주력 사업인 합법적인 '다단계 마케팅'을 혼동해서는 안 된다. 합법적인 다단계 마케팅 사업모델에서는 누군가를 회원으로 끌어들였을 때가 아니라 해당 회사의 제품을 판매했을 때 수수료를 받게 된다.

버블

버블은 이미 가치가 부풀려진 자산을 앞서 구매한 투기자에게 더 큰 대가를 치르고 구매하기 원하는 투기자로부터 비롯된다.

역사적으로 살펴봤을 때 여러 형태의 버블이 있었다. 하지만 버블을 유발한 심리적 요소나 경영적 요소는 유사했다. 초기 단계에서는 주식이나 상품이 가지는 매혹적인 수익률이 가격을 계속해서 끌어올린다. 그러다 보면 사람들은 이미 높은 가격에 구매한 상품이나 주식을 말도 안 되는 더 높은 가격에 팔 수 있을 것이라는 가정을 하고 의문의 여지가 많은 투자를 하게 된다. 이와 같은 비현실적인 투자행태는 버블이 가라앉고 가격이 더욱 합리적인 수준으로 떨어질 때까지 계속 유지된다.

그렇다면 버블이 이토록 오랫동안 지속되는 이유는 뭘까? 여러 이유 중 하나는 '잔치를 끝내기' 원하는 사람들이 없고, 사람들은 버블이 지속되는 한 어찌됐든 더 많은 돈을 벌어가기 때문이다. 또한 버블이 지속되는 동안 버블의 덕으로 수익을 챙기는 것은 지극히 합법적인 행위이기 때문이다. 문제는 버블 경기가 무너지기 전에 시장에서 빠져나와야 한다는 것이다. 버블이 터질 때 과평가된 자산을 소유하고 있는 사람은 돈을 잃게 된다.

튤립 구근(Tulip Bulbs, 1630년대) 가장 유명한 시장 버블 중 하나는 튤립 구근을 거래해 돈을 버는 사업이 인기를 끌었던 17세기 네덜란드에서 발생했다. 이곳에서 꽃봉오리와 구근은 누구나가 탐을 내는 고가 상품이자 부의 상징이 되었다.

활활 타오르는 듯 선명한 색상에 선이 살아 있는 꽃으로 자라나는 틸립 구근은 사람들이 가장 선호하는 투기 대상이었다. 특히, 특별한 종류의 바이러스에 감염된 구근이 인기가 있었다. 꽃에 다양한 무늬가 아로새겨지기 때문이었다. 그리고 구근 한 뿌리의 값은 5,000길더까지 치솟기도 했다. 램브란트가 1642년 '야간순찰(The Night Watch)'이라는 그림을 그려 받은 돈이 이 금액의 3분의 1 정도였다는 점을 고려하면 놀랄만한 가격이 아닐 수 없다.

좋은 구근은 드물었다. 씨를 받아 구근으로 키우기까지 7년이 걸렸고, 씨를 제공해준 꽃만큼 예쁘게 자랄 것이라는 보장도 없었다. 구근을 분리해 재배할 수도 있었지만 2년에 한 번만 가능하다는 제약이 있었다.

틸립은 4월과 5월, 단 2주 동안 꽃을 피운다. 그리고 6월에서 9월까지만 구근을 채취할 수 있다. 따라서 구근 거래가 실제로 일어나는 때는 이 기간 동안뿐이었다.

1636년 초, 네덜란드의 틸립 거래업자들은 일종의 선물시장을 만들었다. 그리고 매년 말 선물시장에서 구근을 사고파는 거래를 했다. 이와 같은 선물 계약가격은 그해 동안 꾸준히 오르곤 했다. 하지만 1637년 2월, 틸립 선물가격이 큰 폭으로 내렸다, 또 틸립에 대한 선물 거래가 중지됐고, 구근을 심지도 않았다. 결국에는 틸립가격이 100분의 1 수준으로 폭락하는 사태가 벌어졌다.

사실 선물계약을 청산하기 위해 실제 구근을 가져간 경우는 없었다. 이후 네덜란드 의회는 적은 금액에 선물계약에 따른 의무를 면제해 주는 법령을 통과시키게 된다. 아마도 정부가 나서서 투기 버블에 대한 긴급구제 정책을 편 첫 번째 사례라고 할 수 있을 것이다.

기술 주식(1995~2001) '닷컴(dot—com)'버블은 1990년대 후반 시작되어 2001년 종말을 맞은, 주식시장에 투기적 거래가 만연했던 사건을 일컫는 말이다. 흔히 '닷컴'으로 일컬어지는 인터넷 기반 기업들이 속속 등장했던 시기다.

주가가 빠른 속도로 오르고, 개인 투자가들의 투기적 주식거래와 벤처 캐피탈투자가 만연하면서 주식시장은 과열이 됐다. 창업 닷컴 기업들의 대다수는 기존의 사업모델을 배격하고 수익은 아랑곳하지 않은 채 시장점유율을 높이는 데만 초점을 맞췄다. 따라서 상당수 기업들의 가치가 과대평가되는 결과가 빚어졌다.

나스닥 종합지수

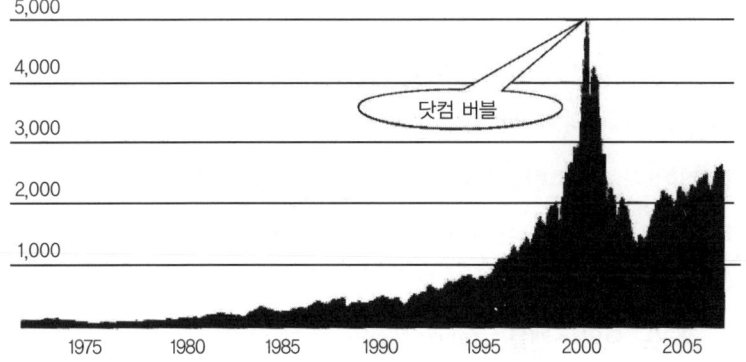

2000년 3월, 나스닥 종합지수는 불과 1년 전보다 두 배 이상 오른 5,048을 기록했다. 하지만 다음 두 해 동안 이 지수는 1,500 이하로 떨어지면서 5조 달러가 시장에서 사라져버렸다. 앞의 표를 참고하기 바란다.

미국의 부동산 위기(2008~2010) 전국에서 집값이 내려가기 시작하면서 미국의 주택시장 버블은 2007년 붕괴했다. 미국 전역을 놓고 봤을 때, 주택 가격은 10년 전보다 평균 143%가 올랐었다. 대출이 쉬워진 데다 집값이 영원히 오르리라고 믿은 주택 구매자들과 금융기관들의 투기적 사고방식 때문이다. 시장에 거품이 끼었을 때 투자를 하면 적지 않은 이익을 남길 수 있다. 단 버블이 꺼지기 전 시장에서 빠져나와야만 한다는 전제 아래서다. 불행히도 많은 사람이 제때에 빠져나오지 못했고, 자신들의 집이 압류당하는 위기에 봉착하게 됐다.

버블의 원인은 사기가 아니다. 하지만 버블이 꺼진 직후 그동안 드러나지 않았던 회계 사기나 금융 사기가 종종 밝혀지곤 한다. 버블 붕괴로 현금이 바닥나면서 더 이상 사기행각을 하기가 불가능해지기 때문이다.

대형 금융사기

대형 금융사기의 대부분은 간단하다. 권력을 가지고 있거나 높은 자리에 있는 누군가가 거짓말을 하고, 속임수를 써서 무언가를 훔치는 것이다. 실제 피해자가 나타나기 전까지 회계사나 규제 당국이 이러한 사기 행각을 알아내지 못하는 경우도 많다. 다음은 이런 대형 금융사기의 사례이다.

샐러드 오일 스캔들(Salad Oil Scandal, 1963) 앤쏘니 티노 드 엔젤리스

(Anthony Tino De Angelis)는 뉴저지주 베이오네에서 식용유 거래를 주 업무로 하는 앨리드크루드 베지터블오일 리파이닝코퍼레이션이 라는 회사를 운영하고 있던 상품 거래업자였다. 그는 겉보기에는 멀쩡한 샐러드유를 뉴저지주의 회사 창고로 실어왔다. 하지만 실상은 물을 가득 채운 채, 위에만 샐러드유를 얹은 가짜 식용유였다. 금융기관의 검사관은 샐러드유가 가득 차 있다고 믿고 그의 회사가 새로운 제품을 들여올 수 있도록 수백만 달러를 대출해줬다.

하지만 사기 행각은 그가 욕심을 부리면서 끝이 났다. 그는 사기 행위를 통해 빌린 돈을 이용해 선물 거래를 했고, 시장을 혼란에 빠뜨렸다. 뱅크오브아메리카, 아메리칸익스프레스를 비롯해 많은 회사들이 그의 사기행각으로 오늘날의 화폐단위로 환산하면 10억에 달하는 돈을 잃었다. 결국 그는 7년의 징역형에 처해졌다.

엔론(Enron, 2001) 엔론 코퍼레이션은 휴스턴에 기반을 둔 에너지 거래 회사였다. 2000년 기준, 미국에서 일곱 번째로 큰 대기업으로, 연간 매출은 1,000억 달러가 넘었다. 하지만 수익성 악화로 2001년 파산 보호신청을 했다.

도대체 어떤 사기행각을 벌인 걸까? 연방정부 기소장에 따르면, 엔론은 '조직적이며 체계적이고 창의적인 방법으로' 회계사기를 했다.

CFO를 포함한 엔론의 고위 경영진은 부채상황을 은닉하기 위해 유령 합자회사를 설립했다. 모회사는 이들 유령회사에 자산을 매각한 후 매출을 기록했고, 이익이 발생했다고 거짓 보고를 했다.

엔론의 주식은 2000년 여름 주당 90달러까지 치솟았는데, 기업 내부의 고위 경영진들은 이 기간에 주식을 내다팔기 시작했다. 주가는 결국 주당 20센트 아래로 폭락했고, 회사의 주식가치 600억 달러와 종업원 연금 20억 달러가 증발해버리는 사태가 빚어졌다.

엔론의 창업자이자 회장인 켄 레이(Ken Lay)는 사기 혐의를 인정했다. 하지만 선고가 내려지기 전 심장병으로 사망하고 말았다. 그리고 전 CEO인 제프리 스킬링(Jeffrey Skilling)은 24년형을 선고받고 현재 복역 중이다. 또 CFO였던 앤드루 파스토우(Andre Fastow)와 몇몇 관계자들은 6년형을 선고받았다. 참고로 그의 아내 또한 세금 사기 혐의로 1년형을 선고받고 복역했다.

한때 세계 최대의 회계 회사인 아서 앤더슨 LLP(Arthur Anderson LLP)는 엔론의 회계를 담당했었다. 이 회사는 2002년 엔론의 감사와 관련한 서류를 위조했다는 혐의로 공무집행방해혐의로 기소돼, 유죄를 선고받았다. 그 결과 앤더슨은 상장기업에 더 이상 CPA 서비스를 제공할 수 없게 되면서 무너졌다. 2001년 당시 이 회사는 미국에 2만 8,000여 명을 포함, 전 세계적으로 8만 5,000여 명의 직원을 고용하고 연간 93억 달러의 매출을 달성한 대형 회계 기업이었다. 하지만 현재는 시카고 단 한 곳에 사무실을 운영하면서 200여 명의 직원을 고용하고 있을 뿐이다.

월드콤(WorldCom, 2002) 월드콤은 2002년 파산신청을 하기 전까지만 하더라도 미국에서 두 번째로 규모가 큰 장거리 유선전화 회사였다(AT&T가 가장 큼). 이 회사는 소규모 전기통신 회사들을 인수해가는 방식으로 성장을 거듭해왔다. 하지만 전반적인 시장상황이 악화되면서 더 이상 새로이 기업을 인수할 수 없게 됐고, 사업모델 또한 불안정해져만 갔다.

고위 경영진은 수익이 줄어드는 상황을 감추기 위해 비용을 축소해 보고할 것을 지시했다. 또한 매출을 거짓으로 부풀려 회계 처리한

후 보고했다. 그리고 사기행각이 밝혀지기까지 월드콤의 자산은 약 110억 달러가량 부풀려졌다. 당연한 결과이지만 주당 60달러였던 주가는 1달러 아래로 폭락했다.

월드콤의 회장이자 CEO인 버나드 에버스(Bernard Ebbers)는 사기죄와 공문서위조 혐의로 유죄선고를 받았다. 그는 25년형을 선고받고 현재 루이지애나주의 오크데일 연방교도소에서 복역 중이다. 그가 가석방이 가능한 시기는 85세가 되는 2028년 7월이다. 월드콤의 다른 고위 경영진 5명도 현재 수감되어 있다.

사베인 옥슬리(Sarbanes-Oxley)

앞서 사례를 통해 알 수 있듯, 2000년대 초는 유독 대형 금융사기가 많았다. 그리고 미국 의회는 이와 같은 사태에 뭔가 조치가 필요하다고 생각했다.

그리고 2002년에 '공개기업 회계개혁 및 투자자보호법', 이른바 '사베인 옥슬리 법'이라고 불리는 새로운 법안을 통과시켰다. '사베인 옥슬리 법'이란 이 법안을 제안한 민주당의 폴 사베인(Paul Sarbanes) 상원의원과 공화당의 마이클 G. 옥슬리(Michale G. Oxley)의 이름을 딴 명칭이다. 법안은 하원에서 찬성 423, 반대 3, 상원에서는 전원 찬성으로 통과됐다. 당시 조지 W. 부시 대통령은 법안에 서명하면서, "프랭클린 D. 루스벨트 시대 이후 미국의 기업 관행을 가장 획기적으로 개선하는 법안이 될 것"이라고 언급하기도 했다.

이 법안은 11개 조항으로 구성되어 있으며, 공개기업의 재무보고, 고위 경영진의 행위, 이들 기업을 감사하는 회계 기업들을 대상으로 한 새로운 규칙과 규정을 제시하고 있다.

새로운 법안에 따르면, 잘못 해석될 수 있는 재무제표를 만들거나 인증할 경우 고위 경영진은 민사 및 형사 처분의 대상이 될 수 있다. 현재 기업의 CEO와 CFO는 이 새로운 법안에 따라 해당 기업의 재무제표를 개인적으로 보증하고 있다. '해당 보고가 이루어진 회계연도를 기준으로, 재무제표를 오도할 수 있는 거짓 사실을 반영하고 있지 않고, 재무제표에 필요한 어떠한 사실도 배제하지 않는다.'는 내용에 대한 확약이다. 어느 정도 금융사기로부터 안전해졌다고 생각하지 않는가?

물론 사베인 옥슬리 법에 대한 비판도 있다. 너무나도 과도한 서류 업무를 요구하고 있기 때문이다. 하지만 현재의 자본주의 시스템 아래, 진실을 유지하는 데 필수적인 법안이라고 긍정적인 평가를 내리는 사람들도 있다. 2008년 또 한 번의 경제 위기가 시작되면서 이와 같은 법안이 또 등장하지 말라는 법도 없다.

부록 B. 명목화폐와 실질화폐

재무상의 계산이 이뤄지는 기간에는 두 가지 관점에서 화폐가치를 바라볼 수 있다. 이는 두 가지 다른 관점의 가치를 이해하기 위해서 재무 예측을 하거나, 역사적 분석을 할 때 중요하다.

첫 번째 방식은 너무나도 간단하다. 예를 들면 지갑에 얼마가 들었는지 지폐를 꺼내 액수를 확인하는 것과 같다. 즉, 오늘 가지고 있는 돈의 가치는 미래의 돈의 가치와 같다. 이를 '**명목화폐**(통용화폐)'라고 일컫는다.

명목화폐에 따르면, 20년 전 맥도날드의 빅맥 가격은 50센트였고 지금은 3.75달러다. 쉽게 말해 20년 전 당신의 아버지가 당신에게 빅맥을 사주기 위해 지급한 금액이고, 지금 당신이 당신의 아들에게 빅맥을 사주기 위해 지급한 금액이다.

하지만 가격은 인플레이션을 반영해 오르기 마련이다. 따라서 명목화폐에 따라 실제 지급한 비용을 고려하기보다는 과거 해당 상품의 실질가치(또는 미래의 예상 실제가치)를 살펴보는 것이 유용할 때가 있다.

이와 같이 인플레이션을 고려한 화폐를 '**실질화폐**(고정화폐)'라고 한다. 즉 실질화폐란 인플레이션에 따른 효과를 감안해 가치를 빼거나 더한 명목화폐라고 할 수 있다.

혼란스러운가? 현재 3.75달러인 빅맥 가격을 재무적으로 분석해 20년 전 빅맥 가격 50센트를 산출한다는 것은 상당히 어려운 일이다. 기본적으로 똑같은 햄버거이기 때문이다. 따라서 인플레이션을 고려할 때(예를 들어, 명목화폐를 실질화폐로 환산하여) 가격 차이를 살펴보는 것이 비교와 설명 모두 쉽다.

화폐 착각(Money Illusion)

'화폐 착각'이란 사람들이 실질가치보다는 명목가치로 화폐를 고려하는 경향을 일컫는 용어다. 사람들은 실제 구매력(실질화폐)보다는 자신이 지급한 화폐의 액면가치(명목화폐)를 더 잘 기억하고 주의를 기울이는 경향이 있다. 당신의 아버지가 빅맥이 50센트였던 때를 줄곧 이야기하거나, 할아버지가 스크램블 에그와 베이컨, 커피를 모두 사먹는 데 10센트면 충분했다고 되뇌는 것은 이 때문이다.

명목화폐 vs. 실질화폐

- 경제용어에서 '명목'화폐란 화폐의 액면가치를 의미한다. 그에 반해 '실질'화폐란 특정 기간을 기준으로 인플레이션을 반영해 수정한 가치다.

- 재무제표는 **명목화폐**로 보고를 한다. 만약 기업이 어떤 물건을 1995년에는 100달러에, 2006년에는 110달러에 팔았다면, 이는 해당 회계연도의 재무제표에 액면금액 그대로 반영된다. 그렇다면 매출은 조금 늘었다고 봐야 할까? 가치 측면에서 보자면 그렇지 않다. 만약 인플레이션을 반영해 **실질화폐**로 바꿔본다면 매출이 줄어들었다는 것을 알 수 있다.

- 'y년'의 명목화폐를 'x년'의 구매력을 감안해 실질화폐로 바꾸려면, 다음의 공식을 이용하면 된다. 공식에서 CPI(Consumer Price Index)는 미국 상무부가 발표한 소비자물가지수다. 1983~84년을 CPI가 100인 기준연도로 책정했다.

$$실질화폐x = 명목화폐y + \left(\frac{CPI_x}{CPI_y} \right)$$

- 위의 공식을 적용하면 $CPI_{1995}=152.4$이고, $CPI_{2006}=201.6$이다. 따라서 이런 결과가 나온다.

$$실질화폐_{2006} = 명목화폐_{1995} + \left(\frac{CPI_{2006}}{CPI_{1995}} \right)$$

$$실질화폐_{2006} = \$100.00 + \left(\frac{201.6}{152.4} \right) = \$132.28$$

1995년에서 2006년까지의 인플레이션을 감안해 회계 처리를 하면, 1995년의 100달러에 상당하는 2006년의 매출은 132.28달러여야 한다. 즉, 2006년에 110달러의 매출을 기록했다는 이야기는 명목화폐로 보자면 매출이 증대했지만, 실질화폐로 환산했을 경우 실제로 매출이 떨어졌다는 뜻이다.

실질화폐

- **실질화폐**(가치)란 인플레이션을 감안해 조정한 금액이다. **명목화폐**란 이러한 조정 없이 당시 시점에서 받거나 지급한 화폐의 액면 가치다.
- 다음 그래프는 1970년에서 1990년까지 매년 오레오(OREO)쿠키 1파운드의 매출을 명목화폐와 실제화폐로 표시한 것이다.

소비자들이 오레오쿠키 1파운드를 구매하기 위해 지급한 명목 가치는 1970년 48센트에서 1990년 2달러 70센트로 6배가 뛰었다. 하지

만 이와 같은 가격 상승은 20년 동안의 인플레이션 때문이다. 다음에
나오는 그래프의 명목가격과 실질가격을 참고하기 바란다.

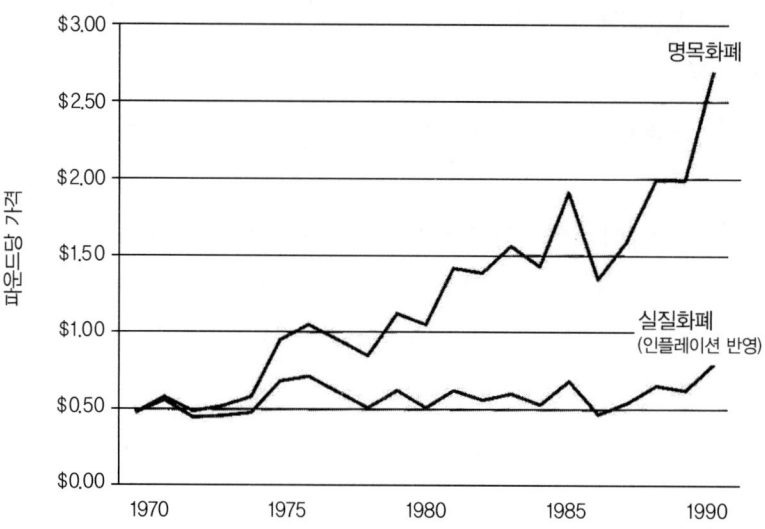

오레오쿠키 가격(1970년~1990년)

다음 표는 명목화폐와 CPI, 인플레이션을 반영한 실질화폐 사이
의 관계를 보여주고 있다.

오레오쿠키 가격(1970년~1990년)

연도	A. 명목화폐 가격 (달러)	B. 실질화폐 가격 (1970년 기준, 달러)	소비자물가지수 (CPI)
1970	0.48	0.48	37.8
1971	0.59	0.56	39.8
1972	0.49	0.45	41.1
1973	0.52	0.46	42.6
1974	0.59	0.48	46.6
1975	0.95	0.69	52.1
1976	1.06	0.72	55.6
1977	0.95	0.61	58.5
1978	0.84	0.51	62.5
1979	1.12	0.62	68.3
1980	1.06	0.51	77.8
1981	1.42	0.62	87.0
1982	1.39	0.56	94.3
1983	1.56	0.60	97.8
1984	1.43	0.53	101.9
1985	1.91	0.68	105.5
1986	1.35	0.47	109.6
1987	1.59	0.54	111.2
1988	1.99	0.65	115.7
1989	1.99	0.62	121.1
1990	2.69	0.80	127.4

열 A 명목화폐 가격이란 해당연도에 소비자가 1파운드의 오레오쿠키를 구매하기 위해 실제로 지급한 화폐의 액면금액이다.

CPI 열 해당연도의 CPI를 보여주고 있다. CPI는 미국 상무부의 자료를 반영한 것으로, 1983~84년의 가격을 100으로 산정했다.

열 B 실질화폐 가격이란 앞 페이지의 공식과 1970년을 기준으로 한 CPI를 이용해 인플레이션을 반영, 조정한 오레오쿠키 1파운드의 실제가치다.

예를 들어, 1986년 소비자는 1파운드의 쿠키를 구매하기 위해 명목화폐로 1.35달러를 지급했다. 하지만 1970년의 실질가치를 반영했을 때, 이는 47센트에 불과하다. 즉, 1970년에 비해 1센트가 낮아진 가격이다.

인플레이션은 실질화폐와 명목화폐에 큰 차이를 발생한다. 따라서 현재, 과거, 미래의 경제 및 경영 상황에 대한 적절한 분석을 바탕으로 회계 처리가 이뤄져야 한다.

부록 C. 비영리 회계와 재무제표

영리 재무제표의 중요한 기능은 (a) 일정 기간 동안 회사의 이익과 세금 채무를 올바르게 계산하고 (b) 이 결과를 소유자와 정부에게 보고하는 것이다. 반면 비영리 재무제표는 다른 목적을 가지고 있다. 비영리단체에 전통적인 소유자는 없다. 선거구가 있을 뿐이다. 하지만 정부는 여전히 비영리단체의 재정 상태와 보고서에만 관심이 높다. 비영리 지위는 기부자의 개인 소득세 공제뿐 아니라 조직 활동에 대한 큰 세금 감면을 제공한다.

영리 회계와 비영리 회계의 재무제표는 대부분 동일하지만 주요한 차이점이 있다. 가장 큰 차이점은 수익과 이익(잉여)의 구체적인 정의가 언제 그리고 어떻게 기록되고 보고되는지에 있다.

비영리 세계

거의 모든 비영리단체는 주(State)에 의해 공인된 법인으로, 해당 지역의 주무장관을 통해 등록해야 한다(미국의 적십자사와 보이스카우트는 주 연방에 의해 공인되었다). 모든 비영리단체는 공공의 목적(임무)이 있어야 하며, 전통적인 의미에서의 '소유자'는 존재하지 않는다. 공공 신탁으로서 소유되며, 자발적인 이사회에 의해 통제된다. '501(c)(3) 공공 자선단체'에 해당하는 비영리단체는 세금을 내지 않으며, 기부하는 사람에게 세금 공제를 제공한다. 법에 따라 비영리단체의 이사나 직원은 조직에서 발생한 순이익—비영리 언어로 잉여금이라고 한다—을 통한 개인적인 혜택을 받을 수 없다. 이와 달리 영리기업에서 발생한 이익은 소유주에게 속한다.

501(c)(3) 공공 자선단체

모든 비영리단체가 세금 공제가 가능한 기부금을 받을 수 있는 것은 아니다. 소위 '공공 자선단체'만이 받을 수 있다. 501(c)(3)는 국세청 세금 코드에 기술된 공공 자선단체를 가리킨다. 일반적으로 예술, 교육, 의료 및 인적 서비스 분야가 해당하며, 종교 단체 역시 여기에 해당하지만 헌법상의 이유로 국세청에 등록할 필요는 없다.

비영리단체는 기부금을 현금이나 수표, 신용카드로 받을 경우 기부자에게 그 내용을 서면으로 전달하여 기록으로 남겨야 한다. 기록 —취소된 수표나 신용카드 내역 포함—은 날짜, 자선단체 이름 및 기부 금액을 표시하는 것으로 충분하다.

비영리단체의 활동명세서

비영리단체의 활동명세서는 영리기업의 손익계산서와 유사하다. 활동명세서는 단체에 들어오는 돈(수익)과 나가는 돈(비용)을 보여준다.

비영리 단체 재무제표

활동 명세서 (손익계산서)

		제한 없음	제한 있음	총액
활동	기부금 및 선물	$ -	$ -	$ -
	프로그램 서비스 수익금	-		-
	보조금 및 계약금	-		-
	기타 수익금	-		-
	총수익금	$ -	$ -	$ -
비용	모금 활동비	-		
	프로그램 서비스	-		
	보조금 및 계약금			
	관리 및 일반 비용	-		
	운영비	-		$ -
			순자산 변동액	
			기초 순자산	
			기말 순자산	

현금흐름표

기초 현금			
현금 수취			
현금 지출			
영업 활동으로 인한 현금흐름			
유형자산 구매			
순차입			
투자 이익			
기말 현금			

대차대조표(Balance Sheet)			
자산	현금	$ -	
	외상매출금	-	
	재고	-	
	선급 비용	-	
	미수 기부약정액	-	
	투자금	-	
	순고정 자산	-	
	총자산	$ -	
부채와 자본	외상매입금	$ -	
	미지급 비용	-	
	유동성 부채	-	
	장기 부채	-	
	총부채	$ -	
	제한 없는 기부금	-	
	제한 있는 기부금	-	
	순자산 총계	$ -	
	부채와 순자산 총계	$ -	

수익금에서 비용을 뺀 금액을 '잉여금'이라고 하며, 더 공식적인 표현으로는 일정 기간 동안의 **순자산 변동액**이라고 한다. 순자산이라는 용어는 손익계산서에서 영리기업의 주주 지분과 비슷한 의미다.

세 가지 주요 비영리 재무제표 형식을 참조해 보자. 네 번째 증명서는 비영리단체에 있는 특정한 보고서인 기능별 비용명세서다.

비영리 수익 유형들

(1) 비영리 수익은 일정 기간 동안 단체에 들어오는 모든 돈이다. (나중에 기부하기로 한 약정액도 포함한다.) 수익은 활동명세서에 표시되고 아래 유형들에 따라 분류된다.

기부금 및 선물은 기부자가 낸 현금이나 나중에 현금으로 주겠다고 한 약속(기부약정액)을 말하며 이는 활동명세서에 기록된다. 기부약정액은 공식적으로 특정 기부자가 주기로 약속한 돈이다. 비영리단체와 조직은 이 기부약정액을 굉장히 특별한 방식으로 처리한다. 실제로 돈이 들어올 때가 아니라 기부약정액을 받기로 약속한 시점에 수익으로 간주된다. 기부금 및 선물(약속된 기부약정액 포함)을 501(c)(3) 공공 자선단체에 낸 기부자는 세금 공제를 받을 수 있다.

프로그램 서비스 수익은 비영리단체가 물품이나 서비스를 고객에게 돈을 받고 제공했을 때 기록된다. 이처럼 돈을 받고 제품이나 서비스를 제공하는 것을 '교환거래'라고 하기도 한다. 비영리단체는 제품이나 서비스를 받는 수령인이 지불한 현금과 이를 교환한다. 비영리단체에서 상품이나 서비스를 구매할 수 있다고 해서 비영리단체라는 지위가 위태로운 것은 아니다. 비영리단체는 자주 공공 사명을 다하는 상품과 서비스를 판매하기 때문이다. 심지어 이익을 추구하는 영리 회사처럼 거래를 통해 순자산(Net Assets, 잉여)의 증가를 창출할 수 있다.

보조금 및 계약은 정부 기관, 기타 자선단체 및 재단과 같은 기관 기부자에게 얻은 수익이다. 이 보조금과 계약은 일반적으로 (a) 특정 명시된 목적을 위한 것이며, (b) 정해진 기간 내에 수행되어야 하며, (c)

이 돈을 받는 비영리단체의 기술과 자선 임무와 직접 관련이 있어야 한다.

기타 수익은 별도의 품목으로 나열된 것 이외의 출처로부터 받은 수익이다. 어떤 출처로부터의 수익이 크다면 실제로 활동명세서에 자체 라인이 있어야 한다. 회비, 티켓 판매, 경매 수익금, 특별 행사로 인한 수익, 광고 판매, 기부받은 상품이나 서비스(의 공정 시장가치) 등이 여기에 해당한다.

비영리 수익의 제한 사항들

(2) 수익은 기부자의 기부금에 사용 제한이 있는지 여부에 따라 활동명세서에 두 그룹으로 분류된다.

기부자가 제한을 두지 않은 경우(무제한 수익) 조직은 이사회의 재량에 따라 이 수익을 모든 사명 목적으로 사용할 수 있다.

기부자가 제한을 둔 경우(제한된 수익) 조직은 이 수익을 기부자가 지정한 특정 목적(및 기간)에만 사용할 수 있다. (그리고 이사회에서 동의해야 한다.) 비영리 회계 법령(2017)이 변경되기 전까지 기부금—받은 이자만 사용할 수 있으며 원금은 사용할 수 없음—은 별도의 범주였다. 현재 이 돈은 제한된 수익에 해당한다.

비영리 비용

(3) 활동명세서에 표시된 비용은 특정 범주들로 나뉜다.

모금 비용은 기부금, 선물 계약 및 보조금을 요청할 때 지출되는 돈을 말한다.

프로그램 서비스 비용은 단체에서 수행하는 임무를 지원하기 위해 고객에게 상품과 서비스를 제공하는 데 드는 돈이다.

보조금 및 계약 비용은 조직의 사명을 지원하도록 정부나 재단과의 계약에 명시된 요구 사항을 충족하기 위한 지출이다.

관리 및 일반 비용은 간접비라고도 한다. 토지나 건물 등의 점유, 공과금, 일반 관리비, 회계, 법률 및 기타 필수품에 드는 지출이 여기에 해당한다.

순자산

(4) 활동명세서를 볼 때는 하단의 **순자산**에서 변경된 부분이나 시작하는 곳, 끝나는 부분을 유의해야 한다.

순자산 변동액은 닌순히 비영리단체의 수입과 그 기간 동안의 비용 차이이며, 잉여금이라고도 한다. 이 금액은 영리 회사의 이익과 비슷하다.

기초 순자산은 조직의 모든 전년도 활동명세서에 표시된, 비영리단체 설립 이후 발생한 연간 순자산 변동액을 누적한 것—제한되지 않은 순자산 및 제한된 순자산의 합—을 뜻한다.

기말 순자산은 회계 기간 시작 시의 기초 순자산에 당기에 발생한 순자산을 단순히 더한 값이다. 이중선은 최종 합계를 의미한다. 기말 순자산은 이 회계 기간 동안 재무상태표에 **총순자산**으로 표시되며, 다음 회계 기간이 시작될 때 활동명세서에 **기초 순자산**으로 표시된다.

참고: 비영리단체의 순자산은 조직 자체에 속하며 공공 사명을 지

원하기 위해서만 쓰인다는 점에서 영리 회사의 이익과 다르다. 이와는 대조적으로 영리 회사가 낸 모든 이익은 주주(소유자)에게 속한다. 이 이익은 주주들에게 배당금으로 분배될 수 있다. 그러나 비영리단체는 '소유자'가 없기 때문에 분배할 수 없으며 모든 잉여금은 단체에 유보된다. 잉여금은 오로지 그 단체의 사명을 위해 사용된다.

재무상태표

(5) 비영리단체의 재무상태표는 그 단체의 특정 시점의 재무건전성을 보여주며 보통 연말에 작성된다. 이는 영리 회사의 대차대조표와 비슷하다. 재무상태표를 통해 다음을 알 수 있다. (a) 자산-단체가 소유한 것 (b) 부채-단체가 다른 이에게 진 빚 (c) 순자산-단체가 가진 가치

(6) **순자산**은 단체가 사명을 수행하는 데 사용되어야 할 특별한 의무감으로 여길 수 있다. 단체가 설립된 이후 축적된, 지출하지 않은 돈—수익에서 비용을 뺀 금액—을 나타낸다. 순자산은 제한 범주별로 재무상태표에 별도로 표시된다.

현금흐름표

(7) 비영리단체의 현금흐름표는 수표장 등록명부와 같으며 영리 기업과 동일한 구성으로 되어 있다. 일정 기간 동안 지불—현금의 유출—과 예금—현금의 유입—을 기록한다.

비영리 기능별 비용명세서

	프로그램 A	프로그램 B	프로그램 C	운영 및 일반	모금	간접비	총비용
프로그램 서비스/지원 서비스							
급여 및 혜택							
임대료 및 공과금							
소모품							
계약자 및 컨설턴트							
감가상각							
간접비							
기타							
총비용							
기부금 및 선물 수익							
보조금 및 계약 수익							
프로그램 총수익							
잉여금 (총수익-총비용)							

비영리 기능별 비용명세서

비영리단체 고유의 문서인 국세청 필수진술서는 단체가 사용한 비용을 활동명세서보다 더 자세히 나타낸다. 행은 성격별 비용—급여, 혜택, 소모품 등—을, 열은 기능별 비용—특정 프로그램 및 간접

프로그램 지원 서비스—을 나타낸다.

프로그램

대부분의 비영리단체는 여러 독립형 프로그램을 관리하지만 상호
연관되어 있는 경우가 많다. 기능별 비용명세서는 단체 재정 상태를
살펴볼 때 유용하게 쓰인다.

(8) 기능별 비용 그룹은 주요 프로그램으로 단체가 지출한 내역을
보고한다. 단체가 지출한 돈은 맡은 임무 내용과 그 출처가 일치하는
가? 필요한 곳에 제대로 지출을 하고 있는가?

(9) 성격별 비용 그룹은 유형별 지출, 즉 원하는 결과를 얻기 위해
돈을 어떻게 소비하는지를 나타낸다. 할당한 비용이 가장 효율적이고
효과적인 조합인가?

간접비

기부자나 자금을 제공한 사람들이 간접비를 돈 낭비로 간주하는
경향이 있다. 그러나 (임대료, 유틸리티, 감사, 재무, 직원 교육 등으로) 실제 쓰
이는 돈이며, 관리를 잘하는 단체에서 필요한 비용이다. 간접비를 지
원 서비스, 직접비, 간접비로 분류하면 중요하고 필요한 비용에 대한
정보를 보다 명확히 알 수 있다.

(10) 지원 서비스 할당

CEO 급여와 같은 일부 간접비는 단체에서 전반적으로 발생하는
것이 가장 바람직하다. 또 다른 경우는 특정 프로그램에 직접비로 할
당되는 비용으로, 이 프로그램을 사용하는 공간에 대한 비용인 임대

료가 있다. 간접비는 특정 프로젝트나 기능별 비용 그룹에 할당하기 어려운 비용을 의미한다.

(11) 직접비

직접비는 할당할 수 있는 비용이다. 말 그대로 '모든 비용 카테고리'에 포함시킬 수 있지만 성격별 비용 그룹에는 적용되지 않는다.

(12) 프로그램별 수익

예산을 준비할 때 이사회는 어떤 프로젝트에서 어떤 무제한 기부금과 선물 수익금을 사용할지를 결정하고 배정해야 한다. 돈이 들어오면 어떻게 쓰일지 목록을 작성한다. 보조금 및 계약 수익은 프로그램별로 목록을 만들기 쉽다.

(13) 프로그램 수익으로 얻는 잉여금

수익에서 비용을 빼면 잉여금이 된다. 조직이 모든 프로그램에서 잉여금을 창출하고 있는가? 한 프로그램이 큰 손실을 보고 있다면 우리는 이 손실을 정당화할 수 있는가? 이 데이터 라인은 각각의 프로그램을 통해 발생한 잉여금을 요약한다.

자금 회계

비영리단체는 제한이 걸린 수익금을 기부자가 명시한 선물 목적으로 배정해야 하기 때문에, 프로그램 각각이 받은 자금에 따라 비용을 별도로 계산한다. 이는 영리 조직에서는 없는 의무이다. 비영리단체가 제한이 걸린 수익금을 받으면 계약에 명시된 대로 기부자와 상업적 '계약'을 맺으며, 요구되는 방법대로 돈을 사용할 수 있다. 회계 감사와 국세청에 따르면 비영리단체는 이 제한이 걸린 수익금의 사용 내역을 장부에 문서화해야 한다.

활동을 측정하다; 비율, 벤치마크 및 추세

13장에서 설명한 재정 비율은 대체로 비영리단체에도 적용된다. 다음은 특히 비영리단체에 적용되는 비율이다.

모금 비용 비율은 모금 비용을 총수익으로 나눈 것이다. 10%에서 30%는 보통 범주에 속하며, 이는 모금할 때의 유도 방법과 단체의 유형 그리고 모금 활동의 적극성에 따라 달라질 수 있다.

수익률은 순자산의 증가로 일정 기간 동안 총수익으로 나눈 표준 수익성 비율이다. 여러분이 무슨 생각을 하는지 안다. 그렇다, 비영리 단체들은 영리 회사처럼 이익을 창출하지 않는다. 그렇지만 비영리단체에도 순자산의 변화—수익에서 비용을 뺀—가 존재하는데 이를 잉여금이라고 한다. 조직의 규모와 범위를 키우기 위해서는 잉여금이 필요하다. 비영리단체에서 꾸준히 발생하는 잉여금은 재무관리의 막강한 지표다. 일이 계획대로 진행되지 않을 때 손익분기점 결과가 이를 해결해주지는 않는다. 잉여금은 기부금이 더디게 들어오거나 단체가 전략적인 기회를 쥘 때 안전망이 되어준다.

수익 의존 비율은 한 바구니로 얼마나 많은 달걀을 운반하는지를 측정하는 것과 같다. 단 한 개의 수입원에 의존한다면 그 수입원이 없어졌을 때 돌이킬 수 없다. 단체가 장기적으로 살아남을 수 있도록 전반적인 리스크를 낮추려면 개인, 재단 및 정부 기관으로부터의 여러 종류의 지원이 수반되어야 한다. 여기에는 기부금, 선물, 프로그램 서비스 수익, 계약 및 보조금 등이 있다.

자급자족 비율은 프로그램 서비스 수익을 총수익으로 나눠 측정한다. 비율이 높다는 것은 해당 단체가 선물과 보조금 없이도 프로그램 서비스를 통해 스스로를 유지할 만큼의 충분한 수익을 낸다는 뜻이다.

간접비 비율은 비영리단체가 총비용 중 모금과 일반 관리비로 사용한 비용의 비율이다. 여기에 '옳은' 비율은 없으며, 15%에서 30%가 일반적이다. 각기 다른 분야의 비영리단체는 각각의 운영 방식과 전략을 가지고 조직을 관리한다. 기부자들은 이 모금 비율을 면밀히 살피지만, 알다시피 모금과 행정 비용은 조직을 유지하는 데 반드시 필요하다. 그러나 얼마를 사용할지에 대해서는 여전히 논쟁 중이다.

비영리단체는 임무 실행 방법과 그에 대한 투자 활동을 어떻게 측정해야 할지를 결정해야 한다. 영리 회사의 경우 명확한 측정 방법이 있는데 그것은 바로 이익이다. 반면 비영리단체는 상황이 그리 간단하지 않다. 다음은 주요 질문과 그 대답이다.

1. 현재 우리는 전반적으로 얼마나 바람직한 조직인가? 오늘이 3년 전보다 더 나은가? 왜 그런가(혹은 왜 그렇지 않은가)?
2. 우리의 프로그램은 지속 가능한가? 즉 미래와 타협하지 않고 오늘날의 요구를 충족시키는 데 필요한 자원을 창출하는가?

이 책은 대부분 성공의 재정적 조치에 초점을 맞추고 있다. 임무를 충실히 고수하지만 엉성한 자원(재무) 관리로 운영되는 조직은 실패하고 있다는 점에 유념해야 한다. 그러나 금융이 잘 관리되고 있더라도 그 운영이 임무에서 벗어났다면 그 또한 실패라는 점에 유의하자.

> 물질적인 방법으로 볼 때 비영리단체가 내리는 가장 중요한 결정은 회계에 기반을 두고 있다.

임무 지원을 위한 돈을 효율적으로 관리하는 것이 비영리단체가 이룬 모든 성과를 측정하는 황금 표준이 된다.

주요 성과지표

KPI는 비영리단체의 상태와 성공 여부를 수량화해서 측정할 수 있는 지표다. KPI는 동일한 수준의 다른 조직들 그리고 흔히 말하는 비즈니스 모델 비율을 벤치마킹한 것이다. 각각의 비영리단체는 서로 다른 KPI를 사용한다. 한 예로 모금 비용, 박물관 방문객 및 회원 데이터, 어린이집 등록 데이터, 병원에서 근무한 환자 수 등 각자의 조직에서 기부금 및 선물의 수익 증가를 보여준다.

그래픽 '대시보드'는 조직의 이해 관계자에게 KPI를 간결하게 보여주는 이상적인 방법이다. 대시보드는 KPI를 간단하고 다양한 색으로 표현한다. 대시보드를 통해 임무 수행 과정을 한눈에 알아볼 수 있고, 그동안의 긍정적인 면과 부정적인 면을 명확히 알 수 있다. 또한 간혹 지나치기 쉽거나 잘못 해석할 수 있는 어려운 재무 및 운영 정보도 알 수 있다.

양식 990

국세청 양식 990의 소득세가 면제된 조직의 신고서는 모든 비영리 단체가 사용하는 연간 정부 세금 신고서다. 비영리단체는 소득세를 내지 않지만 기부자는 소득세를 공제받을 수 있기 때문에 국세청은 모든 부분이 공정한지를 확인한다.

네 가지 주요 비영리 재무제표 정보와 함께 가장 많은 돈을 받는 임원의 급여 정보가 필요하다. 이 양식은 조직의 CEO 또는 회계 담당자가 서명한다. 국세청은 이 부분을 중요하게 여긴다.

웹사이트

워싱턴 공인회계사협회(GWSCPA)가 발행한 비영리 회계 및 재무 지침을 제공하는 훌륭한 웹사이트다. GWSCPA 학교 법인은 501(c)(3) 자선단체로 이들의 임무는 다음과 같다.

(a) 금융 관리 자원을 제공하여 비영리 부문을 강화

(b) 지속적인 전문 교육 프로그램과 학생 장학금으로 현재와 미래의 CPA를 교육

아래 URL을 통해 웹사이트를 방문하면 검색 기능을 사용해 특정 주제에 대한 정보를 찾을 수 있다.

http://www.gwscpa.org/content/about_us/nonprofit_accounting_basics.aspx

부록 D. 현금흐름표 형식

애플시드 주식회사의 재무제표에서 사용한 현금흐름표 형식은 단순히 현금이 '들어오고 나가는' 움직임을 나타내므로 다소 이해하기 쉽다. 계산대의 기능을 생각해보면 '현금의 원천'은 예금이며 '현금의 사용'은 수표다. 그러나 회계사는 대체로 현금흐름을 작성할 때 다른 종류의 형식을 선호한다.

이 형식(다음 장에 표시)은 대차대조표에서 시작 기간과 끝 기간 사이를 잇는 '연결다리'로 비유할 수 있다. 이 연결다리 방식은 특히 현금이 증가하거나 감소하는 과정에서 자산이나 부채, 자본 계정이 어떻게 달라지는지를 보여준다. 재무제표를 볼 때 보통 우리는 다음 장에 놓인 것과 같은 명세서를 보게 된다. 두 형식 모두 현금 잔액 종료라는 동일한 답을 얻지만 그 방식은 다르다. 여기에 소개된 형식은 세 가지 주요 범주로 구분하여 현금이 이동하는 것에 초점을 맞춘다. 사업에서 거둔 현금 성과를 검토하는 사람이라면 이 세 가지 범주에 대해 알아두어야 한다.

운영에서 발생한 현금흐름

이 부문은 회사를 운영하면서 (제품을 만들고 판매하는 활동 등에서) 발생한 현금의 출처와 용도를 나타낸다.

투자로 인한 현금흐름

이 부문은 회사가 유형자산과 같은 생산적 자산을 구매할 때 사용한 현금 내역을 보여준다.

자금 조달로 인한 현금흐름

회사가 투자자에게 주식을 매각하거나 은행에서 돈을 빌려 받은 현금 또는 배당금을 지급하거나 대출금을 상환하는 경우가 여기에 해당한다.

애플시드의 현금흐름표를 보면 거래 19번의 기말 현금은 588,220 달러, 거래 31번의 기말 현금은 488,462달러다. 후자의 기말 현금에서 전자를 빼면 이 두 개의 거래에서 현금은 99,758달러가 감소한 것을 알 수 있다.

다음 사항을 참고하여 이 '연결다리' 현금흐름표가 어떻게 구성되는지 살펴보자.

	대차대조표	19번째 거래	31번째 거래	두 거래 간의 차액
	현금	$ 588,220	$ 488,462	$ (99,758)
	외상매출금	-	454,760	454,760
	재고	577,970	414,770	(163,200)
	선급 비용	-	-	-
	유동자산	1,166,190	1,357,992	191,802
자산	기타 자산	-	-	-
	고정자산	1,750,000	1,750,000	-
	감가상각 누계액	14,286	78,573	64,287
	순고정자산	1,735,714	1,671,427	(64,287)
	총자산	2,901,904	3,029,419	127,515

부채 및 자본				
	외상매입금	$ 469,204	$ 236,297	$ (232,907)
	미지급 비용	18,480	26,435	7,955
	유동성 부채	100,000	100,000	-
	미지급법인세	-	139,804	139,804
	유동부채	587,684	502,536	(85,148)
	장기부채	900,000	800,000	(100,000)
	자본금	1,550,000	1,550,000	-
	이익잉여금	(135,780)	176,883	312,663
	자본총계	1,414,220	1,726,883	312,663
	부채와 자본총계	$ 2,901,904	$ 3,029,419	$ 127,515

다음 표는 대차대조표 거래 19번과 31번 계정값 차이를 계산한 것으로 다음 장에서 현금흐름표를 작성할 때 사용된다.

현금흐름표-거래 19번에서 31번까지		
영업 활동에 따른 현금흐름		
순이익	$387,662	(Note 1)
영업 활동에 사용할 현금으로 순이익을 조정		
감가상각	64,287	(Note 2)
운전자본의 변화		
외상매출금	(454,760)	(Note 3)
재고	163,200	(Note 3)
선급비용	$0	(Note 4)
외상매입금	232,907	(Note 4)

미지급 비용	7,955	(Note 4)
미지급법인세	139,804	(Note 4)
영업 활동에 쓰인 현금	$75,242	7,955
투자 활동에 따른 현금흐름		
고정자산 구매	$0	(Note 5)
투자 활동에 쓰인 현금	$0	
신규 주식의 발행	$0	(Note 6)
부채의 변화	(100,000)	(Note 7)
배당금 지급	(75,000)	(Note 4)
투자 활동에 따른 현금	$175,000	
현금의 증가(감소)	(99,758)	(T19 thru T31)
기초 현금	588,220	(as of T19)
기말 현금	$488,462	(as of T31)

참고 1. 이 기간 동안의 이익은 손익계산서에서 산출되며, 거래 31번(251,883달러 이익) 기준 순이익과 거래 19번(135,780달러 손실) 기준 순이익의 차액이다.

참고 2. 감가상각누계액의 변화로 계산한 값이다. 감가상각비는 현금흐름에 영향을 미치지 않으나 그 기간 동안 순이익에서 차감되었다. 따라서 현금흐름을 제대로 알려면 여기에 그 값을 다시 더해야 한다.

참고 3. 이 자산 계정들의 변화를 계산한 값이다. 자산 계정의 증가는 회사가 더 많은 운전자본을 가지며 현금흐름이 긍정적이라는 것을 의미한다.

참고 4. 이 부채 계정들의 변화를 계산한 값이다. 부채 계정의 증가는 회사가 더 적은 운전자본을 가지며 현금흐름이 부정적이라는 것을 의미한다.

참고 5. 고정자산의 변화를 계산한 값이다. 고정자산이 증가했다는 것은 현금이 사용되었다는 뜻이다.

참고 6. 자본총계에서 자본금 계정의 변화를 계산한 값이다.

참고 7. 유동성부채와 장기부채 계정의 변화를 계산한 값이다. 전반적인 부채를 낮추면 현금이 줄고 반대로 전반적인 부채가 증가하면 현금도 증가한다.

참고 8. 주주에 배당금을 지급하면 현금이 줄어든다.

부록 E. 차변과 대변

옛날의 회계 기록 방식

회계 재무제표가 처음 개발된 옛날로 돌아가보자. 수도사들은 거래가 발생할 때마다 그 모든 것을 일일이 기록했다. 말 그대로 회사의 '책'은 회사의 재무 기록을 모두 포함한 것이다!

차변과 대변의 개념은 (a) 모든 사람이 이해할 수 있도록 책의 내용을 정리정돈하고 (b) 수도사들이 거래를 적절하게 분류하고 기록하는 데 도움을 주며 (c) 수기로 작성할 때 발생하는 오류를 줄이기 위해 발명되었다.

차변의 영어 단어 'Debit'은 '빚'을 의미하는 라틴어 'Debitum'에서 유래했다. 대변의 영어 단어 'Credit'은 '다른 사람에게 맡겨진(빌려준) 것 또는 대출금'이라는 뜻의 라틴어 'Creditum'에서 유래했다. 예를 들어 자산이 승가할 때 생기는 자산 계정의 변화가 차변이다. 왜냐하면 증가한—현금 계정에 대변으로 입력될 그 자산의 현금 비용—만큼 무언가가 지불되어야 하기 때문이다.

복식부기

차변과 대변이라는 용어는 500년 전에 처음 생긴 후 지금까지 사용되고 있다. 프란치스코회 수도사이자 회계의 아버지로 불린 루카 파치올리(Luca Pacioli)는 복식부기의 기초가 되는 개념을 개발했다. 수도사들은 각 장마다 하나의 계정으로 책(원장)을 준비했다. 거래 내역을 적은 후 다음 장의 오른쪽 두 열 중 하나에 거래 금액을 기입했다. 첫 번째 세로줄은 차변, 두 번째 줄은 대변이다. 참고로 세 번째 줄에는 계산하고 있는 계정의 합계를 기입하기도 했다.

> "차변과 대변의 값이 같을 때까지 일을 끝내지 마라."
> 루카 파치올리

모든 회계 거래에는 두 개의 기입 계정이 있어야 했다. 한쪽에는 차변을 기입하는 계정, 다른 한쪽에는 대변을 기입하는 계정이다. 이 것이 복식부기다. 이렇게 거래가 두 항목으로 기입될 때 재무제표는 일반 회계 방정식에 따라 균형을 유지하게 된다.

자산 = 부채 + 자본

복식부기, 차변과 대변은 회계사가 회사 장부에 금융 거래를 수기로 기록할 때 여전히 사용되고 있다. 이 복식부기 시스템은 사무적 오류를 줄인다. 장부는 항상 균형이 맞아야 하기 때문에 분개장 항목을 원장 계좌로 옮겼을 때 차변의 총합은 대변의 총합과 반드시 같아야 한다. 그 금액이 같지 않다면 계산에 오류가 있다는 뜻이며 찾아서 수정해야 한다.

경리 담당 직원과 회계사는 지금까지도 차변과 대변의 개념을 유용하다고 여기며 표준 회계 과정 역시 차변과 대변의 기본적인 구조를 가르친다. 그러나 차변과 대변의 명명법은 다음과 같기 때문에 이 책에서는 사용하지 않았다.

1. 직관적이지 않기 때문에 회계사가 아닌 사람은 종종 혼란스러워한다.
2. 재무와 관련 없는 관리자가 재무제표를 완전히 파악할 필요는 없다.
3. 회계 기록을 전산화하면서 수기로 숫자를 입력할 때 발생하는 오류를 찾아내는 것이 무의미해졌다.

현재 회계는 컴퓨터로 처리되고 있으며 데이터베이스로 가상의 원장에 금액을 기입한다. 하지만 경리 담당 직원이나 회계사는 차변과 대변이라는 용어를 항상 쓰고 있기 때문에 이 부록에서는 당신이 보다 똑똑하게 회사의 회계 유형에 대해 이야기할 수 있도록 이해를 도우려 한다. 회계 기록의 전산화는 수동으로 숫자를 입력할 때 생기는 실수를 줄여주었다.

거래내역 기입

복식부기 시스템은 분개장—발생한 순서대로 기입—과 원장—계정을 각각 따로 기입—을 사용하여 거래 내역과 차변, 대변을 기록한다. 분개장에 기입한다는 것은 모든 거래 내역을 발생한 순서대로 나열하는 것을 포함한다. 이때 거래 내역을 원장에 묶을 수 있는 고유의 연속된 번호를 사용하여 영원히 기록을 남길 수 있으며 발생한 오류도 쉽게 찾을 수 있다.

거래는 먼저 분개장에 입력한 후 원장 계정으로 옮겨진다. 이 계정들은 이익, 비용, 자산(기업이 소유한 재산), 부채(사업 부채) 및 순자산(자산에서 부채를 뺀 나머지 금액)을 나타낸다. 각 계정에는 차변(왼쪽 열)과 대변(오른쪽 열)이 있다. 모든 거래 내역은 차변 계정과 대변 계정에 각각 기입되기 때문에 양쪽이 자체적으로 균형을 유지한다.

차변에서 계정이 증가하거나 감소하는 것은 그 유형에 따라 다르다. 기본 원칙은 혜택을 받는 계정이 '차변'에 기재되고 혜택을 주는 계정이 '대변'에 기재된다는 것이다. 한 예로 자산 계정의 증가는 차변이다. 부채나 자본 계정의 증가는 대변이다. 매출 계정의 증가는 차변이다. 비용 계정의 증가는 대변이다. 가령 부채의 상황은 대차대조표의 부채 부분에 유익하다. 즉 부채 금액을 낮춘다. 따라서 부채의 상환은 차변이다.

차변과 대변이 주는 영향

기본적인 회계 유형에는 자산, 부채, 판매/이익, 비용 등이 있다. 계정 항목을 만드는 것으로 잔고를 늘리거나 줄이게 된다. 아래에 표시된 대로 T계정 장부의 왼쪽 열(차변) 항목은 계정 유형별로 잔고를 늘리거나 줄인다. 각 차변 항목에 따라 대변 항목도 반드시 있어야 한다(오른쪽 열에 작성됨).

대변/차변의 개념은 아래를 떠올리면 가장 쉽게 기억할 수 있다.

1. 대차대조표 등식을 염두에 두고 항상 균형을 이루도록 한다.

자산 = 부채 + 자본

2. 손익계산서 등식과 매출, 비용, 수입이 증가할 때의 상관관계를 이해한다.

매출 - 원가 - 비용 = 수입

아래 표는 거래내역을 기입하는 것이 계정 잔액에 미치는 영향을 요약한 것이다.

회계 유형에 따른 차변과 대변의 영향

계정	차변	대변
자산 계정	증가	감소
부채 계정	감소	증가
매출 수익	감소	증가
비용	증가	감소
이익	감소	증가
자본	감소	증가

거래 내역의 예 다음은 이 책에서 예를 든 거래 몇 가지를 분개장에 기입한 것이다. 거래 번호로 앞에서 찾아 참고하자.

신용거래로 물품을 구입한 기록(거래 19번)

계정	차변	대변
매출 비용	$103,250	
외상매입금		$103,250

판매업자에게 대금을 지불한 기록(거래 14번)

계정	차변	대변
외상매입금	$20,000	
현금		$20,000

새로 생긴 부채 기록(거래 3번)

계정	차변	대변
현금	$1,000,000	
장기 부채		$900,000
유동 부채		$100,000

고정 자산을 구입한 기록(거래 4번)

계정	차변	대변
고정자산	$1,500,000	
현금		$1,500,000

외상 매출 기록(거래 20번)

계정	차변	대변
외상매출금	$15,900	
매출 원가	$10,200	
판매 비용	$318	
미지급 비용		$318
매출 수익		$15,900
재고		$10,200

주식 매각 기록(거래 1번)

계정	차변	대변
자본금		$1,500,000
현금	$1,500,000	

급여 지급 기록(거래 2번)

계정	차변	대변
운영관리비	$6,230	
미지급 비용		$2,860
현금		$3,370

아직도 헷갈리는가? 경리 담당 직원이나 회계사가 아니니 너무 걱정하지 않아도 된다. 차변, 대변을 사용하지 않아도 당신은 재무제표를 이해하고 사업 운영에 이용할 수 있다!

재무제표 서적으로 아마존 초유의 베스트셀러가 된 책

처음 시작하는 실전 재무제표

초판 1쇄 발행 2010년 12월 25일
개정 1판 1쇄 발행 2019년 11월 15일
개정 2판 1쇄 발행 2022년 11월 25일
개정 3판 1쇄 발행 2026년 4월 20일

지은이 토마스 R. 아이텔슨
옮긴이 박수현, 최송아

펴낸곳 ㈜이레미디어
전　화 031-908-8516(편집부), 031-919-8511(주문 및 관리)
팩　스 0303-0515-8907
주　소 경기도 파주시 문예로 21, 2층
홈페이지 www.iremedia.co.kr
이메일 ireme@iremedia.co.kr
등　록 제396-2004-35호

편집 장아름 | **디자인** 에코북디자인, 박정현, 최치영 | **마케팅** 연병선
재무총괄 이종미 | **경영지원** 김지선

ISBN 979-11-93394-91-5 (03320)

• 가격은 뒤표지에 있습니다.
• 잘못된 책은 구입하신 서점에서 교환해드립니다.
• 이 책은 투자 참고용이며, 투자 손실에 대해서는 법적 책임을 지지 않습니다.

당신의 소중한 원고를 기다립니다. ireme@iremedia.co.kr